八年抗戰中的國共真相

劉臺平 著

目錄

序言

看一部抗戰史，下面的這些人物和地名，番號經常出現：

蔣介石，李宗仁，白崇禧，薛岳，杜聿明，陳誠，湯恩伯，顧祝同，張治中，何應欽，程潛，羅卓英，邱清泉，鄭洞國，孫立人，俞濟時，王耀武，張靈甫，周至柔，高志航，宋希濂，衛立煌，關麟徵，戴安瀾，張自忠，王銘章，佟麟閣，劉勘，郝夢麟，閻錫山，張發奎，王陵基，楊森，李天霞，池峰城，孫連仲，佘程萬，方先覺，黃杰，謝晉元，孫元良，趙登禹，蔣鼎文，饒國華，孫渡，戴笠，黃維，李玉堂，李品仙。

喜峰口，古北口，蘆溝橋，忻口，雁門關，台兒莊，羅店，四行倉庫，南京，江陰，宜昌，武漢，萬家嶺，長沙，崑崙關，中條山，衡陽，鄭州，蘭封，徐州，桂林，娘子關，騰衝，松山，撈刀河。

第五軍，第十軍，第七十四軍，第十八軍，第十三軍，新一軍，新六軍，第五十二軍，第二十六軍，第五十九軍。

國軍抗戰八年犧牲三百八十萬人，最高軍銜陸軍上將，現在的人們是很難想像當時中國是在一種什麼樣的情況下抗戰的。國軍每個師裝備：士兵：粗布衣服兩套，草鞋兩雙，每師平均兵員九千人，步槍二千支，子彈每人二十發，輕重機槍六十挺，山炮五門，汽車二十輛，坦克無，空中掩護無。士兵每日吃兩頓，其中一頓稀飯。據史料記載，國軍六百人從貴州出發入滇赴緬參戰，步行一個月到達戰區時被餓死三百餘人。

日軍：一個師團平均二萬二千人，步槍九千支，輕重機槍六百挺，汽車一千輛，戰馬二千匹，山炮二百門，裝甲車二十輛，每個士兵每月消耗子彈三百發。日本總計飛機二萬架，軍艦二百八十萬噸，航空母艦至戰爭結束前有四十艘。

戰鬥力據日本方面估算，日軍一個大隊（相當於團）其戰力相當於國軍一個軍，國軍宋希濂將軍估計一個日軍士兵的單兵作戰能力相當於七到八名中國士兵，在戰爭期間，一個日軍士兵憑借一支步槍，經常能阻擊我一個連的運動。國軍傷亡和日軍傷亡比例爲十比一，最典型的松山戰力圍攻，最終日軍除一人突圍外，其餘的被全殲，國軍死亡一萬餘人。

抗戰期間中國汽油的百分之百，鋼的百分之九十五，藥品的百分之九十，武器彈藥的百分之八十靠美英供給，平均每運進一加侖汽油要消耗一加侖汽油。

抗戰期間，中國戰區總共擊斃日軍六十餘萬人，中國軍民總共犧牲三千七百萬人。死亡日軍其中相當一部分的牌位供奉在靖國神社。

八年抗戰中，國軍在歷經四萬餘次的大、小戰役（鬥），三百餘萬國軍將士前仆後繼，爲保衛中華大地而犧牲，每一場大小戰鬥，都刻劃出足以讓人血淚俱下的悲壯故事。國軍當面之敵均爲日軍主力，殉國將士是共軍的百倍以上，絕非中共所誇大渲染的「平型關伏擊」所能比擬。

抗戰數據由於種種原因，這些數字不一定是準確的：會戰和戰鬥：廿二次會戰，一一一七次中型戰役，盧溝橋那種規模的戰鬥三八九三一次。陣亡將士：國民革命軍陸軍死亡、失蹤三二一萬一九一四人，空軍陣亡四三二一人、損失戰機三四六八架，海軍幾乎全滅。加上因病減員等非戰場損失，國軍總損失四百多萬人。戰爭中，國軍二五六名將官陣亡，其中不乏自殺殉國之烈士；中共陣亡一名將官左權（未授銜，死後視同少將）；共一二九名日本將官陣亡，其中三名是陣亡於與八路軍戰鬥中。

這些，不只是數字，而是真刀真槍要命的廝殺，在這些戰役中，後人很難想像先人那種慷慨悲歌，視死如歸的情懷，甚至連他們的故事，都隨著歲月的流逝而遠去了，今天留下的，大概只剩下幾柱碑記，在荒僻的野地裡孤獨地矗立著。

然而抗戰八年，中國人雖然因爲貧窮，不知道受了多少委屈、多少凌辱，但我們卻未曾淪落到窮斯濫矣的地步，戰後，中國躋身世界五強，獲得聯合國常任理事國地位，並爲中共所繼承，是那些戰死的將士，留給中華民族後代以尊嚴。

筆者所憂心的問題是，如果我們再不加強抗戰史的研究，我們將會逐漸喪失抗戰史陳述、解釋的主導權。一場由中華民國政府領導的全民族戰爭，如果不能由自己掌握解釋的主導權，而要由另一個政權或是長期對立的政權來解釋我國對抗戰的貢獻，是一件十分難以理解的事。這也是我們對於大陸方面將在紀念抗戰勝利七十週年，肯定國民政府抗戰貢獻的同時，應該警覺的地方。

第一章　國民革命軍的故事

一、被扭曲了的歷史

去年九月，中共民政部公佈了三百名著名的抗日英烈名錄。這個名錄，據中共官方說法，大概可分為中國共產黨系統、國民革命軍系統、東北抗聯系統、社會人士及外國友人四類。其中，中共抗日烈士比例過半，屬於國民革命軍系統的占總數近三分之一。

官方又說，著名抗日英烈和英雄群體的遴選，綜合考慮了英烈的抗戰事蹟、犧牲情節和社會影響力等。官方自我標榜此舉是從學界和民間推動，到官方承認並以更開放的心態面對抗戰史，是尊重歷史的體現。共產黨是站在中華民族立場上看待這個問題，同時也是站在公正的、實事求是的立場上看待這些英烈，也反映了中國共產黨顧全大局的態度。

大陸學界則讚揚這顯示中共以更開放的心態看待抗戰歷史，是對歷史的尊重。

當然，中共對待抗戰史比諸過去當然有所改善，但真如當局講的那麼好也值得商榷，審視這批名單仍然充滿了政治的考量與政黨的權謀。

首先，中共仍以政治的考量爲先，將抗戰由八年延長爲十四年，從九一八事變算起。但是弔詭的是在時間上又從三二年底算起，一口氣選了十五名中共東北抗聯的烈士，早於它之前一年多的東北抗日義勇軍不於入列，以馬占山、李杜、蘇炳文等東北國軍將領爲主的抗日提也不提。

考諸歷史，在各抗日義勇軍與日本侵略軍的激戰中，馬占山（見圖1-1）首當其衝，率先發起江橋抗戰，神州振奮。東北各地區不願做奴隸的人們爲收復失地奮勇作戰。吉林省義勇軍以李杜爲總司令，與馮占海部改稱吉林救國軍，在反攻吉林、攻佔拉林等戰鬥中，犧牲萬餘人。以王德林爲總司令的中國國民救國軍在鏡泊湖地區連續組織四次伏擊戰，並取得寧安、敦化等戰鬥的勝利，也付出萬餘人代價。（見圖1-2）

海（拉爾）滿（州里）護路軍總司令蘇炳文抗日建立東北民眾救國軍，所部三萬餘人在富拉爾基一帶抗擊日軍。蔣介石在肯定之餘，特別發表馬占山與蘇炳文爲軍事委員會委員（見圖1-3），這種不次拔擢，鼓舞了人心，振奮了士氣。在此期間，三省義勇軍在一百零三個縣的廣大地區進行數千次戰鬥，給日僞軍以沉重打擊。

一九三一年十月，僅僅事變一個月後，美國密勒氏評論報曾發表評論說：「滿洲事實上沒有不被襲擊的地方，城市和鐵路，竟找不出一處來。」倫敦每日導報也撰文說：「滿洲國當局日陷不寧，目下滿洲境內，日本人沒有一條絕對安全的道路。」這就是東北抗日義勇軍，這支由游散官兵、綠林隊、知識分子組成的非正規部隊，替代了國民政府正規軍，成爲日軍恐懼的對象，成爲東北白山黑水間的戰神。

據日僞軍方報告記載，自「九一八事變到一九三三年二月，日僞軍戰死人數爲六五四一名，平均每月討伐抗日力量出動一千五百次，日軍屍體從中國東北經神戶運回日本，每月平均五十具。」「討伐」義勇軍失敗的日軍因此對義勇軍進行了瘋狂的報復，不幸被虜的義勇軍將士幾乎都慘遭殺害。光有案可考的將領就有十數人，卻因不是共黨將領領導的抗聯而無一人入選。

其次，因參與了內戰而遭除名，如抗日英雄「雙槍老太婆」趙洪文國。趙洪文國是遼寧省岫岩縣哨子河鄉紅旗溝村人，抗戰中，她和其兒子們領導抗日武裝英勇抗敵，大小戰鬥數百場，消滅日軍近千人，其家族成員爲國捐軀者三十多人，被蔣介石稱爲「抗日游擊之母」。

又國軍七十四軍軍長張靈甫，黃埔之俊才，衛國之大將，身經百戰九死一生，幾乎參加了所有的抗日大會戰，雪國恥報國讎，把南京大屠殺兇手日軍王牌第十三師團打得丟盔卸甲，全軍覆沒，令倭寇聞風喪膽，被日軍稱爲「支那第一恐怖軍」。

在長沙會戰中，張靈甫身先士卒衝鋒陷陣，血戰三天三夜，夜奪張古峰被炸掉一條腿，傷未痊癒又重返前線，軍中稱其爲獨腿將軍，榮獲國民政府第一號武功狀和軍隊最高榮譽「飛虎旗」，七十四軍被譽爲「抗日鐵軍」。但在中共拍攝的宣傳影片「南征北戰」和「紅日」中，這個立下赫赫戰功的抗日英雄卻被描繪成了一個驕橫跋扈、凶殘無道、自取滅亡、死有餘辜的大壞蛋。

就一個職業軍人對國家的效忠而言，張靈甫將軍是軍人中的軍人。如果有一天，大陸也爲抗戰英烈們建立國家英烈祠的話，裏面就應該有張靈甫將軍應有的位置，而不僅僅只是允許上海的陵園裏有他的衣冠塚。這些職業軍人沒有死在日寇的槍炮下，而死於一九四七年內戰的硝煙中。這是一個缺乏政治和解傳統的民族的歷史悲劇。

事實上，當年不單只軍人有骨氣，即使像北洋軍閥最爲實力雄厚的吳佩孚，在日本佔領北平後，企圖用威脅利誘的手段逼他出山，吳斷然拒絕；日本第三代特務頭子土肥原賢二非常惱火，以強硬手段把他殺死在手術台上。

再者，爲了打壓領導抗戰的國民政府與蔣委員長，對抗戰的國軍高階將領、政治人物、學者專家、企業界愛國者也通通刷掉，代以一些打內戰而死的中共人士。將大歷史做了偷梁換柱的改編，讓外界搞不懂這是中國的抗日烈士還是中共的？

雖然中共的宣傳媒體已不再罵蔣介石是「漢奸賣國賊」，也不再稱國民黨爲「國民黨反動派」了。對於抗日戰爭的說法也有了相應的演變，如某種程度的承認「國軍在正面戰場的作用」，但是，中共對抗日戰爭的真相依然在刻意淡化和忽略，依然在強調「中國共產黨是抗日戰爭的中流砥柱」，習近平雖然肯定「國共合作」對日抗戰。但是十四年抗戰的歷史真相，中共開動所有的國家機器宣傳工具和教科書，有組織有計劃日復一日、年復一年的向老百姓灌輸：國民黨軍隊積極反共消極抗日，抗戰勝利是靠毛澤東共產黨領導的八路軍、新四軍和敵後游擊隊、武工隊用游擊戰、麻雀戰、地雷戰、地道戰取得的。

過去中共的著作對中共軍隊敵後作戰中，即使消滅敵軍數十人，也用顯微鏡放大看，稱之爲著名戰鬥，而對國軍正面戰場數萬數十萬人參加的重要會戰、戰役卻往往一筆帶過。

當局依然不肯讓抗戰真相大白天下，四年前，臺灣爲紀念中華民國成立一百周年出版的抗日戰爭紀實片「一寸山河一寸血」，在大陸遭到了徹底封殺，網路微信上的有關抗戰真相的資料遭到入室洗劫，有關抗戰的詳細史料根本無處查找，就連抗日戰爭大事記都沒有，所有的教科書依然老調重彈：八路軍、新四軍、地雷戰、地道戰、平型關大捷等荒唐言行。

中華民國國民政府以其血肉長城，不僅捍衛中華錦繡河山社稷宗廟，而且維護世界公理人類文明，中國因此悉數廢除不平等條約，躋身世界反法西斯四強，參與始創聯合國，成爲東亞自由、民主、文明與和平之偉大國邦。

習近平代表中共強調，「正確對待和深刻反省日本軍國主義的侵略歷史，是建立和發展中日關係的重要政治基礎。」他同時強調，日本方面應該本著對歷史、對人民、對未來負責的態度，嚴肅對待和妥善處理歷史問題，認真記取歷史教訓，絕不允許否認和歪曲侵略歷史，絕不允許軍國主義捲十重來，絕不允許歷史悲劇重演。

對於這點，台灣政府應該代表中華民國以及所有抗戰先烈，發表嚴正聲明，要求中共誠實面對抗戰史，對抗戰殉國的烈士要本著專業性、嚴肅性、一體性，以就事論事與實事求事的精神，將烈士名單予以修整與補強，使其成爲一份真正能代表整個中國人抗戰史的史料。

因此，這次大陸官方追贈國軍抗日官兵爲「烈士」，吾人不應消極視之爲「統戰」，反而應積極從中掌握歷史論述權，因爲大陸追認「烈士」若持續發展，依此標準至少涉及百萬人，將有助於還原抗戰真相，其後續效應值得關注，對於曾經歷經苦難與傷亡的那一代人來說，任何的掩蓋、扭曲和淡化，都是不公道和不道德的。

然而在內戰後，那些曾堅持長期英勇抗戰的國軍官兵們中的倖存者，多數被打成「歷史反革命分子」。他們或被處以極刑，或被判刑、關押、勞改、勞教，或被關押、即在家鄉被強迫勞動，並且蔭及子孫「永世不得翻身」。打內戰的共產黨是革命的，打外戰的國民黨卻是反革命的。

筆者認爲，先烈的紀念是國家尊重歷史的一部分，公佈英烈名單只是第一步，必須提醒北京的是，共產黨人也許對於將抗戰勝利歸功於「蔣中正委員長」及「中華民國國軍」難以接受，但中共新一代的領導人，何妨以更自信、客觀的態度，面對抗戰歷史的真相，對兩岸人民的歷史認識而言，這將成爲一個「向上提昇」的力量，因爲所有爲抗日戰爭犧牲的軍民，都是我們的民族英雄，這些史實都不應該被刻意曲解。當一個符合事實的抗日史觀成爲兩岸共同的認知，這對中華民族的長遠發展，絕對是有益處的。

抗戰時的犧牲者以千萬計，所以尋找英烈的努力不應結束。台灣有責任提醒中共應以更開放的心態看待抗戰史。這次公佈的只是首批，往後中共應再陸續公佈幾批抗日英烈名錄，直到盡善盡美。

再回首看八年抗戰這幾百萬國軍老兵走得無聲無息、走得靜悄悄，筆者一直相信，到那一天紀念日，當整個民族發自內心的群情激昂、熱淚噴流，當千百萬抗戰老兵的子孫揮舞著親人當年的國旗，當中國的藝術家用良心、用真情讚美抗戰的英雄們，當抗戰國軍官兵的軍裝成爲一種光榮的象徵，相信，那一刻才是歷史得到了正本清源，中國人才有了新的希望和夢想。

二、老兵的怒吼

曾任蔣中正侍衛長六年的中華民國前行政院長郝柏村，出版《郝柏村解讀蔣公八年抗戰日記：一九三七～一九四五》一書，駁斥中共宣稱抗戰是毛澤東所領導的說法，強調「八年抗戰是蔣委員長領導的，沒有第二個人」。郝柏村嚴正駁斥中共宣稱抗戰是毛澤東所領導的說法，強調「八年抗戰是蔣委員長領導的，沒有第二個人」。

郝柏村在他的新書的序提到，日記（蔣介石日記）的本質是主觀的，讀者可各依自己的立場，有不同面向的解釋，但抗戰是以落後、貧窮而分裂的中國對當時世界一流強權說「不」。抗戰的勝利全憑蔣委員長在內外交迫、危疑四起中，堅持抗戰到底。他鐵一般的意志，與重慶共存亡的決心，喚醒、凝聚了中華民族的精神，發揚了民族正氣，是最後勝利的唯一因素，這應是客觀公正的全民共同結論。

「八年抗戰讓中國解脫一百五十年的不平等條約屈辱，但中國大陸很多愛國（黨）教育基地，宣傳的卻都是馬克思主義。」郝柏村強調，抗戰時代的壯烈史實才是最好的愛國（黨）教育，寫這本書是希望下一代能把這段歷史繼續傳承下去。

他強調，國家領導人如果扭曲歷史，這是對抗戰犧牲一代的侮辱，也是對後世的欺騙。中共不應該故意曲解、篡改、僞造歷史，他呼籲中共正視中華民國領導八年抗戰的歷史真相，不容任何人篡改、偽造。他多次強調，中共在大陸嚴重歪曲造假抗戰歷史，希望大陸和台灣的年輕人世代都能瞭解這段光榮歷史，中共當局也應公正地讓大陸人民知道抗戰歷史的真相。

長期以來，領導抗戰的國民政府和蔣委員長被中共官方史冊誣指爲「不抵抗政府」，進而謊稱「八年抗戰勝利，歸功中共領導」，但只有對歷史時空背景無知的人才會相信中共的漫天謊言。須知，民國二十年代，仍是一個處於十九世紀且裝備落後的農業國家，卻要對抗已「維新」成功的日本工業強國，當時全國還沒有凝聚一致的抗日共識，若貿然與日本全面宣戰，恐有亡國滅種之禍。

因此，蔣委員長決定「攘外必先安內」，繼續「黃金十年」的加緊準備，暫時不傾全力與日本正面對決，延緩日軍全面侵略的時間；換言之，蔣委員長堅持先進行國內的統一與建設，讓國家現代化，才有能力與日本一戰；事後證明「安內攘外」的決策確是高瞻遠矚，因爲它帶領全國軍民打敗「無敵皇軍」，帶領國家民族邁向復興。

抗戰前期，日軍挾優勢武裝，氣焰囂張，攻陷我首都南京後，日本舉國歡慶「三月亡華」，中華民國遷都武漢，復遷都重慶，屢敗屢戰，毫不氣餒，日方不斷以誘降、批判方式，欲迫使蔣委員長妥協，都被他堅拒，蔣委員長在日記中寫道：「與其屈服而亡，不如戰敗而亡，以振興我民族精神。」

身爲一個領袖，面對自明治以降，與清、俄作戰皆捷的日本軍隊，蔣委員長面臨的挑戰壓力，令人難以想像，但他能夠堅持信念，不受汪精衛僞政權等投降派的動搖，始終堅持到底。

此外，蔣公又致力於爭取我國家領土主權的完整。在二次世界大戰中，蔣公以同盟國領袖的身分，多次與美、英列強交涉，要求歸還屬於中華民國的租界和治外法權等，更進一步支持亞洲受到日本侵略的民族爭取獨立。

由於當時國軍浴血抗戰的奮勇精神贏得盟邦尊敬，使得中華民國與美、英等國近百年來的不平等條約在民國三十二年得以廢除，消弭了十九世紀以來的殖民帝國主義瓜分中國危機，更催化了亞、非各殖民地後來獨立，這是中華民國在二十世紀對全世界受欺壓民族的偉大貢獻，這正是證明「國軍貢獻超越國界」。

以大歷史觀點馳名國際史學界的美國哈佛大學東亞研究所研究員黃仁宇教授在《張學良、孫立人和大歷史》一文中指出：

「即使早年對蔣介石作出十分嚴厲批評的美國左翼作家白修德，在其晚年曾對《新聞週刊》記者承認，他過低估計了蔣介石遇到的困難，那就是『動員五百萬的兵力同強敵不斷地作八年苦戰，爲中國歷史向來之所無，而且軍隊係社會既成因素所併合出來的一種產物。』然而戰事一開，他又將一切謹慎擲諸化外，而以士氣人心代替組織與效率。其不惜犧牲，有如將原來儲備軍官的教導總隊一體投入戰場，事前向他們訓話，囑他們個個必死（**死時確極慘烈**）。他的目的是將一個局部的戰爭拖成一個全面的抗戰，使無人可以規避，並且終於拖成一個國際戰事，中國也賴此得到最後勝利。凡此都不是軍事教科書之所敘及。」

對於蔣爲外人所詬病的，就是他的兼職過多（**見圖1-4**）、遙控部隊、越級指揮，黃仁宇教授認為係「當日環境之產物。國軍最大的缺陷，不僅是素質低，而且是素質不齊。在很多將領心目中，抗戰是人生的一大冒險，功名固可以成於旦夕，禍害也可以生於俄頃。後面的預備隊可能突然失蹤，側翼的友軍可能不在指定的時間地點出現。

部隊的建制不同，補給也有參差，部隊長平日的恩怨也可以影響到戰時的協同，一到軍法審判，軍法官只在邏輯上替責任問題銷案，很少顧及內在的公平。這很多問題，統帥都不能一一解決，軍事委員會的委員長又如何掌握統帥權？（見圖1-5）於是蔣介石只能強調人身政治，因此他必須兼任重要軍校的校長（見圖1-6），甚至領導兼部屬（見圖1-7），越級指揮（見圖1-8至圖1-13），也還是他人身政治的延長，只有經過他的職務相加與耳提面命，對方才覺得責無旁貸。很多超過常理以外的任務，能否確實執行不說，首先也只有委員長手諭或面諭才能指派得過去。他之令第十軍方先覺死守衡陽，以後方被俘，然後逃回仍得到蔣的袒護支持，即是此種作風的表現。」

大陸知名史學家楊天石簡明扼要地對蔣介石「定性」蔣介石是個很重要的人物；領導北伐，領導國民黨和國民政府抗戰，直至勝利，是大功。

國民政府從來就沒有所謂的消極抗日，也正因為這樣，國民政府始終是日寇打擊消滅的主要對象，而國民政府面對的始終是抗日主戰場。僅就長沙會戰而言，第一次長沙會戰，殲敵逾萬人，第二次長沙會戰，殲敵萬餘人，第三次長沙會戰，斃傷敵人三、四萬人。它們和那次殲敵近千人，所有大陸中學生都耳熟能詳的平型關大捷，一樣值得紀念。

衡諸世界，巴黎貝當政府屈服了，倫敦的張伯倫曖昧綏靖希特勒、歐洲在希特勒的鐵蹄之下，莫斯科還在戰鬥。菲律賓、馬來亞、荷屬東印度、緬甸先後淪陷了，東南亞在受日本軍國主義者的蹂躪，重慶還在戰鬥。這是一個不屈的國家，生活著不屈的人民。不錯，南京是淪陷了，但中國還有重慶。

重慶是中國抗日戰爭的中流砥柱，是中國人民的主心骨。日本侵華軍的總司令岡村寧次大將，在他當時給軍部的報告《關於迅速解決日華事變作戰方面的意見》中，明確寫道：「敵方抗日勢力之中樞，既不在於中國四億民眾，亦不在於政府要人之意志，更不在於包括地方雜牌軍在內之兩百萬抗日敵軍，而只在於以蔣介石爲中心、以黃埔軍官學校系統的青年軍官爲主體的中央直系軍隊的抗日意志。只要該軍存在，迅速和平解決有如緣木求魚。」這份報告存檔於日本大本營陸軍部。整個軍旅生涯都在中國作戰的岡村寧次，是不會把他的對手認錯的。

重慶是中國抗戰的精神堡壘。日本要想打垮中國，必須打垮重慶。從一九三八年二月十八日到一九四三年八月廿三日，日本陸海軍航空部隊進行了爲期五年半的戰略轟炸，史稱「重慶大轟炸」！

據統計，空襲重慶共二一八次，出動飛機九五一三架次，投彈二一五九三枚，炸死市民一一八八九人、傷一四一〇〇人，炸毀房屋一七六〇八幢，有三十所學校曾被轟炸。重慶沒有屈服，中國沒有屈服。重慶大轟炸背後是英勇不屈的重慶精神。可這關係中國命運的「重慶大轟炸」，在大陸卻是除有零星報導外，塵封了整整六十年。大轟炸中屹立不倒的陪都重慶，在飽受戰火摧殘後，勝利的中國在那裏樹立的「抗戰勝利紀功碑」，一九五〇年就被改建成了「人民解放紀念碑」。

「抗戰勝利紀功碑」是在一九四一年十二月建成的「精神堡壘」的舊址上建立的，它們都是重慶抗戰，中國抗戰的歷史見證。如今只有解放碑傲然挺立在山城，埋頭苦幹的中國人，將盡我們的力量所至，抵抗到底。我們將奮鬥到最後的勝利，或最後的慘敗。縱使大好河山，悠久歷史，都被鮮血染紅，或毀滅在熊熊的火眼之中，亦在所不惜。正是憑藉著這種精神，中國迎來了抗戰的最後勝利。

一九四五年九月二日，日本政府代表正式簽字無條件投降，徐永昌代表中國政府在日本投降書上簽字確認。九月三日，中國舉國歡慶，國民政府確定從第二年開始，以每年九月三日為抗日戰爭勝利紀念日。勝利的光榮屬於所有為之付出過血汗的人們，它不應該為意識形態和黨爭所玷汙。

中國抗戰勝利七十周年之際，應該允許曾經是國軍的抗日老戰士穿著往日的軍裝，佩帶勳章，在昔日的戰旗下參加慶典。他們應該得到尊重，哪怕是遲到的尊重。是那些軍裝，那些勳章，那些旗幟，和他們為民族自由和生存而戰的記憶聯繫在一起。這份記憶屬於他們，也屬於這個國家，屬於子孫後代。那些在抗日戰爭中犧牲的英雄，國民政府授予他們的榮譽，應該重新得到承認，起碼應該讓他們的後人，在大陸從此能夠公開自豪地緬懷自己的先人。

在對偉大的衛國戰爭的紀念中，應實事求是的尊重和承認政見不同或者對立，甚至曾經兵戎相見的愛國人士在抗戰中的功勳，在歷史問題上表現出政治和解與寬容的精神和胸襟，而任何把這些當成權宜之計或者點綴的思想和行爲，都是褻瀆衛國戰爭的光榮精神。

三、國旗的滄桑

在中華革命黨的「革命方略」中，規定以青天白日滿地紅旗爲中華民國的國旗，青天白日旗爲軍旗。

但此旗始終沒有機會飄在神州上空，直到民國十年五月五日中山先生以維護法統之決心，重返廣州，就職非常大總統，再度努力促使青天白日滿地紅旗爲中華民國之國旗。

可是這面旗幟的命運卻隨陳炯明叛變而下旗，民國十二年陳炯明叛變敗走，中山先生自上海重返廣州就任陸海軍大元帥，凡中山先生所到處皆飄著青天白日滿地紅旗幟，惟其他各地仍懸掛五色旗。

一九二六年六月，蔣介石率領國民革命軍揮師北伐。一九二七年三月廿三日，北伐軍光復南京；四月十八日，國民政府宣布定都南京。蔣介石於同日發表講話，闡述其在南京建立國民政府的原因：「中華民族歷史上兩次被外來民族所霸佔，而皆終結於南京，大明定都南京推翻蒙古，民國建都南京推翻滿清；先總理曾說北京象徵專制，南京象徵民主與自由，先總理選定南京做爲我們的國都，我們負有重大責任，保衛並服務於我們的政府，直至生命最後一息。」

然而身處國民黨高層核心的蔣介石，夾雜在左右兩派的傾軋中，對他這個國民黨內的小老弟，日子並不好過，因此雖然他贊成定都南京，但是他並不高興，反而有種高處不勝寒之感，唯有快快離去方是上策，繼續北伐就是唯一的選擇，它避免了重蹈太平天國的覆轍，這卻使得蔣介石因禍得福。

蔣介石是個軍人不是政客，玩政治不在行，這與某些不明事理的說法不同，寧漢正式分裂。武漢方面即下令開除蔣中正的黨籍並予以通緝，南京亦下令通緝約二百名共產黨人。可知此時蔣介石自身難保，還要經過李宗仁等人居中斡旋，武漢及南京避免開戰，決定暫時分頭繼續北伐，蔣介石在國民黨裡實在沒有多大能耐，因為他畢竟黨內資格稍淺，何況又是軍人，對他而言，最佳之路，就是繼續北伐，跳出這個是非之圈。

十六年四月十八日，國民政府為奠都南京告全體將士書指出：

總理既逝，本黨秉承遺志，出師北伐，……轉戰七省，遂定江漢，四十年來，本黨軍事成績之偉大，蓋無過於今日者。雖然，苟無認識主義，效命黨國之全體將士，則蔣同志亦一手一足之力耳，深切言之，此種偉大之成績，實由於全體武裝同志之一心一德，更深切言之，實為主義的成功，軍紀的成功。

民國十五年蔣中正繼承中山先生遺志，率國民革命軍出師北伐，北伐成功，青天白日滿地紅旗飄揚在除了東北之外的全國上空。

國家的主權和統一是一個國家的最高利益。北伐軍宗旨就是以武力依法履行職責，維護國家的主權、統一、領土完整和國家的安全。國旗與駐軍對北伐與統一過程中，對於中國政權的平穩過渡和持續穩定，發揮了積極的影響和重要作用。

北伐成功統一了關內，關外的張作霖被炸死後，一九二八年七月一日，張學良秘密向國民政府發出《絕不妨礙統一電》，承諾東北將會易幟（從民初的五色旗換成了南京的青天白日滿地紅旗），保證將完成中國的表面上的統一。

隨後東三省議會於一九二八年七月二日，一致推舉張學良為東三省保安總司令兼奉天省保安司令。一九二八年七月四日，張學良正式主政東北。他受命於危難之時，集國難家仇、內憂外患於一身，面臨的軍政形勢十分險惡。一九二八年十二月廿九日，張學良毅然決定「東北易幟」。張學良通電經該日起改易國旗，特請備案，並請定是日為國民黨統一中國紀念日（見圖1-14），經國府決議婉拒了張的建議，但對張的愛國情操與魄力感佩不已（見圖1-15），蔣對張的易幟回報則是一路提攜栽培成全國第二號人物，儼然就是蔣的接班人架式，張形式上的歸順中央，可謂北伐大業始告完成。

北伐成功是蔣介石一生中非常重視的成果之一，東北易幟維護了國家統一和民族尊嚴，挫敗了日本帝國主義攫取中國東北的陰謀。國民政府至此獲得了形式上的統一，東北軍將領當然也紛紛獲獎，當時，除台灣尚在日本統治下，中國每一寸領土均飄揚著青天白日滿地紅旗幟，而全國人民才普遍認識這面千辛萬苦得來不易的國旗。

對於東三省來說，易幟只不過是換了一面旗幟。但是蔣介石對這面旗幟卻是有著非比尋常的感情，這是許多革命軍人拋頭顱灑熱血，前仆後繼，以生死換來的旗幟，蔣介石是一名軍人，他知道這面旗幟的分量，知道它代表的意義。南京政府也許並不能調動張學良的一兵一卒，財政及人事任免權全由張學良說了算，奉系首領仍然是東三省的真正統治者，東北仍然是一個獨立王國，但東北易幟順應了歷史潮流，是全中國人民的共同願望。

張學良隨即被南京政府任命爲東北邊防司令長官、全國陸海空軍副司令，此時年僅廿八歲。蔣介石也就因爲張學良的一念之間，堅持了國家民族的大是大非，接受了這面旗幟，從此與張結拜金蘭，一路提攜拔擢，成爲全國二號人物，在九一八事變替他擋了不少的子彈，甚至西安事變闖了這麼大的禍也沒有殺掉他。

蔣介石在黨內地位始終不高，軍權也常遭黨權與政權的挑戰，最大的政敵以胡漢民、汪精衛爲代表，蔣介石並不能代表國民黨實施「訓政」，至少他要排在胡漢民與汪精衛之後，也就是說，直至訓政結束，蔣介石都不是訓政期間最高的政黨負責人，他與訓政或專政是不相干的，他只是一個軍權集中的強勢將領罷了。

但是他爲了黨政大事，常常成了箭靶、出氣筒、代罪者、背黑鍋者。對日本進逼，蔣定下「攘外亦須安內」之國策，旨在外交抗日與國共內戰同時並行。國民政府無強大經濟與武力，積極爭取西方奧援，力圖避免對日全面開戰，因此只有忍耐。

蔣介石爲何忍受辱罵？因爲小不忍亂大謀，他爲的是埋頭進行抗戰的準備工作，他首先整合黨內，讓胡汪體諒，再與各省當權者談判，在國破家亡的共同威脅下，各省諸侯都表示願意團結在國民政府領導下共禦外敵，中共也承諾取消蘇維埃國，接受蔣介石和國民政府領導，於是分裂的十個手指握成一個鐵拳，全國實現了大團結大統一。

在刀尖下的外長、替蔣受辱的黃郛，是蔣介石學習忍功的第一課。

一九二八年五三濟南慘案，是近世中國外交史上的最大恥辱，凡是中國人民，誰都不會忘記這一回的奇恥大辱。

歷史記載著弱國無外交的悲哀，當時國府外交部長黃郛被日軍所扣，他打一個電話給蔣總司令，要蔣總司令派汽車去接他。總司令接到了這一電話，才知道黃部長在日本司令部內，所以就派汽車去接，但他們卻不許他出來，要他簽喪權辱國的條約。

黃郛當然不肯簽字，他當時說，即使你槍斃我，我也不能簽字，不過我可以批我看過的這個報告。所以就批了幾個字，才放他回來，回到總司令部，蔣總司令問他情形，他憤然的說，中國人不是人，日本人沒有當我們是人，這種恥辱與殘酷，從有歷史以來均沒有看見過的，不僅是自己沒有身受過。

至於中日未解決事件的和平會議的情形也令人髮指。當時留日的軍人熊式輝代表總司令去和日本人開和平會議，日人提出的條件，是濟南的商埠幾條街，中國軍隊不能通過；膠濟路和津浦路不准運兵，軍隊要退去二十里之外。熊式輝說不能答應，一定要問了總司令之後，才能答覆。熊式輝會議回來報告總司令，他的報告比黃部長更要苦痛，更要慘淡了。他說日本人簡直是禽獸也不如！

熊式輝是日本陸軍大學的學生，他同福田司令官的參謀長和參謀同學很多，他又懂日本語，日本派來會議的，就是熊式輝的同學，就是福田的參謀長，可是會議的時候，不是同學的話講不到，也不僅是不認識熊式輝，他心目中簡直沒有中國人了。這種橫暴，野蠻，跋扈，壓迫的情形，幾乎形容不出來。

另外，早在北伐時期發生的濟南慘案中，最使人悲憤痛恨的，是外交特派員蔡公時之死。他被日本軍隊拿到的時候，就一點也不屈服，當時交涉署的幾個職員統統被迫跪下來，日本司令官坐在中間，蔡公時就是不跪，他說，你殺我都可以，我是不能跪的。他們就說你不跪嗎？不跪就做給你看！就把蔡公時同伴的一個人拿手槍來打死，再問蔡公時跪不跪，他還是不跪；他們又再打死了交涉署的另一個中國人，再問跪不跪？如此把我們十幾個中國人一個個都打死了，但蔡公時還是不跪，他們就叫兩個兵拿槍敲他，把他的腳膀都敲斷了，倒了下來，蔡公時仍是大罵日本人，日本人把他的舌頭也剪了，剪了之後，拿手槍亂放亂打就打死了。

熊式輝當時向總司令報告，說照現在的情形，日本一定要同我們開仗，打將起來，沒有別的辦法，我們只有想方法同他對抗，或者避過他，不同他衝突。據總司令的意見，我們現在不能同他們開仗，亦不能同他們衝突。現時我們只有忍辱負重，忍耐下去，仍是要同他們調解。只要我們能夠打到北京，然後再同他們講話，總司令拿定了這個宗旨，所以還同他們敷衍，派代表來往交涉。

總司令就在五月六日的早上離開濟南，到黨家莊。總司令是六日早上八點鐘出濟南城的，日本偵探是十點鐘知道這一消息的，福田司令官一聽得蔣總司令出城的消息，就說糟了，同參謀長商量，以後事情甚是難辦，所以福田司令知道蔣總司令離開濟南消息後的那種驚惶失措的狀態，他看得很清楚。

本來照福田的意思，早就要把東關南關一同包圍起來，不給蔣總司令出城，他們可以作城下之盟，就可以不許蔣北伐，但是他們爲什麼不這樣做呢？因爲還沒有接到東京參謀本部的命令。及至一旦聞知蔣總司令出城，於是懊悔不及了。

蔣對熊式輝報告時聲淚俱下，言蔡公時慘死言之極痛心，稱蔡公時同志之死難，言之尤令人心酸。蔣在日記記載：「初以槍棒毒打，繼令跪地，因其言辭不屈，先割去其舌，後割去其鼻，最後用槍打死。殘酷行爲，真是暗無天日，凡稍具國民性者，能無悲憤！」

他憤而寫道：「報仇雪恥，是在我人根本之自強！中國人如再不爭氣、不團結、不於國民黨三民主義領導下向光明道路上發展，帝國主義者之壓迫，永不能免……對本身宜自立，對外方宜秘密，俾將來一躍而升，盡洗國民之羞恥，不勝厚幸！」

濟南慘案對當時的中國領導人蔣中正的心理產生重大衝擊，蔣中正在一九二八年五月三日的日記中寫道：「身受之恥，以五三爲第一，倭寇與中華民族結不解之仇，亦由此而始也！」此後蔣在日記中堅持每日寫上「雪恥」二字。

學者政治家張君勱說蔣介石一向都在忍辱負重的心情下生活，在一九二八年五月三日發生「濟南五三慘案」時，國民革命軍往北京受阻，費了好幾個月時間才將障礙除去。當時他對將士說：「圖報國仇，謀雪國恥，要使中國不受帝國主義的欺負，真正達到獨立自由的目的，今日只有忍辱負重，臥薪嘗膽，十年生聚，十年教訓，效法經哲先賢的志節，深信失土必能收回，國恥必可洗雪，果能如此，就是達到大同世界自由平等的境遇，亦非難事。」

通過蔣介石日記的解密，根據民國史學家楊天石先生的研究，在北伐戰爭時期，曾在日本留學並熟知日本軍力的蔣介石，就有「三月亡國」之論，認爲中日國力懸殊，一旦開戰，中國沿海地區就會陷入日軍之手，而日軍少壯派軍人後來則引用並堅信他的觀點，結果當時的蔣介石與日軍皆嚴重低估了中國人民的抵抗能力。民國十八年（一九二九）五月，在一個紀念五卅慘案的會中，身爲軍事委員長的蔣介石曾說：這種紀念日子，凡是中國人，凡是父母生下來的中國國民，對於這種恥辱，是不能忘的。這種恥辱不洗雪，中國人是沒有一天能夠獨立的。可見中國抗日的決心，從五卅慘案之時起，即已開始。

但蔣介石爲甚麼不一早把他的想法告訴群情激昂要求抗日的中國民眾呢？史料證明「九一八」之後，日本內部對是否攻佔整個中國也有分歧，蔣介石認爲仍有可能和日本周旋，拖延日本全面入侵中國的時間，以積蓄自己的力量，從長計議。

因此如果作爲當時中國領袖的蔣介石公開這種戰略部署，等於告訴日本人，中國正臥薪嚐膽，準備全面抗日，會刺激日本鷹派提前全面侵華。因此國人當時多不知蔣介石的這種國防設計。

身爲政府方面最高領袖的蔣介石更是知道，國民革命勢力必無見容於日本帝國主義之理，對日戰爭遲早總要發生。但是覺得多有一分準備，即可減少一分犧牲，因此才不惜委曲求全，儘量延緩武力解決的時限。至於抗日決心，則政府與人民自始即無二致。

爲了國家生存，蔣先生是個國家領袖，從政治角度上須要忍，不能逞匹夫之勇，但是除了忍，蔣介石身爲軍人還是要抵抗的，那年北伐時的蔣總司令在離開濟南的時候，仍命令李延年死守濟南並留第二團在濟南城內防守。

當時劉峙總指揮說，我們既已退出，這一團兵一定被犧牲，所以據他的意見，以一同退出爲妙。但是總司令說不能夠，至少要留一團兵守在那裏，如果我們一個兵不留，將來日本人來佔領濟南時，就說是因爲中國一個兵都沒有，沒有人維持秩序，是送給他們日本人的，那就不曉得什麼時候，我們濟南才可收得回來。所以他要留一團兵在那裏，就是這一團兵犧牲了，也是爲了國家。

總司令當時告訴李姓團長，至少要守兩天，並且一定要等到他來攻，如果他攻了之後，若有方法，儘管退出來，並且還留了一架無線電機給他。當時李團長說，如果沒有總司令的命令要我退，我一定守死，就是一團兵，也盡可以守。總司令問他怕不怕，他說不怕，一定守就是了。十年後的八百壯士守四行倉庫，也是這種模式。這種志願參加「自殺行動」的精神，被蔣中正稱爲英勇行爲的典範。也就是他最強調的軍人魂。

蔣介石早年即具有民族主義思想。當時主要內容是反清，宋遺民鄭思肖（所南）的《心史》曾經是他最愛讀的著作。五四運動後，蔣介石的民族主義思想逐漸向反帝方向發展。

五四運動給了蔣介石以強烈震動。他高度評價中國人民在運動中表現出的鬥爭熱情和愛國精神，視爲中華民族復興的希望所在。當年九月廿四日日記云：「至今尚有各界代表群集總統府門前，要求力爭山東各權利及各處排日風潮，皆未稍息。此乃中國國民第一次之示威運動，可謂破天荒之壯舉。吾於是卜吾國民氣未餒，民心不死，中華民國當有復興之一日也。」蔣介石不僅反對外人侵佔中國土地，控制中國的經濟命脈，而且反對爲洋人服務的洋奴買辦，更反對列強在華的租借區，身爲一個軍人無法接受外國駐軍的屈辱。（見圖1-16）

蔣介石反帝思想的高潮出現於五卅運動後。一九二五年六月廿三日，廣州群眾爲支持香港工人大罷工，舉行遊行示威，隊伍經過租界對面的沙基時，英國軍隊悍然開槍射擊。群眾死五十餘人，傷一百七十餘人，形成沙基慘案。事件發生後，蔣介石在日記中寫道：「國勢至此，不以華人之性命爲事，任其英賊帝國主義所慘殺，聞之心腸爲斷，幾不知如何爲人矣！自生以來，哀戚未有如今日之甚也。」

他自黃埔赴廣州途中，覺得一路景色淒涼，天空「頓呈不可思議之紅灰色」。第二天，他在發病高燒中仍集合士兵講話。第三天，他在日記提要欄目中寫下：「如何可以滅此橫暴之陰（英）番？」自此，他逐日在日記中書寫「仇英」標語，總計約近百條，如：英虜皆可殺！英仇可忍耶！毋忘英番之仇！英虜我必殲汝！英夷可不滅乎！汝忘英虜之仇乎？英夷不滅非男兒！英番不滅革命不成！英番不滅能安枕乎？漢有三戶，滅英必漢。

隨著北伐的成功後，中國的大患由英法德等歐洲國家轉爲日本蘇聯。中國以農國家對付早跨入世界七強之列的工業化國家之日寇；以中世紀的護院家丁般的散兵游勇，對付幾百萬早就武裝到牙齒的現代軍隊；其代價之高昂，哪是常理所能測度的！

四、國軍、共軍、嫡系、雜牌

蔣介石領導中國的抗戰，是要面臨比軍事戰鬥還要複雜的各種歷史與制度問題，雖然蔣介石的最爲重要職稱是「軍事委員會委員長」，但是其真正重要的職責，並非是軍事上的指揮工作，而是總合一切的力量，進行對日的抗戰，因爲當時的中國，根本就沒有建立現代化的政府與軍事制度，蔣介石所統帥的是一支還在發展與適應中的拼裝部隊，這支在觀念上，屬於幾個世代混雜的部隊，沒有共同的後勤系統與互通的訓練基礎，各個部隊的領導人有著極其複雜的背景與不同的動機，他們還無法建立真正互信與一致的指揮系統，而後勤補給又是如此的不足與缺乏，因此一切都要靠人與人之間的「關係」來調節運作。

從蔣介石對前線部隊所下達「命令」的形式與內容來看，除了是對中央軍（因為都是他的軍校學生）以外，多半都是採取「建議」與「情商」的內容與語氣，而命令的結果，對於雄霸一方的諸侯而言，通常也都是「參考辦理」而已。

雖說中國軍隊的各級指揮員一般都已具備了一定的戰鬥經驗，但說句良心話，當時中國各派軍隊之間所進行的戰爭，水準實在不能說很高，也就很難鍛煉出一支高水準的軍官隊伍。

然而軍事力量的懸殊，也使得一些意志不堅的將領畏葸不前，像當時山東軍閥韓復榘，我們在一封他寫給蔣介石的私函中看出，蔣先生非常器重他，韓也認爲與蔣關係非淺，從他致蔣的私函中可看出韓受知於蔣感恩戴德，矢志追隨，他也保證「以良心血性報知遇之恩」，卻在抗戰中不戰而退，遭到軍法死刑處治（見圖1-17），成爲國軍高級將領被軍法判處極刑的第一人。

這一果斷嚴正的處置，對當時國軍的風紀產生了極大的影響，蔣介石在抗戰爆發不久，尤其是在抗戰初期那種風雨飄搖的歲月中，三令五申規定，凡聞警先逃一律以軍法從事，警告令出法隨絕不姑息（見圖1-17）。對「軍令如山」的重新認定與執行，更形成了一股穩定的力量。

國民政府軍事委員會委員長蔣介石在開封會議中不僅宣布了作戰懲罰條例，同時也頒佈了論功行賞的獎勵辦法，如設立「青天白日勳章」、「國光勳章」、「抗戰勝利勳章」等獎項。這一獎懲制度一直被認真執行。

軍事方面：幾乎所有的軍人都統一到了軍事委員會的指揮下面，軍事委員會的地位也越來越高，職權也越來越重要，在抗戰前夕，已經是一個駕乎各院及國府的太上主席，他同時又是國防會議議長兼秘書長，掌握軍政大權，所有的軍事強人要不收編，要不成為他的派出機構行轅的代表，或是軍事的或是地方政治的，但都已經無法獨霸一方，唯我獨尊了！（見圖1-18至1-22）

進了委員會當委員的，起碼都不敢公開為私利與蔣叫板了，全國軍政大權開始一元化，這是後來抗日軍事上能夠打若干勝仗的基本條件。而且史料顯示，蔣介石以為在陸軍方面必須訓練六十個現代化師，纔可以和日本相抗衡，由於西安事變而提前爆發全面戰爭時，只完成了二十個師的訓練和裝備。

在戰爭中，一支合格的軍官隊伍不僅要有出色的指揮能力和軍事素養，同樣也要求要有恪盡職守、不怕犧牲的精神和鐵一般的紀律性。在這一點上，毋庸置疑日軍是完全具備的。而相比之下，中國正規軍要明顯遜色得多（見圖1-23）。無論是抗日戰場上，還是在後來的國共內戰中，國軍軍官，尤其是進階將領的指揮道德，均表現的遠遠不能滿足戰場需要。見死不救、拒不執行命令和虛報戰績的實例屢見不鮮。被槍決的第三集團軍司令長官韓復榘和一六七師師長薛慕英，就是其中最突出的代表。同樣，那位名氣很大的廿九軍軍長宋哲元，在平津保衛戰中的表現也很難說是合格的。

中國的軍官素質不高，士兵的素質也很難說是合格的。抗戰開始時，中國軍隊中，除中央軍大約有三十萬人在德國顧問的指導下受過不同程度的現代訓練外，大多數軍隊的訓練內容嚴重落後。由於前述的中國動員體制的缺陷，徵集來的新兵普遍對服兵役深惡痛絕。八年抗戰中，據臺灣學界稱總計徵召新兵一千四百萬餘人，但是技術送到部隊的僅有約一千萬人。

同時，由於當時的中國人普遍受教育程度極低，加上嚴重的營養不良，而各地的補訓處也只滿足於開始新兵不逃走，立法院法制委員會曾發文給國防最高委員會，認爲壯丁逃兵不可由軍事機關依陸軍刑法處斷，防止逃兵要從行政改良著手（見圖1-24），所以補充到戰鬥部隊的新兵往往連最基本的戰鬥技能和常識也不具備。而戰鬥部隊要想對他們進行完善的訓練，新兵也很難迅速接受。抗戰前期，不少地方系統的部隊在作戰時，仍沿用早已被證明是毫無用處的密集戰鬥隊形，勇敢精神確實令人嘆服，但結局卻只能用悲壯來形容。

正因爲如此，日寇才會在戰爭初期口出狂言，要在三月之內滅亡中國。但中國政府和中國人民沒有被來勢洶洶的外敵所嚇倒，中國政府和中國人民殊死抵抗！沒有足夠的戰鬥機轟炸機，沒有足夠的軍艦，沒有足夠的坦克車，沒有足夠的後勤保障，我們差不多事事不如意，我們只有血肉，我們只能用血肉築成新的長城。

蔣介石深知教育是軍隊的生命所托，建軍首重精神建設。在擔任黃埔軍校校長期間，除把三民主義作爲建軍辦校的指導思想外，還大力推崇曾國藩、胡林翼的治軍原則，在蔡鍔的《曾胡治兵語錄》基礎上增輯《治心》一章，明確提出「治心即爲治兵之本」。所謂治心，就是極力向官兵灌輸封建倫理道德，把「禮義廉恥」四維和「忠孝仁愛信義和平」八德作爲軍隊的精神支柱，提倡發揚以「仁」爲中心的「智信仁勇嚴」的武德和「不成功，便成仁」、「冒險犯難」的精神。

諸葛亮一生勤懇，忠於職守，忠於國家的良好道德素養，深受蔣介石的讚賞。他不失時機地利用他的事跡教育其部下忠於自己。他說：「我們參謀長要有大無畏的精神修養（見圖1-25），就要自視如諸葛亮，以『鞠躬盡瘁，死而後已』的精神來辦理一切參謀業務。」「不成功，即成仁」，是蔣介石常常用於激勵其部下的一句話。他曾告誡其部下，「我們必須時時有死的決心」。

他是這樣看待諸葛亮空城計的，他說諸葛亮在實施空城計的時候，當然不能十分保證自己不會被擄，但是他有一個死的決心，所以無論司馬懿多少兵來，他也聲色不動。你看作戲的時候，諸葛亮身邊還有一把短劍，這把劍就是準備作兩種用途的：一種當然是要用來殺敵人；但是如果殺不到敵人反被敵人俘虜，或已被俘虜的時候，他就要用這把劍來自殺，以保其清白之身，還之於他的父母、上官和國家，不讓敵人來污辱。

「現在我們各位官長身邊所帶的手槍，就是和古人所佩的短劍的用途一樣。」對於諸葛亮以高超的智慧，把握司馬懿懼怕自己的心理特徵，利用「空城計」嚇退敵人的這一典型戰例，蔣介石偏把著眼點放在諸葛亮所配短劍上發議論，並主觀地認定他所佩戴短劍的「兩種用途」，其目的就是宣揚其「不成功，即成仁」的「殺身成仁」的思想，教育其部屬死心塌地地爲革命服務，爲國家效忠。

「革命的人生觀」、軍人的忠誠和武德，要他們意志堅定地跟著校長去成功事業和理想，並強調服從命令是軍人的天職，死是軍人的本分。蔣介石在對黃埔一期學生的第一次訓話就說：「有句要緊話，請各位聽好，就是我們軍人的職分，是只有一個生死的『死』字。我們軍人的目的，亦只有一個死字。」他要求他的學生：「在學校裏，在軍隊裏，各位如果相信本校長是一個真正的革命者，那麼在校內，在軍隊中，都要服從我的主張，如同我以總理之思想爲思想，以總理之意志爲意志。」

蔣介石時時向學生灌輸這些信條，使得許多年輕的黃埔生從那時起，就養成了對主義絕對服從的意識。他對黃埔學生也每週抽空找一些到他的校長室面談，或師長般循循善誘，或長者般噓寒問暖，即使公務繁忙也不間斷，這往往收到事半功倍的效果。單獨面對面的談話，使學生感覺自己受到校長特別的關愛和重視，因而感動不已，生出士爲知己者死的豪情，立志爲校長效勞。這是蔣介石殫精竭慮積累自己的軍事班底，感召人心的高明之處。

相對而言，國軍的實力強，對日作戰規模大，殲敵多，犧牲的官兵包括高級將領也多的驚人，國民政府在抗戰中表現的鬥志還是遠遠超過其在內戰中的表現的。其主流派（即以蔣介石為代表的重慶政府）尤其如此。

在二次大戰中，日軍在中國戰場外真正的大規模陸戰，只有雷伊泰戰役，東南亞（荷屬東印度群島及緬甸）戰役而已，但與之交手的英美盟軍，雖挾地利及精銳裝備，仍難與之抗衡，在雷伊泰戰爭中，正規美軍與菲律賓軍，裝備尤較國軍為佳，雖於兵力上佔優勢，但仍一敗塗地。

日軍打東南亞，出動部隊總兵力不超過五個師團，這種兵力規模在中國戰場上可謂司空見慣，日後盟軍反攻，新幾內亞及各島日軍不逾十萬人，美軍以絕對優勢進攻，尚自稱戰況空前慘烈。相較之下，裝備不如菲軍的國軍竟能在廣袤百里的大型戰場上，屢殲規模大約相等，且日軍有足夠空間機動，更佔優勢的日軍，似乎更值尊敬，這只是一個淺顯的比較。

日軍以兩個半師團打垮麥克阿瑟的美菲聯軍，以五個師團橫掃東南亞，可是同等規模的兵力，在面對裝備低劣的中國軍隊時，卻顯得有氣無力，而且時常慘遭敗績。

與同期外國戰史相較之後，才能確知抗日國軍之英武豪邁及國軍高級指揮官的傑出才幹，在動輒縱深百里，可以任意機動的大型戰場上，面對裝備窳劣而無機動力可言的國軍，日軍居然沒有取得任何一次決定性勝利，反而屢次損兵折將，自招重挫。

大戰期間，日軍大本營對其「百戰百勝」的駐華派遣軍責難甚深，每年均下達多道訓令，要派遣軍想辦法勝利結束對華作戰。武漢會戰後，大本營兩次集結全陸軍之主力轉運中國，意圖一戰解決，均告失敗。究其原因何在？其最後一任駐華派遣軍總司令官岡村寧次深切痛陳：「只要敵人的抗戰意識持續不滅，就不能期待決定性的戰果。」日軍大本營收到報告後默然不語。

雖然皇軍有能耐將堂堂美軍打得搖旗投降，將獨霸東亞半世紀的英法荷諸強打得潰不成軍，將法國殖民地部隊嚇得和平改編，但鏖戰八年，就是無法讓內憂外患的重慶政府俯首罷兵。太平洋戰爭後期，日方對中國戰局的要求也降低到不過希望和談及體面撤兵，互結盟誼而已，與其早時囂張氣焰相比，已顯過分委曲求全。

在菲律賓戰爭中，正規美軍與裝備猶較國軍為佳的菲律賓部隊，雖然在兵力上佔優勢，但仍然一敗塗地。日軍在菲律賓戰役出動的第十四軍總兵力也不過兩個半師團四點三萬人，馬來亞及緬甸戰役中，日軍總共出動五個師團，用於馬來西亞與新加坡方面僅三個師團，英軍有十二萬是日軍的一倍多，大砲及裝備也比日軍好，結果狼狽大敗，整個馬來西亞半島只花了一個半月就被日軍佔領，比衡陽保衛戰還少兩天。

英軍無用，連永久設防的新加坡都守不住，英軍有八萬五千人，日軍只有三萬人，不到一星期時間就被日軍攻克。香港保衛戰也不到一周時間敗北，菲律賓首都馬尼拉的城防戰幾乎是不設防狀態，未經抵抗就淪陷。

英軍用於緬甸方面為兩個師團，據入緬迎戰的遠征軍報告，緬甸英軍在新加坡淪陷後，根本沒有作戰的鬥志。雖然光是駐緬英軍就有一個完整的軍團，兵力與日軍相等，機動力尚且優之。

而日軍的記錄，則稱所遭遇強烈而足以震動全域的抵抗，為同古方面與中國遠征軍的激戰。東印度群島戰役，日軍先後投入三個半師團，荷蘭守軍則是海陸皆敗，投降之速令人驚訝。

那些「科學」與「數量」的作戰能力對比，是沒有辦法瞭解中國民族主義所產生的那種死裏求生的犧牲精神，中國人所承受日本的欺凌與侵略已經夠多了；中國人有著寧願戰死，也不願屈服的共識與決心，雖然中國軍隊在訓練、裝備與後勤方面，的確不是日軍的對手，甚至將士兵的屍體棄之戰場而遭日軍的輕視（見圖1-25），但是中國軍民在維護國家民族生存與尊嚴的自衛作戰中，所表現出來優秀的潛能，的確改變了許多戰前的預估，中國能夠在日軍絕對優勢的火力與戰力下，遭受到近乎無法計算的死傷與打擊，卻竟然能夠堅忍不拔、支撐下去，甚至能多次反擊而讓日軍遭到重創，因而的確一而再、再而三的改變日軍大本營對於侵華戰爭預估，以及讓西方軍事專家感到震驚甚至是尊敬。

中國能夠孤軍與日進行長達四年又五個月的全面戰爭，讓日本無法解決中國事變，這就是中國民族主義的勝利，當然也是中國人民數不盡的犧牲所換來的成果。中國民族主義所激發的潛能才是最後獲致勝利的根本原因！

五、收編八路軍、新四軍

西安事變結束了十年內戰，促成了第二次國共合作。第二次國共合作的實質是兩黨的軍隊合作抗日。

一九三七年七月七日，日本發動「蘆溝橋事變」，我國政府，認為對日關係已至最後關頭。蔣委員長於七月十七日告全國人民謂：「臨到最後關頭，便只有拚全民族的生命，以求國家生存。那時節，絕不容許我們中途妥協。須知中途妥協的條件，便是整個投降，整個滅亡的條件。」又謂：「戰端一開，就是地無分南北，年無分老幼，無論何人，皆有守土抗戰的責任，皆應抱定犧牲一切之決心。」全國人民在蔣委員長領導之下，按照政府預定計劃，一致團結，奮起抗戰。八月十三日起，上海、天津、北平即開始大規模的激烈戰鬥。

中共於正式宣戰四十一日後，即九月廿二日，發表「共赴國難宣言」，提出四項諾言如下：

（一）中山先生的三民主義，爲中國今日之必需，本黨願爲其澈底的實現而奮鬥。

（二）取消一切推翻中國國民黨政權的暴動政策、及赤化運動，停止以暴力沒收地主土地的政策。

（三）取消現在的蘇維埃政府，實行民權政治，以期全國政權統一。

（四）取消紅軍名義及番號，改編爲國民革命軍，受國民政府軍事委員會之統轄，並待命出動，擔任抗戰前線之責。

中共宣言發出後，蔣委員長即於九月廿三日發表談話，表示嘉勉：

「此次中國共產黨發表之宣言，即爲民族意識勝過一切之例證。宣言中所舉諸項，如放棄暴動政策與赤化運動，取消蘇區紅軍，皆爲集中力量、救亡禦侮之必要條件。……而其宣稱願爲實現三民主義而奮鬥，更足證明中國今日只能有一個努力之方向。余以爲吾人革命所爭者不在個人之意氣與私見，而爲三民主義之實行。在存亡危急之秋，更不應計較過去之一切，而當使全國人民，澈底更始，力謀團結。……今日凡爲中國國民，但能信奉三民主義，而努力救國者，政府當不問其過去如何，而咸使有效忠國家之機會。對於國內任何派別，只要誠意救國，共同奮鬥者，政府無不開誠接納，咸使集中於本黨領導之下，而一致努力。中國共產黨人，既捐棄成見，確認國家獨立與民族利益之重要，吾人唯望其真誠一致，實踐其宣言所舉諸點。更望其在禦侮救亡、統一指揮之下，人人貢獻能力於國家，與全國同胞，一致奮鬥，以完成國民革命之使命。……」

時中共紅軍殘部約二萬五千人，准其募足四萬五千人，編爲國民革命軍第八路軍（後改為十八集團軍）轄三個師。任命朱德爲總司令，彭德懷爲副總司令。（見圖1-26）一一五師師長林彪，一二〇師師長賀龍，一二九師師長劉伯承，東渡黃河開赴山西抗日。

補給待遇，按編制與其他國軍相同。劃歸第二戰區戰鬥序列，受閻長官錫山指揮。朱德謂該軍整訓未久，不能擔任正面之正規戰鬥，請求指定地區，對敵作游擊牽制活動。中央皆曲予優容，並指定在晉北地區活動。

抗戰發生後不久，江南八省的紅軍有傅秋濤、高俊亭、劉英、陳毅等散匪，乘後方防務空虛之際，在贛閩鄂皖各省邊僻地方活動，擾亂地方。中央爲安定社會、增加戰力計，於一九三八年一月，准自稱已脫離中共之葉挺負責招安，成立四個支隊，編爲國民革命軍新編第四軍，任命葉挺、項英爲正副軍長。新四軍軍部在漢口成立。一九三八年一月移駐南昌，二月部隊開始集結整編。全軍一點零三萬人，編爲四個支隊：第一支隊司令員陳毅，第二支隊司令員張鼎丞，第三支隊司令員張雲逸，第四支隊司令員高敬亭。

當時共約五千人，劃入第三戰區戰鬥序列，歸顧長官祝向指揮，指定在江南京蕪地區擔任游擊。至一九四〇年一月廿三日止，據葉挺報告，該軍方募足一萬三千人左右。其補給待遇，亦與其他國軍相同。

究竟八路軍與新四軍是不是正規部隊呢？十八集團軍是不是國家的軍隊呢？正確的回答當然是國家的軍隊，不是異軍。因爲它的番號是八路軍、國民革命軍第十八集團軍。它的幹部，團長以上是經過軍事委員會任命的，它的編制是軍事委員會規定的，它的經費是從軍政部領的，它的行動自抗戰以來，無論在山西、河北、山東、冀東、綏遠、察哈爾，都是執行上級閻錫山長官的命令，完成戰鬥任務的。

從一份軍事委員會的文件中可看出，八路軍與其他路軍是一樣的階級與編制的，路的編制是抗戰初期的編制，在戰前存在一段不短的時光，但因爲不符越來越大的作戰規模，同時政府也想完全採用美式編制，因此才決定裁撤路（見圖1-27），並且八路軍本身急遽擴軍，在未得軍委會同意下，已自行擴充爲一集團軍的兵力，又因爲打了個勝仗平型關戰鬥，國府也只好追認事實，同意擴爲集團軍並領取相應的軍械與補給。

甚至史迪威要求赴察哈爾視察中共部隊，並要求補助，這是由朱德直接邀請的，上司閻錫山都不知道，蔣也因以大局爲重，同意史前往，並積極配合對方的要求，可證蔣並無苛扣非嫡系部隊的說法。（見圖1-28、1-29）

從上可知，不論八路軍或新四軍都是國軍，都是隸屬於抗日戰鬥序列下的國民革命軍，從朱德上蔣介石電要求補給可看出，朱德恭敬的說：「在鈞座指導下發揚蹈勵迅奏膚功」，致國府主席林森的電報也說：「我八路軍在中央政府及最高統帥領導下，追隨友軍之後」，可看出中共領導抗戰是不正確的說法。

根據中央所規定的規章來說，對軍隊的編制有調整師、整理師、新編師、暫編師、機械化師。各種不同的編制，軍餉額也不同，有每月經費二十多萬一師的，有十多萬的，有八九萬一師的各種不同的餉章。

但是，從軍事委員會的檔案中可看出，國府對由共軍改編的軍隊始終心存忌憚，八路軍與新四軍一直不予備案，從一份軍委會裁撤編制表中可看出，「八路」這種臨時編制竟讓中共有了壯大的本錢，在裁撤後，索性自行擴充為一集團軍的規模，強迫軍事委員會追認並給予番號及補給，同時國府裁撤之舉，這讓中共有了宣傳的口實，長期以來，中共宣傳抗戰時期國府對抗日軍隊有嫡庶之分，補給也有門戶之見，尤其是對待原共軍的八路軍與新四軍，更是差別待遇，有時連雜牌隊伍都不如，然而事實果真如此？讓我們用一封電報看真實情況如何？

抗戰爆發的五年後底，十八集團軍總司令朱德給蔣介石一封電報，要求補給彈藥，並派代表去重慶催討，蔣介石親筆回函，只要遵守軍紀，接受中央領導，餉彈接濟絕無問題，並將此函交與代表攜回。（見圖1-30）

至於補給方面，該軍年來所領子彈、藥品，中央均按照該軍法定編制及作戰消耗狀況，充分發給，與其他國軍一律待遇，毫無差別。

在之前的一九四〇年，軍政不駐陝，軍需局曾發出一批軍毯給西北地區各部隊，在總共只有兩萬多條軍毯中，僅十八集團軍就分得一萬一千五百條，其他各部隊十數個軍與師只分

得另一半數量的軍毯，事實說明國府非但未苛扣共軍的補給，反而深恐流言蜚語，不但不敢苛扣反而還要多給。（見圖1-31）

對於政治工作的制度也不是全國一致的。比如山西和其他軍隊的政治工作就有區別。這就是說從抗戰以來，全國軍隊在執行抗戰建國的大前提之下，基本上是統一的，僅僅在個別的問題上有些差異，這是歷史形成的事實，也就是大同小異的事實，這種說法也有他一定的理由，從一份晉綏軍爲背景的陸軍軍官佐歷表看出，當時的晉綏軍高階軍官都是由閻錫山推薦任命的，籍貫也都是山西人，入黨申請的介紹人也都是閻錫山，可謂十足的私家軍，黨務很難推動。

長期以來，中共汙衊國軍是國民黨軍隊，事實不然，它與組織高度一元化的共產黨不同，所謂「國民黨」，當時是個多派系的龐雜複合體，在重慶眼裡，其某些派系之異己，比共產黨好不到哪兒去，從一份陸軍軍官佐履歷表看出當時非嫡系部隊不論高低階長官，只有一小部分是國民黨員，大部分不是，同時國民黨組織也無法在部隊紮根，許多官兵公然在黨員一欄填上是黨員，但黨證遺失，哪個黨組織也記不得，大都成了失聯黨員，像當時晉綏軍閻錫山的三個嫡系軍長傅作義、楊愛源與徐永昌，傅作義不是黨員，楊愛源與徐永昌的黨證都遺失了，是歸屬哪個黨部也忘了。

由於歷史原因所形成的差別，軍隊地方性的差別，產生了各省的軍隊有各種不同的戰鬥作風，有各種不同的軍隊屬性。除了共軍不是國民黨員擔任領導職務，就是地方實力派系軍隊或所謂的雜牌部隊，部隊長或領導階層也並非都是黨員，像閻錫山統領的晉綏軍，三個嫡系軍長傅作義、徐永昌、楊愛源三人，傅作義就在陸軍官佐履歷表黨籍欄空白，後兩人則寫著「黨證遺失」，下屬師長旅長團長等數十人的黨籍欄也大都塡無黨或黨政證遺失，明顯證明並非高階軍官皆爲黨員，也不懼國民黨組織的打壓。（見圖1-32、1-33、1-34）

蔣介石只強調大同不強調小異，最高統帥部能夠正確地估計各個部隊的特殊作風，在使用部隊的時候能夠發揮他們優良的作風，避免他們的短處，這種小異在抗戰時期是不足爲患的。蔣同時對八路軍的安危也非常關切，深怕被日軍吃掉，例如在晉南作戰時，深慮朱德頂不住日軍的攻擊，曾多次調派嫡系支援，如叫胡宗南派兩師接替朱德防線，才使朱部免遭覆滅。

共產黨武裝實力弱，對日作戰規模小，殲敵少，犧牲官兵較少，尤其是將領極少犧牲。但是，兩黨在抗戰中各有長短。計較兩黨中誰的貢獻更大，遠不如認真總結經驗教訓更重要。

中共是不是固執這個小異呢？是的。中共不希望把全國軍隊所有的特長都匯集起來，組織成爲統一的國防軍。葉劍英說，這一點不能不有待於抗戰勝利之後。在那時，我們成爲三民主義的民主共和國，國民黨遵照孫總理的遺囑，實行還政於民，一切黨派都把軍隊繳還政府，同時實行徵兵制度。按照統一的組織形式，統一的制度，統一的教育，只有這樣才能建立統一的軍隊。因此中共的軍隊不但有小異，且有大異，是十足爲患的，而將來也不能解決的。

從戴笠給胡宗南的電報可知，當時共黨主席張國燾的確希望取消共黨，全體加入國民

黨，然而遭致周恩來等反對，並責問張還是共產黨員乎？以致張無法說服周，導致兩支軍隊仍掌控在中共的手中。（見圖1-35）

蔣介石領導抗日一年多的表現連共產黨也佩服，中共主席毛澤東在蘇聯的指示下致函蔣，稱先生領導全民族進行空前偉大的民族革命戰爭，凡在國人無不景仰，十五個月的抗戰越挫越勇，雖頑寇尚未截其兇鋒，然勝利之始基業已奠定，前途之光明希望無窮。（見圖2-23）堅信兩黨長期團結必能支持長期戰爭。而唯有在蔣介石的統一領導下才能達成，在同年十一月中共的六屆六中全會上電表示擁護蔣委員長及抗戰國策。

該電明白表示，先生於國家危急之際，堅決領導全國軍民進行持久抗戰，並獲得了全民族的團結統一，給予日寇以巨大的打擊，奠定了最終戰勝敵人復興民族之基礎，又說：本黨願以至誠擁護我民族領袖，擁護三民主義，並在三民主義和抗戰建國綱領的政治基礎上，責成全體黨員與貴黨同生死共患難。（見圖1-36）所以誰是領導抗戰的中流砥柱？不辯自明！

從資料中不難發現，投降日本人的「國民黨將領」，基本上都是敵後的雜牌軍、故主失敗後無所依歸的東北軍、西北軍舊部、地方軍閥與豪強，有的是否為國民黨員，尚未可知，稱為國民黨將領，實不如叫非共產黨將領更確切。

而重慶政府直接指揮的嫡系（即所謂中央軍），乃至大的國民黨派系如桂系、閻系等，都極少有將領降日的現象。即便像衡陽守將方先覺那樣力戰至絕境而被迫投降的，也只是作了戰俘，並未當「偽軍」。我們舉臺兒莊大捷為例，該戰役是自抗戰以來如此悲壯戰役，尚屬第一幕也！

王銘章川軍出身，以一二二師師長、四十一軍代軍長身分，指揮臺兒莊大捷前序戰滕縣保衛戰，親臨戰場，他親上火線，身先士卒，與敵軍磯谷廉介師團血戰三天三夜，重創敵軍，最後壯烈殉國。

他給上級的電報是這樣寫的：

立到，臨城，軍長孫，〇密。獨座山方面本日無友軍槍聲，想係被敵阻止。目前，敵用野炮飛機，從晨至午不斷猛轟，城牆缺口數處，敵步兵屢登城屢被擊退。職憶委座成仁之訓，開封面諭嘉慰之詞，決以死拼，以報國家，以報知遇。謹呈。王銘章。十二・十五・叩。

無奈王銘章師長遭敵機炸傷傷勢太重，竟於手刃敵寇後，大呼「中華民國萬歲」而亡！趙參謀長亦同時殉國。羅辛甲副官長亦被槍傷墜城而亡。少校參謀謝大墉同於城上為敵平射炮擊中頭部而死。一二四師稅梯青副師長僅以身免。該師鄒紹孟參謀長、傅明哲副官長均陣亡。其餘營長以下官長死傷，幾乎達十分之八九，城內數百重傷士兵不願受敵殘殺，均以手榴彈自斃殉國！

他勇赴國難，視死如歸，氣吞山河，殺身成仁的豪情壯舉，令蔣介石委員長深為感動，遂親自從武漢飛赴徐州，至前線祭奠王銘章。時恰遇敵機空襲，警衛人員要他躲避一下時，蔣先生便揮臂說道：「小小的飛機，不要理他！」炸彈在不遠處爆炸，蔣介石不為所動，一直堅持到祭奠儀式完畢，並為王銘章師長題寫「死重泰山」四個大字，以示敬仰。

王銘章師長以非中央軍嫡系部隊，靠著絕對劣勢之裝備抵抗高度機械化敵兵，於極不利於防禦之地形上阻敵銳進，達三晝夜之久，絕對服從軍令，彈盡援絕，繼以白刃，更繼之以拳，復繼之以齒，終繼之以血、以頭顱。這是一種何等壯懷激烈的軍人氣概！這是一種何等視死如歸的沖天豪情！

從敵方檔案看，侵華日軍總司令岡村寧次於一九三九年曾說：

「看來敵軍抗日力量的中心不在於四億中國民眾，也不是以各類雜牌軍混合而成的二百萬軍隊，乃是以蔣介石爲核心、以黃埔軍校青年軍官階層爲主體的中央軍。在歷次會戰中，它不僅是主要的戰鬥原動力，同時還嚴厲監督著逐漸喪失戰鬥力意志而徘徊猶豫的地方雜牌軍，使之不致離去而步調一致，因此不可忽視其威力。黃埔軍校教育之徹底，由此可見……有此軍隊存在，要想和平解決事變，無異是緣木求魚。」

岡村寧次只說對了一半，其實不止黃埔軍校畢業的軍人，凡是中華民國的軍人，揹負了中華民國全部的幸福期待，無論前面是甚麼出身，蔣介石都訓勉這些軍人，你們都要去戰鬥。腳下的這片土地，曾經的炮火和瓦爍，曾被你們不成功便成仁的守護過。他們不論敵我彷彿都看見那些頂著鋼盔，流著鮮血的面孔。是他們挺身而出，頂著日軍的飛機、坦克、毒氣、炮火，在中華民族最危險的時候！

當硝煙散盡，當炮火遠去，他們是否會微笑，他們的靈魂是否會深深擁抱，在盧溝橋、在上海灘、在長沙、在武漢、在萬家嶺、在崑崙關、在仁安羌，在每一個他們爲國家戰鬥過的地方！

這是什麼樣的軍人？是世界上絕無僅有的軍人，是中華民國威武不屈的軍人！他們是何等的堅韌、勇敢，更是何等的大義凜然！真真不愧爲優秀的炎黃子孫！

六、中國不堪一擊、一文不值？

蔣委員長是政府中最高的軍事負責當局，從他的言論中，可以看出政府抗戰的決心爲如何。

一九三二年二月廿五日，蔣介石給當時國民黨將領何應欽的命令，讓他準備第二期抗戰計畫。其中講到，與倭持久作戰，與日本人作戰要打持久戰，不打持久戰不足以把日本狂妄自大的氣焰殺下去。

如此，國際情勢更糟，最大的外患來自東瀛日本，當時日本普遍有一種自命爲「中國通」的人，根據前定的成見，把中國說得一文不值。如平田晋策批評中國軍隊：

中國現有軍隊，共有二百多個包含著許多步兵團的師，就士兵的數量說，共有二百多萬，可是夠稱爲現代化的軍隊、有現代化裝備的，實在找不出一個師。

中間偶然有一、兩旅或團比較好一點，然如嚴格地說，仍舊是落伍的。在一二八滬戰時，雖然有少數下級幹部和一些士兵很勇敢，但這不過是偶然的發現，不能因此便承認他們有現代軍人的資格。

用。中國軍隊絕對不能對外，也絕對不會對外的。縱使有拿破崙的天才來率領，也無法使用。中國軍隊完全以步兵爲中心，還是殖民地的戰術，就是南北非洲的戰術。中國軍隊之弱點爲天下周知之事，而中國高級將領不學無術，反妄自尊大。

中國海防等於零，戰事一起，日本只要派幾條兵艦，馬上就可以封鎖中國海岸線，從汕頭、廈門、福州、寧波、上海、煙臺，一直到天津，只要很少的力量，就可以佔領中國所有經濟中心，使它毫無接濟，毫無辦法。

中國毫無防空設備，只要日本動員令一下，日本飛機在最短期間，即可將中國所有重要城市統統炸毀。中國陸軍毫無作戰能力，日本只要有三師團就可以到處橫行，例如熱河之役，佔領承德的不過是一連人。

軍隊戰力的低落最爲主要問題，還不在火力裝備的不足。當時的中國飽經軍閥割據的戰亂，中國人民普遍看輕軍人地位，當兵是走投無路的暫時選擇，一有另外的機會，還是離開部隊，軍官的素質也是一樣的低落，根本沒有現代化科技的常識，不會運用現代化的作戰方式，而中國部隊之間的所有無線電通訊，從戰爭開始到結束，日軍都能監聽與解破，更是造成中日戰爭中，華軍在戰場上失利的重大原因。

當時中國的陸軍部隊共有一百八十三個師，以及炮兵、騎兵等特種部隊，總兵力爲一百八十萬人，但是這些部隊的編組、裝備、訓練，可以說是比「八國聯軍」還要複雜與混亂。真正經過整編的部隊，只有二十個師，同時華軍根本沒有受過軍訓的後備部隊，徵兵制度也才剛剛開始在部分地區試辦，因此當時中國的人口雖多，但是能夠徵用的兵源卻相當的缺乏，素質更低，因此部隊的實際人數，比編制上的規定要少許多，當時叫做「空名」。

在陸軍戰力中，日軍擁有訓練嚴格有素的軍士官兵，以及重炮火力、加上戰車、靈活的通訊設備以及大殺傷力的化學武器，並有良好的海空火力支援，更爲重要的是，日軍對於中國的情報搜集，可以說是非常的深入與完整，後勤與兵力補充非常的具有效率。反觀中國陸軍部隊在戰場作戰時，最爲缺乏的是攻堅的重炮、反戰車（坦克）武器及步兵用的輕重支援火力，此外，中國軍隊的通訊與保密均差，後勤、醫療與兵力補充系統、逃兵的防治，可以說是亂無章法。（見圖1-37）

根據國際戰略專家的分析，中日之戰，日本將居於絕對的優勢，中日戰爭的時間單位將是以月來計算，因此任何對華的實質軍事援助，在時間上都來不及發揮功效，而只會平白的得罪日本而已。當時西方國家的評估是，中日全面戰爭一旦爆發，最快一個月，最慢六個月，中國就會失去一切的作戰能力，而向日本無條件投降。因此「三月亡華」論，並非日本強硬派軍方一廂情願的誇大說法而已，而是有科學分析、實際數據來支持的專家共識。

但是當時中國的知識分子，對於政府不能立刻抗日，一向是「動口又動手」的，不過自己卻少有參軍的，造成愛國青年與文人，打中國政府內行，打日本兵罕見的局面。直到知識青年從軍（青年軍）的運動興起之後，中國的抗日精神才真正衝破了這個扭曲的結構。在軍事專家的眼中，中國的部隊有如拿著破舊武器的「苦力」，是自衛隊與民團的型態，根本還不懂得現代化正規作戰的戰術。中國軍隊最大的問題是，將、校缺乏戰略與戰術的兵學修養，軍隊缺乏強大攻堅的火力，更沒有高效率的後勤系統支援。當然中國也沒有工業化的經濟基礎，與現代化的社會動員結構，可以支援全面的戰爭。這些就是國際戰略專家根本不看好中國作戰的原因了。

日本的「中國通」成為日本對華侵略的指導者，中國既被他們說得如此不濟事，難怪日本軍民於侵華戰爭發動之始莫不歡欣鼓舞，視為「聖戰」。杉山元為事變發生時之陸相，即曾作「事變可於一個月左右結束」之豪語，這種盲目的判斷，當然是由錯誤的認識引發的。八年劫火，如此造因，可為浩嘆！

七、忍辱負重、臥薪嚐膽

一九三三年一月一日，蔣介石打開日記，寫下了兩行字：

雪恥之記，已足五年，今年不再自欺乎？
倭寇警報日急，望自奮勉，毋負所生也。

一九三三年六月，被受國人辱罵的《塘沽協定》，蔣介石在曾在日記中表明心跡：「我屈則國伸，我伸則國屈。忍辱負重，自強不息，但求於中國有益，於心無愧而已。」客觀而言《塘沽協議》確實將日本全面侵華的計畫延緩、推遲了四年，為中國贏得了一定的準備時間。在當時背景下，包括胡適在內的許多有影響力的知識分子也是贊成委曲求全、爭取時間的。

二十二年（一九三三）五月，蔣介石：革命軍所負的責任，是要把前清腐敗的朝廷，和北洋賣國的軍閥，積年累月因循苟且所喪失的土地，在我們手裡收了回來。我們革命軍人，絕不會割一寸土地，簽一紙條約送給日本帝國主義。並且無論國家喪失哪一寸領土，不問其喪失原因如何，也無論其是否爲革命黨的責任，我們應該毅然負起恢復的責任。那時，我們當然要來收復我們的失地，而且不僅收復「九一八」以後所失的土地，凡是我們舊有的領土，一概都要收復回來。

二十三年（一九三四）七月，委員長在廬山軍官訓練團，開始作「抵禦外侮與復興民族」的系統講演，完全針對日本的侵略，講述禦侮救亡之道，其中特別強調決心的重要，他說：現在我們抵抗日本的方法既是很多，我們要有兩個條件，一定可以得到最後的勝利：第一，就是隨時隨地要趕緊準備，我們個人要爲國家、爲民族儘量發揮自己的體力、心力，來研究運用一切的東西，準備民族鬥爭。第二，就是要有最大的決心和毅力，能夠自強不息……才可以獲得最後的勝利。

二十四年（一九三五）十一月，在五全大會中報告「對外關係」，其中有兩句最具歷史性的宣示：「和平未到完全絕望時期，絕不放棄和平；犧牲未到最後關頭，亦絕不輕言犧牲。」

民國史權威楊天石撰稿：盧溝橋事變前，蔣介石的對日謀略一文認爲，有這幾個原因。

一有國力懸殊的原因，也就是中日兩國的國家力量相差太多。二有蔣介石認爲「攘外必先安內」策略上的考慮。他認爲要抵抗外敵，內部要統一、安定、團結。同時也還有歷史文化的因素，這包括老子的思想，包括中國古代著名的軍事家孫子的思想，也還有蔣介石的老鄉、浙江人、古代越國國王勾踐的忍辱負重、臥薪嚐膽的思想。

台灣中央研究院院士張玉法認爲，蔣性格突出：第一是忠於長官，從沒有反叛行爲；第二是以身許國，終生以國事自任；第三是意志力堅強，能忍受苦難，應付逆境，除力謀突破外，即爲堅此百忍，在追求大目標過程中如發生枝節問題，他會盡量忍讓；第四是遇有強敵，可以退讓，但決不投降：一九三六年西安事變時，張學良向蔣要求抗日，蔣說：「我的主意是正確的，我決不改變主意！」並說：「滾開！你是我的敵人，我不跟你說話，如果你想槍斃我，那就請吧！」蔣認爲自己可以放棄革命職務，不能放棄革命責任。

另外還有一個原因在於，他用妥協、退讓的辦法來拖延戰爭爆發的時間。一九三六年六月，蔣介石對一個英國顧問經濟學家李滋羅斯說，「對日抗戰是不能避免的。由於中國的力量尚不足以擊退日本的進攻，我將儘量使之拖延。」但是蔣介石並不是消極的在拖，在他對日妥協、退讓時，同時就在做與日本作戰的準備。

在一九三三年蔣介石就提出一個計畫，叫做「東南國防計畫」。按照這個計畫，蔣介石在全國範圍內已經建足了各式各樣的掩體，就是防禦工事。根據統計，當時已經造好了三三七四個作戰工事。可見蔣介石是在準備對日抗戰的。

蔣委員長五十壽辰，全國熱烈慶祝，南京舉行各界獻機典禮，約七十架。

蔣委員長發表〈五十生日之感言——報國與思親〉，望國人「以孤孽自居，以精誠自勵，共同一致，奮勉自強」，並以「盡忠報國，復興民族，一息尚存，此志不懈」自勉。

楊天石澄清了一項長久的誤會，就是持久戰方針的形成，大家都知道毛澤東在一九三八年曾經寫過的一篇著名文章《論持久戰》。也曾經有學者、政治家宣傳國民黨的抗戰持久戰方針是受了毛澤東影響的結果，歷史證明這種看法站不住腳。

他指出，蔣說「當戰爭來臨時，我將在沿海地區做可能的最強烈的抵抗，然後逐步向內陸撤退，繼續抵抗。最後，我們將在西部某省，可能是四川，維持一個自由中國，以待英美的參戰，共同抵抗侵略者。」這段談話的時間是一九三六年六月，離盧溝橋抗戰還有一年多時間。後來的中國抗戰歷史，也證明了蔣介石在一九三六年與李滋羅斯的談話是完全一致的。

國民黨的持久戰方針是什麼？就是以空間換時間，積小勝爲大勝（見圖1-38），他以晉南會戰爲例，證明國共兩黨，蔣介石和毛澤東都提出了持久戰思想，這是一個事實。但是國民黨蔣介石的持久戰思想有它自己的內容，並沒有受到毛澤東的影響。爲什麼？因爲這些都是在毛澤東在延安發表《論持久戰》之前國民黨蔣介石提出的內容。

以當時中國的國力無法與日本匹敵，必須儘量爭取時間，以儲備力量。史學家黃仁宇在《從大歷史讀「蔣介石日記」》一書中說，當時蔣介石「深知兩方的實力，如即此倉卒應戰，只有自取敗亡。」因此蔣的策略是，儘量避免全面抗日的爆發，以爭取時間組建更多師團，建造兵工企業，構築能夠對日作戰的國家能力。

蔣介石對日態度上說蔣是投降主義，那是胡說八道。事實上，蔣介石是一個民族主義者、愛國主義者。他對日本人的仇恨，是非常高的。在九・一八事變爆發後的第二天，蔣在日記裡寫道：「昨晚倭寇無故攻擊我瀋陽兵工廠……內亂不止，叛逆毫無悔禍之心，國民亦無愛國之心，社會無組織，政府不健全。如此民族以理論決無存在於今日世界之道，而況天災匪禍相逼而來之時乎？余所恃者惟一片愛國心。此時明知危亡在即，亦惟有鞠躬盡瘁，死而後已耳。」

九月二十日記寫道：雪恥，人定勝天。日本侵略東省，是已成之事，無法補救。如我國內能從此團結一致，未始非轉禍爲福之機。

九月廿一日：雪恥，人定勝天。團結內部，統一中國，抵禦倭寇，注重外交，振作精神，喚醒國民，還我東省。

九月廿二日：雪恥，人定勝天……

九月廿三日：雪恥。人定勝天……

九月廿六日：雪恥，人定勝天……我不能任其梟（囂）張，決與之死戰，以定最後之存亡。與其不戰而亡，不如戰亡，以存我中華民族之人格。故決心移首都於西北，集中主力於隴海路也。

楊天石認爲，蔣介石在九・一八事變後的日記中多次提到拒絕與日本和談，但由於當時中國形勢複雜，蔣介石實際上的所作所爲與他在日記當中表達的愛國激情有較大差距，可看出蔣介石抗日政策的複雜歷史背景。

從九一八事變到七七事變，六年間，蔣介石之所以下不了徹底與日本人翻臉的決心，完全是出於現實的考慮。以中國當下的國力，與日本交戰，蔣介石沒有絲毫的信心。六年來的一再忍讓，唯一能說服國人的理由，就是爲即將到來的、規模龐大的戰爭贏得更多的準備時間。

同時，蔣介石認爲他的「攘外必先安內」政策仍未取得成功，尚未具備與日本人決戰的條件。因此在盧溝橋事變前一年——一九三六年，蔣介石就曾經有過與日本人打一場的想法，要把日本在上海地區的海軍陸戰隊趕下海，但是西安事變改變了一切，共軍未能剿滅，成爲抗戰的隱痛。

再看一些史料。雖然尙未能與日本一較高下，但軍人出身的蔣介石在日本炫耀武力之前也絕不示弱，一九三六年九月十二日，蔣介石致電航空委員會主任周至柔，要求他重新計畫，進行飛機和軍艦的特種訓練。電報說「對桂的作戰計畫可以取消，此後應集中於對倭一點爲要」，也就是此後專門對付日本了。同時在九月十七日，蔣介石致電當時的軍政部長何應欽，讓他「準備萬一，以與倭決戰」。當日再電何應欽說，「據昨今形勢，日方已具一決心，務令京、滬、漢各地，立即準備一切，嚴密警戒，俾隨時抗戰爲要。」

更重要的是，十月九日，蔣介石決定讓中央政府各部門做好遷移準備，從南京搬走。同時決定修建上海一帶的工事。當時，蔣介石已經指令馮玉祥等人制訂這份計畫，由張治中、黃紹雄率領四萬中國軍隊左右夾攻，消滅當時在上海的六、七千日軍的海軍陸戰隊，然後派大軍到華北抗日。

西安事變發生在這二十天之後，也就是一九三六年十二月十二日。所以可見在綏遠抗戰之前，蔣介石打算如果戰爭避免不了，就選擇在上海發動大戰，而且準備遷都，跟日本人拚一場，這個計畫在一九三六年西安事變之前早就定好了。所以蔣介石的抗戰不是西安事變被迫的結果，而是當時形勢使然，蔣介石覺得與日本決戰的條件雖尚未具備，但主客觀條件已經慢慢形成了，中國被迫起而抗戰將是無法避免之事。

八、中流砥柱的精神

一些文章認爲蔣介石完全是在張學良西安事變的逼促下，才被迫改變對日妥協政策走向抗戰的道路。這其實過分誇大了西安事變的作用。當然西安事變對蔣介石對日政策的改變有相當的影響，但並不是主要原因。在西安事變前的國民黨五屆二中全會上，蔣介石的對日政策就有明顯轉變，顯示了強硬的態度。蔣介石對日態度轉變的最主要原因，應該說是日本軍國主義勢力的抬頭。

在九・一八前後的一段時間裏，儘管日本狂熱軍人的暴走，日本的文人政府還是表現出克制的態度，還是有誠意以和平的方式來解決與中國的衝突。在那一段時間裏對日本的妥協退讓，是有可能換取和平的。因此不應該過分指責蔣介石當時的妥協不抵抗政策。後來日本的軍國主義分子上臺，對中國採取強硬的高壓政策。在此情況下，妥協和退讓已不太可能換來和平，所以蔣介石轉而採取進行抗戰的不妥協態度，因爲蔣介石是軍人，軍人的職責就是保家衛國。

蔣介石曾說，中國這樣的大國「不怕鯨吞，就怕蠶食」，這是非常正確的。如果中國試圖和日本打局部戰爭，就會導致日本不斷蠶食中國的被動局面，不如乾脆進行一場全面戰爭。蔣介石在抗戰初期擴大戰線，誘敵深入的戰略，奠定了中國取得抗戰最終勝利的基礎。蔣介石預言中日戰爭持續下去，將引發世界大戰。在大戰中，日本將與美國和蘇聯爲敵，並最後失敗。中國可以乘勢收回東北和華北的失地，達成完全的獨立。後來歷史的發展印證了蔣介石的戰略預言。

一九三七年七月七日，在北平附近進行演習的日軍，在蘆溝橋附近與二十九軍發生了軍事衝突，引發了中日全面戰爭。蔣介石在廬山發表了著名的「最後關頭」演說：

「我們既是一個弱國，如果臨到最後關頭，便只有拼全民族的生命，以救國家生存。最後關頭一到，我們只有犧牲到底，抗戰到底。」蔣介石的講話表明中國準備進行長期持久戰的戰略和決心。

在抗日戰爭中，中國軍隊雖然不敵日本軍隊，但中國的戰略家勝過了日本的戰略家，這是中國能取得最後勝利的最重要因素。

甚至在西安事變時亦如此。直至七七蘆溝橋事變，蔣方正式宣布對日抗戰。然而，在抗戰之前，還先後由黃郛及何應欽與日本妥協，目的在爭取時間。蔣又與共產黨、民主黨派及無黨無派領袖會商，直至聯合陣線形成之後，方在八・一三展開全面抗戰。既抱著置諸於死地而後生的心情，雖然北方、上海、南京先後淪陷，大家毫無怨言。所有軍隊，不論屬於蔣的，或桂系、粵系、川系，都抱著爲國捐軀的精神。

那時，四億五千萬人都支持他。當汪精衛離開重慶，在南京成立政府和他對抗時，蔣不爲所動。他明白中國歷史上的例子，岳飛精忠報國，爲奸人所害，但到底成了大英雄。蔣介石在抗日時，一定以岳飛爲榜樣。當時一切條件未備，蔣孤力作戰，並未有外力的支持，但全國都擁護他。憑著他倔強的個性和自律，人民心甘情願的犧牲而無絲毫怨言，一切的功勞都屬於蔣介石。大家都不會否認，作爲一個領袖和鬥士，那時是他事業中聲譽最隆的階段。

不成功，便成仁。這是蔣介石軍人出身對部下的要求，也是中國傳統文化對英雄的理解。但是蔣介石卻也是有著菩薩般的心腸，他常常叮嚀長官要愛護士兵，要以身作則奮勇爭先，他批評師長團長等高階軍官未能在前線督戰，士兵看不到長官如何要求士兵衝鋒陷陣？（見圖1−39）他也要求官長對受傷或殉職的官兵要注意收容與撫卹，以保持士氣增加戰鬥力量，對失職的官長他用法絕不留情，因此正法了許多，收到了應有的效果。

國民政府正是利用忍氣吞聲換來的時間加強戰備：任用德國顧問，按德國陸軍典範操練步兵；力求槍械彈藥自足，步兵兵器標準化；擴充空軍；大力修建公路、鐵路；加速財政體制改革，爲戰爭積蓄財力；公佈兵役法，開始徵兵；遊說美、英、蘇等大國，爭取外交主動，等等。雖然對必然發生的戰爭缺乏信心，但蔣介石預言，最後的失敗者將是日本，而非中國。

盧溝橋事變的前兩年，蔣介石在他的日記中推測了日本入侵中國的步驟以及最終的結局：

（一）對中國思不戰而屈。

（二）對華只能威脅分化，製造土匪漢奸，使之擾亂，而不能真用武力，以征服中國。

（三）最後用兵進攻。

（四）中國抵抗。

（五）受國際干涉引起世界大戰。

（六）倭國內亂革命。

（七）倭寇失敗當在十年之內。

民族利益和祖國統一至上，是蔣介石所以被尊爲民族救星的原因。

蔣介石又積極進行經濟和軍事準備工作——通過幣制和稅制改革，政府財政收入成倍增加。於是向外國購買軍火，在後方建兵工廠，又修造未完成的平漢鐵路通車，修造萬餘公里公路，在戰略要地建大炮、機槍掩體三千七百多座，經過六年準備，便國力大增，打下了抗戰的初步基礎。

日寇製造蘆溝橋事件發動大規模侵略時，有了底氣的蔣介石才敢於在廬山發表宣言，宣告中華民族到了生死存亡的最後關頭，從此全國人民地無分南北，人無分老幼，均要負起守土之責，要不怕犧牲，挽救民族危亡，振興民族精神，於是全面抗戰開始了。

蔣介石長期受中國傳統文化教育，信奉「精忠報國」、「天下興亡匹夫有責」等古訓，有強烈的愛國觀念和民族主義思想。他對英日等帝國主義不斷侵略深表憤恨，他率領的北伐軍就是高唱著「打倒列強除軍閥」的歌聲踏上征途的。日寇侵佔東北後，他立即寫了遺囑，決心獻身爲國，收復失土，並希望全國人民團結一致，共紓國難。

他言行一致，八一三上海會戰，他調派七十萬大軍主動進攻日軍，以解華北之危，並親赴戰區督戰，使日寇遭到重創，三易其司令官，打破了它「三個月滅亡中國」的迷夢。由於己弱敵強，國軍敗退，南京淪陷，日寇舉國歡慶中國要亡，但他遷都武漢，堅持抗戰，武漢失陷，遷都重慶，屢敗屢戰，毫不氣餒，日寇不斷誘降，均被他拒絕，他在《日記》中稱：「與其屈服而亡，不如戰敗而亡，以振興我民族精神」。在他寧死不屈精神感召下，全國軍民也奮勇戰鬥，不惜犧牲，終於獲得最後勝利。蔣介石不愧是挽救民族危亡的傑出領導人和民族功臣，至今也未發現他的任何賣國的證據。

在此安危絕續之交，唯賴舉國一致，服從紀律，嚴守秩序蔣介石明察局勢，效忠國家。中日全面衝突，早在他預料之中。一九三七年八月十三日大舉進攻上海，蔣介石只親自指揮迎戰。八月十四日，王寵惠以外交部名義，發表莊嚴的抗戰聲明：

「中國之領土主權，已橫受日本之侵略；國際聯盟，九國公約，非戰公約，已爲日本所破壞無餘……中國決不放棄領土之任何部分，遇有侵略，惟有實行天賦之自衛權以應之。……吾人此次非僅爲中國，實爲世界而奮鬥，不僅爲領土和主權而奮鬥，實爲公法與正義而奮鬥。」

中國人民偉大的抗日戰爭自此拉開了悲壯的序幕，蔣介石率馮玉祥，陳誠、顧祝同、張治中、薛岳、胡宗南等精銳將士共七十三個師、八十餘萬人，在上海全面抵抗日本侵略軍的進攻。

蔣介石曾被西方媒體評爲遠東地區骨頭最硬的領導人，其性格堅強倔強，在日寇大舉入侵的時候奮起抵抗。在外國人看來，抗戰簡直是發瘋，可是他不畏強暴，寧肯戰死也不作亡國奴，其性格之堅毅可見一斑。

尤其是抗戰前景最暗淡的時刻，連曾經的革命領袖汪精衛都投降了日本。儘管有這麼大的壓力，他也沒有屈服。可以想像他肩頭的擔子有多重，整個民族的命運都在他的肩頭。九一八的時候，他在日記中曾經寫到「拼我一身，以報我總理，報我先烈，報我民族」，萬一失敗，那不是他一個人的事情，關係到整個民族的危急存亡。可是就在這種壓力下，他也沒有屈服，足見其性格之堅毅。

儘管中國在軍事上直接擊敗日本軍隊幾乎是不可能的，但中國在國土面積、自然資源、人口數量等戰爭潛力方面，比日本有明顯優勢。所以中國取勝的唯一途徑就是用全民戰爭、持久戰、消耗戰的方式來拖垮日本，要充分發揮全民戰爭的效果，戰場越大、戰線越長越有利。如果把戰場只局限於華北，顯然不能充分發揮全民戰爭的效果。於是蔣介石決定在整個中國內陸開闢新戰場，將日本拖入全面戰爭的泥潭。

國民政府稿

逕啓者

任 黑龍江 委員

來文事由

字第622號

任命黑龍江省政府委員兼主席馬占山

主席

行政院院長 蔣中正

文官長

局長

秘書 黎承福

科長

科員

書記官 王大作

圖1-1

馬占山將軍代理黑龍江主席，抵抗日軍。江橋抗戰打響了國軍抗擊日本侵略者的第一槍，是中國軍隊不顧張學良不抵抗政策而對日本侵略者的第一次大規模抵抗。日軍共損失兵力一千餘人，是「九・一八」事變以來首次受到的重挫。嫩江橋一仗，大挫日軍，名震中外，婦孺皆知，國人稱為民族英雄。蔣介石時任行政院長，為激勵士氣將其由代理而真除。

中國國民救國軍殉難官長簡明表 自二十一年三月起至二十一年十二月止

姓名	年歲	籍貫	職務	作戰地點	殉難日期
成學龍	三五	山東黃縣	第十二路總指揮	在長春大荒地屯子被漢奸告密被害	九月十六日
蓋文華	三八	河北省	上校參議	派赴吉林省偵探軍情被害	三月十三
楊振邦	三二	吉林省	中校參謀	派赴吉林省偵探軍情被害	三月十三
李耀青	三六	河北省	少校副官	同	同
胡義士	係蓋同志在省時臨時加入秘密工作担任運動吉林陸軍反正救國軍事洩被捕總部無冊可稽				
田義士	同				右
王德	二八	吉林	中校參謀	運動吉林陸軍反正事洩被害	三月十三
卓振福	二八	山東掖縣	營長	吉林額穆牆縫	三月十六
盧慶	二五	山東莒縣	連長	同右	同
許祥順	二八	吉林甯安	團長	甯安海林站	三月廿三
黃文祥	二七	同	連長	同	同
趙喜慶	四五	同	團長	吉林額穆	四月二日

圖1-2

救國軍在九一八以前本為吉林陸軍第十三旅第六十三團所屬之第三營。任營長者為山東沂水王德林氏，氏計供職十五年之久。其間各連連長屢有更代，與營長相終始者，惟該營十連連長孔憲榮一人而已。兩人誓死報國，同時國民黨省黨部派有趙冠民同志，中央黨部派有蓋文華同志，來聯合地方優秀分子，及熱心救國者，遂決定扶助三營，共同舉義，各處武裝同志均先約期在延吉小城子，與三營會合，會畢，即商討抗日策略及內部組織，部序既定，乃定名為中國國民救國軍。經各同志公推王德林為總指揮，孔憲榮為副指揮，吳義成為前方司令，並均宣誓就職，羽檄露布，敵人失色。此中華民國二十一年二月八日也。

軍事委員會 委員

職別	階(員額)級	姓名	任命日期	免職日期	姓名	任命日期	免職日期	姓名	任命日期	免職日期
委員	特(七~九)任	馮玉祥	廿三、八							
		閻錫山	〃							
		張學良	〃	廿五、十二 撤職						
		李宗仁	〃							
		李烈鈞	〃							
		陳濟棠	〃	廿五、七、三						
	任 廿二、六、卅	馬占山	廿二、六、卅							
	任 廿二、六、卅	蘇炳文	〃							
		白崇禧	廿五、九、六							

圖1-3

軍事委員會編制與領導方式沿用黨軍委會之習慣，所有決議，須經出席委員三分之二通過方為有效，並規定，如多數委員不在軍委會所在地時，主席與委員一人有決定處置之權。馬占山與蘇炳文被任命為委員，與閻錫山、馮玉祥甚至原領導張學良平起平坐，說明蔣介石對東北軍事的重視，也是對兩位將軍抗日的肯定與感謝。

國民政府稿

文別	令
送達機關	
類別	
附件	同日令稿
事由	蔣中正等四十七員分別給予雲麾勳章

主席 林（印） 十二．卅

行政院院長 蔣中正

文官長	局長	秘書	科長	科員	書記官
魏懷	周仲良	陳新斐	盧聰	張占鼇	舒光典

中華民國二十四年

收文	交辦	擬稿	核簽	判行	繕寫	校對	蓋印	封發	收文發文相距
月 日 時	月 日 時	十二月廿八日 時	月 日 時	月 日 時	月 日 時	一月一日 時	一月 日 時	月 日 時	日 時

收文府字第八二五二號

發文字第號

檔案字第號

圖1-4

抗戰八年間，蔣介石兼職與日俱增，據初步考證統計，先後擔任五十多個職務，許多職務甚至發生自己任命自己，自己給自己頒獎的現象，如一九三五年時任行政院長的蔣中正頒獎給參謀總長蔣中正。

二十三年度服務成績優良獎案各部隊機關學校主管長官獎敘表

職別	官階	姓名	曾受何種勳章	曾受何種獎章	擬給勳章或獎章	附記
參謀總長	特級上將	蔣中正	一等寶鼎 青天白日		特給一等雲麾勳章	
軍政部部長	一級上將	何應欽	一等寶鼎		特給一等雲麾勳章並給陸海空軍甲種一等獎章	
軍事委員會辦公廳主任	一級上將	朱培德	一等寶鼎		特給一等雲麾勳章並給陸海空軍甲種一等獎章	
訓練總監	一級上將	唐生智			特給一等雲麾勳章並給陸海空軍甲種一等獎章	
太原綏靖主任	一級上將	閻錫山			特給一等雲麾勳章	
南寧綏靖主任	一級上將	李宗仁			特給一等雲麾勳章	
海軍部部長	海軍上將	陳紹寬	一等寶鼎		特給二等雲麾勳章	

圖1-5

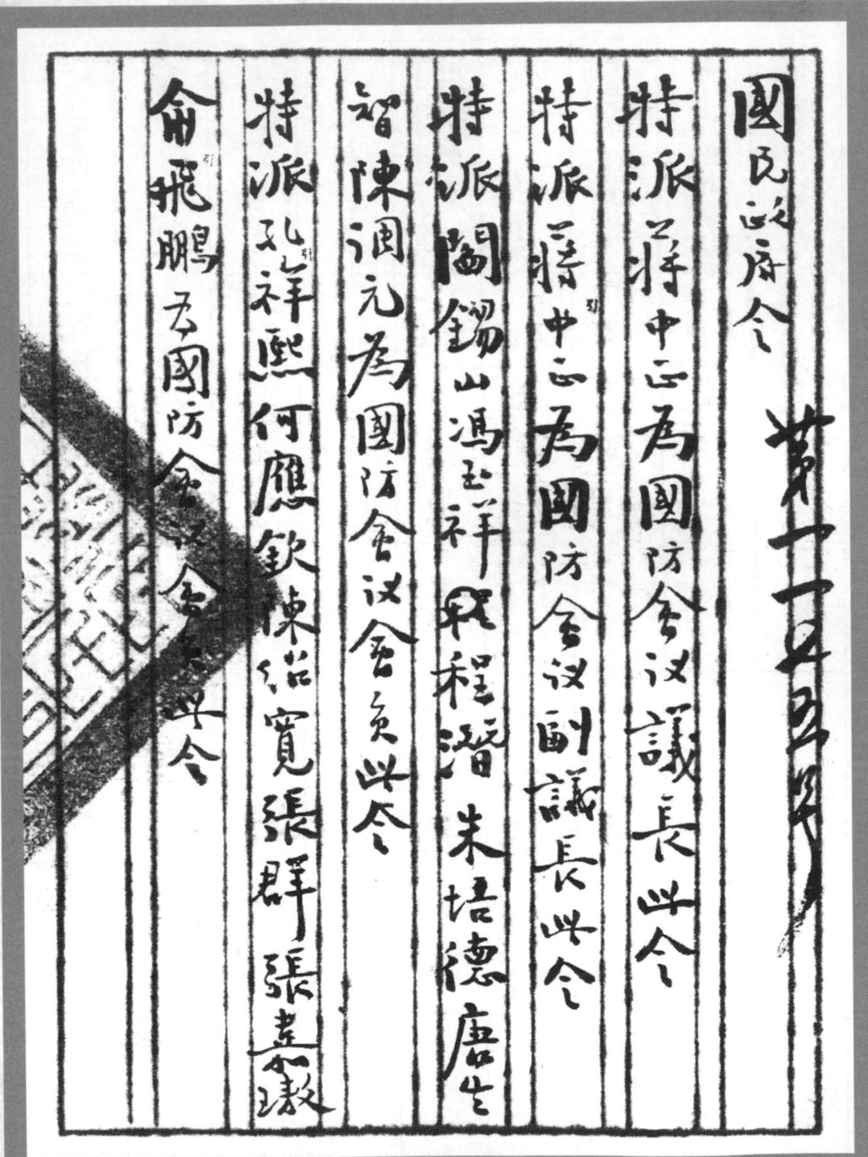

國民政府令

第一一五五號

特派蔣中正為國防會議議長此令

特派蔣中正為國防會議副議長此令

特派閻錫山馮玉祥程潛朱培德唐生智陳調元為國防會議會員此令

特派孔祥熙何應欽陳紹寬張群張嘉璈俞飛鵬為國防會議會員此令

圖1-6
蔣同時出任國防會議議長及副議長，其作用在黨政聯席會議上較能掌控議程，在決定抗戰時期軍政各種重要問題上有主動權，説明蔣的軍權並不十分穩固，但是國府最終決定以軍事委員會為抗戰最高統帥部，不另設大本營，這是蔣堅持的結果，也是抗戰能在一個指揮系統下勝利完成。

學校	職別	姓名	字	籍貫
	〃	〃 劉牧群		
陸軍大學校	校長	蔣中正	介石	
	教育長	沈肇昌	紹文	重慶山洞
步兵學校	校長	蔣中正	介石	
	教育長	劉震清	靜軒	貴州遵義
步兵學校西南分校	校長	蔣中正	介石	全縣
	主任	吳錫祺	文祺	
	副主任	張國選	力文	
步兵學校西北分校	校長	蔣中正	介石	
	主任	劉任	致遠	臨洮

圖1-7

蔣是黃埔軍校校長出身，特別愛兼任各種校長，如兼任中央大學校長、中央政校校長、中央青年幹部學校校長、中央警官學校校長。他兼任的軍事學校校長達二十多個，包括陸軍、航空、防空、化學兵、機械兵、通訊兵、憲兵等專業，一律由蔣擔任校長，另設教育長主持日常工作。全國軍事學校校長要統兼，除陸、海、空三軍統帥之外，還兼有中央農民銀行理事長、新生活運動委員會董事長等職，同時還出任童子軍總司令、三民主義青年團團長、中國童子軍總會會長、中國滑翔總會會長、留日同學會會長、中華復興總社社長、勵志社社長，還兼過中央大學校長、教育部長、行政院長。張治中曾力陳兼職之弊，蔣表示他不兼職就沒有人能勝任。

步兵學校西北分校	副主任	章澤群		
騎兵學校	校長	蔣中正	介石	
	教育長	胡競修	勉修	甘肅天水
騎兵分校	主任			張掖
砲兵學校	校長	蔣中正	介石	
	教育長	史文桂	慕鈞	都勻
工兵學校	校長	蔣中正	介石	
	教育長	林柏森		湖南零陵
輜重兵學校	校長	蔣中正	介石	
	教育長	斯立	卓然	貴州龍里

圖1-8

其時，蔣介石給人的印象是：大權獨攬，小權亦不放過。每逢重大戰役，他都要越級指揮至團、營，各級將領往往形同虛設。蔣不得不越級指揮，因為有些部隊長靠不住。很多部隊長從軍校畢業之後，沒有多久就升級當營長，部隊指揮經驗實在不夠，而戰事孔急，將領無能，只有越級指揮，前線才能守住。

陸軍機械化學校		通信兵學校		中央陸地測量學校		憲兵學校		軍需學校	
校長	教育長	校長	教育長	校長	教育長	校長	教育長	校長	教育長
蔣中正	徐庭瑤	蔣中正	童元亮	蔣中正	曾 謨	蔣中正	張 鎮	蔣中正	墨林翰
介石	月祥	介石	蓬後	介石		介石	真夫	介石	竟白
	洪江		麻江				重慶青木關		巴縣

圖1-9

學校	職稱	姓名	字	籍貫
	教育長	王立序		
空軍參謀學校	校長	蔣中正	介石	
	教育長	毛邦初		
空軍幼年學校	校長	蔣中正	介石	
	教育長	汪强		
防空學校	校長	蔣中正	介石	
	教育長	黃鎮球	鈒雲	貴陽
陸軍特種兵聯合分校	校長	蔣中正	介石	
	教育長	李汝炯	伯庚	陝西宝鷄
中央軍校	校長	蔣中正	介石	

圖1-10

中央軍校	教育長	萬耀煌	武樵	成都
中央軍校第一分校	主任	劉仲荻	仲逖	漢中
	副主任	章履和		
中央軍校第四分校	主任	韓漢英	平夷	貴州獨山
	副主任	張振鏞		
中央軍校第二分校	主任	李明灝	仲堅	武岡
	副主任	周磐	砥平	
中央軍校第三分校	主任	沈發藻	思魯	廣豐
	副主任	唐冠英	超伯	
中央軍校第五分校	主任	唐濟麟	建侯	昆明

圖1-11

	副主任	王炳章		
中央軍校第六分校	主任	甘麗初		桂林
	副主任	譚承慨		
中央軍校第七分校	主任	胡宗南		陝西王曲鎮
	副主任	周嘉彬		
中央軍校第八分校	主任	羅列		房縣
特別訓練班	主任	康澤	兆民	四川合川
	副主任	施則凡		
中央訓練團	團長	蔣中正	介石	重慶浮圖關
	副團長	張治中	文白	

圖1-12

西南幹部訓練班	主任	蔣中正	介石	
	副主任	白崇禧	健生	
		張治中	文白	
西北幹部訓練班	主任	蔣中正	介石	西安翠華山
		白崇禧	健生	
	副主任	張治中	文白	
		胡宗南		
駐魯幹訓班	主任	李仙洲		
	副主任	易謙		
駐冀幹訓班	主任	張蔭梧	桐軒	

圖1-13

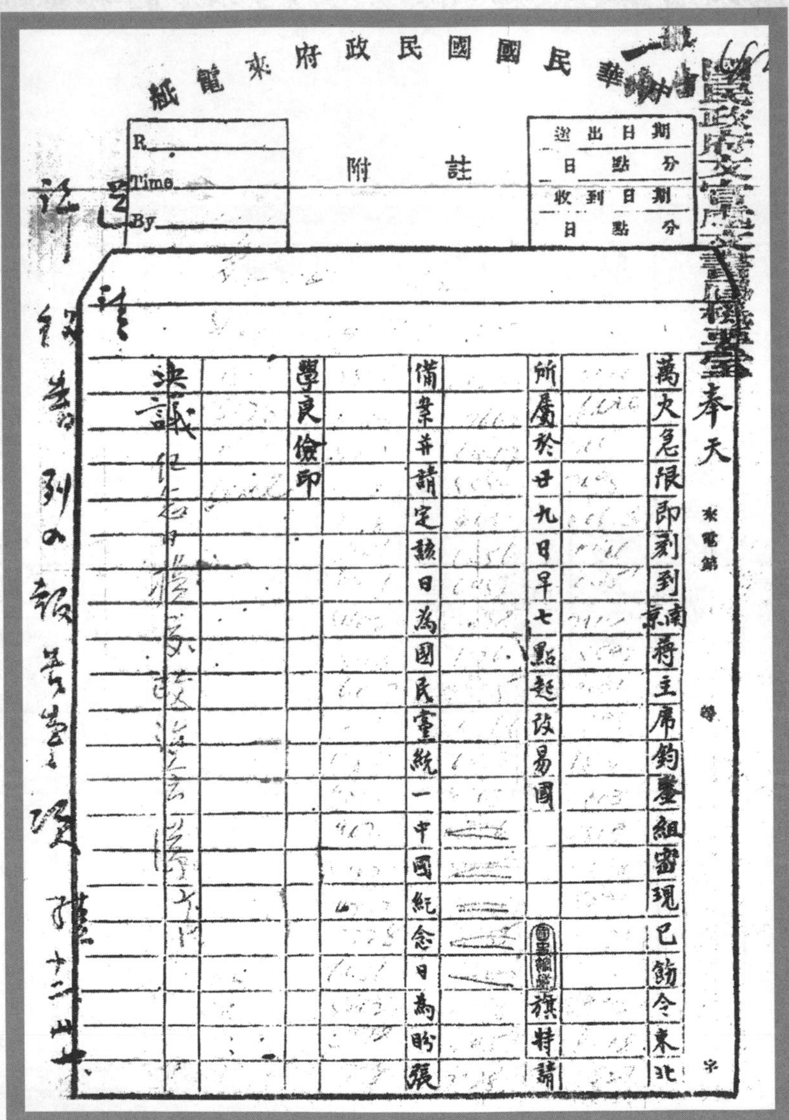
中華民國國民政府來電紙

送出日期　日　點　分
收到日期　日　點　分

附註

R.
Time
By

奉天　來電第　號　字

萬火急限即刻到南京蔣主席鈞鑒組密現已飭令東北所屬於卅九日早七點起改易國旗特請備案并請定該日為國民黨統一中國紀念日為盼張學良儉印

圖1-14

東北易幟是指皇姑屯事件之後，統治中國東北的奉系軍閥將領張學良將原來懸掛的北洋政府的五色旗換成國民政府的青天白日滿地紅國旗，並於一九二八年十二月廿九日通電南京，宣稱接受國民政府管轄的一個歷史事件。此舉標誌著北伐的結束、國民政府完成統一中國，張學良宣布服從南京國民政府，同年七月一日，張學良向國民政府發出《絕不妨礙統一電》，促使中國從形式上走向統一。蔣介石感激張學良的深明大義，後被國民政府任命為陸海空軍副司令、東北邊防司令長官。張學良通電經該日起改易國旗，特請備案並請定是日為國民黨統一中國紀念日。

中國國民黨中央執行委員會政治會議

逕啟者前准
政府文官處函稱奉主席發下張委員學良儉
電稱現已飭令東北所屬於十七年十二月二十九日
起改易國旗特請備案并請定是日為國民
黨統一中國紀念日等語經提出國民政府第十
四次國務會議決議提送中央政治會議等因相
應函達請核辦等由到會經提出本會議第一
百七十一次會議討論並經決議送中央執行委員

圖1-15
張學良通電經國府決議，婉拒了張的建議，但對張的愛國情操與魄力感佩不已，蔣對張的易幟回報則是一路提攜栽培成全國第二號人物，簡直就是蔣的接班人架式，張形式上的歸順中央，可謂北伐大業始告完成。

中國國民黨中央執行委員會政治會議

會候提第三次全國代表大會在案玆准中央
執行委員會覆開張委員學良電告東北已於
十七年十二月二十九日起改易國旗特請備案並請
定是日為國民黨統一中國紀念日一案業經中
央第一九一次常會決議第三次全國代表大會時
提出等由前來復經報告本會議第一百七十二
次會議在案相應函復請煩
查照轉知為荷此致

圖1-15

上海各國駐軍一覽表（一九三五年二月）

國別	隊號	官兵數			主要兵器			
		士官	兵	合計	機關槍	砲	裝甲車	戰車
英	上海駐屯軍	五一	九八五	一，〇三六	四〇	〇	八	二
美	海軍陸戰隊第四聯隊	八一	一，〇三六	一，一一七	二三六	六	〇	〇
日	上海海軍特別陸戰隊		一，七八〇		七六〇	四八	一四	八
公共租界義勇隊		一八六	一，九八二	二，一六八	一一四	八	一〇	〇
以上公共租界合計			五，七八三		一，一三四	六二	三二	一〇
法	上海駐屯軍	三四	一，一〇〇	一，一三四	一七八	一五	五	四
以上法租界合計		三四	一，一〇〇	一，一三四	一七八	一五	五	四
以上總計			六，八八三		一，三二八	七七	三七	一四
附記	一・意國平時無駐軍，緊急時僅派陸戰隊一部上陸。							

圖1-16

不平等條約之主要內容為領事裁判權，租界、租借地、使館區、駐兵權、軍艦巡弋停泊權、限制中國駐軍設防條款、內河航行權等等，這是抗戰前的上海租界駐軍數字，蔣介石無時無刻不想收回各國駐軍租界權。

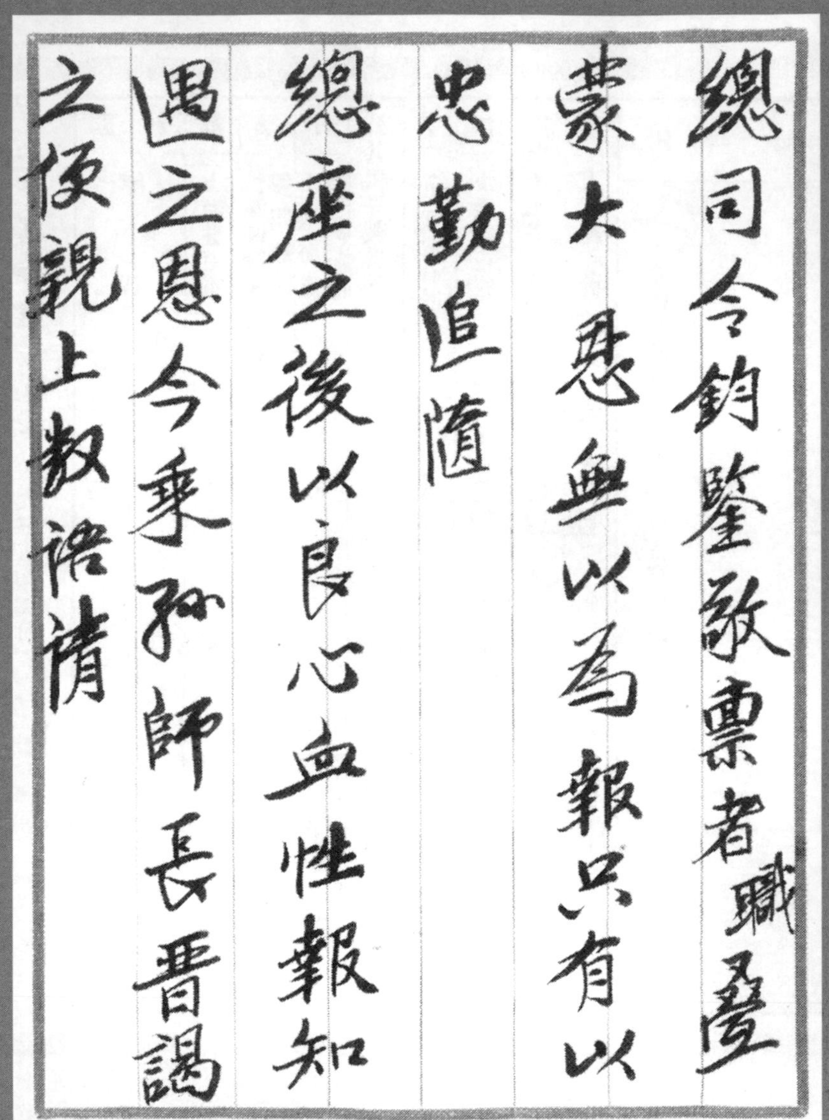

總司令鈞鑒敬稟者職疊
蒙大恩無以為報只有以
忠勤追隨
總座之後以良心血性報知
遇之恩今秉承師長晉謁
之便親上數語請

圖1-17

山東軍閥韓復榘一封寫給蔣介石的私函中看出，蔣先生非常器重他，韓也認為與蔣關係非淺，從他致蔣的私函中可看出韓受知於蔣感恩戴德，矢志追隨，他也保證「以良心血性報知遇之恩」，卻在抗戰中不戰而退，遭到軍法死刑處治，成為國軍高級將領被軍法判處極刑的第一人，這一果斷嚴正的處置，對當時國軍的風紀產生了極大的影響。

總座為國保重全體職並擬
本月底赴轅晉見未知是
否敬請 示知遵行職心有
餘學不足餘容面稟恭請
鈞安 職韓復榘謹稟 五月八日

山東省政府印刷局製印

圖1-17

呈為呈報修正本會組織大綱及系統表仰祈核轉施行事竊本會自成立迄今已屆三
載其間因實施經過尚發現有業務重複組織缺陷之處茲將與軍事各部性質
相同之廳處一律裁併而業務上必需之設備適當增置俾組織益形健全効率力
求增進以符
中央勵精圖治之至意用特擬具新組織大綱及系統表除呈請
中央政治會議核准施行外理合呈請
鈞府備查謹呈
國民政府主席林
軍事委員會委員長蔣中正

圖1-18
幾乎所有的軍人都統一到了軍事委員會的指揮下面，軍事委員會的地位也越來越高，職權也越重要，在抗戰前夕，已經是一個架乎各院及國府的太上主席。

呈為呈報修正本會系統表仰祈
鑒核備案事竊查本會系統表內原列有軍醫設計監理委員會一
項茲為便於監督指揮陸海空軍軍醫行政技術及其一切建設事宜
起見特令軍政部所屬之軍醫司與該會合併改設軍醫署直隸本會
除分呈並分令各該會司遵辦外理合呈請
鈞府鑒核備案予以修正謹呈
國民政府主席林
軍事委員會委員長蔣中正呈

圖1-19
在此委任下，軍事委員會職權與組織大肆擴張，馴至外界有認為軍事委員會為「第二政府」，成為戰時中國實際政治中心。

修正國民政府軍事委員會組織大綱 二十四年二月二十五日擬

甲、國民政府軍事委員會直隸國民政府為全國軍事最高機關

乙、本會職掌如左

一、關於國防綏靖之統帥事宜

二、關於軍費支配與最高審核事宜

三、關於軍實補充之最高審核及統制事宜

四、關於軍事章制及教育方針之最高決定事宜

五、關於軍事建設軍隊編遣之最高決定事宜

六、關於軍人人事之最高審核事宜

圖1-20

除了配合首長制將原本合議制的常務委員編制取消外，也設立參謀總長、副參謀總長、秘書長、副秘書長幕僚人員。另外，更在軍委會組織第一部至第六部。

丙、本會設委員長一人委員七人至九人經中央政治會議選定由國民政府特任之
此外參謀總長軍政部長訓練總監海軍部長軍事參議院長及本會廳主任為本會當然委員由委員長指定三人至五人為常務委員

丁、關於軍令事項由委員長負責執行關於其他執掌事項由委員長召集常務委員或委員會議決定後交由各主管部辦理
行政院長得出席本委員會會議

戊、本會設置如系統表其組織另定之

圖1-20

中國國民黨中央執行委員會政治委員會

逕啓者，本會第二次會議決議，

「㈠軍事委員會組織大綱第三條，修正為，

『本會設委員長一人，副委員長二人，委

員七人至九人，經中央政治委員會選

定由國民政府特任之。

此外參謀總長軍政部長訓練總監海

軍部長軍事參議院長及本會廳主任

為本會當然委員，并由委員長指定

圖1-21

期間，軍事委員會職權範圍隨蔣中正權力擴張或縮小而有所變化，但蔣能在軍務倥傯之際，依舊日理萬機，乃是因蔣設置的軍事委員會委員長侍從室在旁襄助之故，侍從室亦為蔣軍事權威建立期間，最為核心的組織，對抗戰勝利起了不可替代的作用。

中國國民黨中央執行委員會政治委員會

三人至五人為常務委員。

(二)特任閻錫山馮玉祥為軍事委員會副委員長。

除函中央執行委員會外，相應函請

政府查照辦理。

此致

國民政府

中央執行委員會政治委員會

十八年十二月十八日

圖1-21

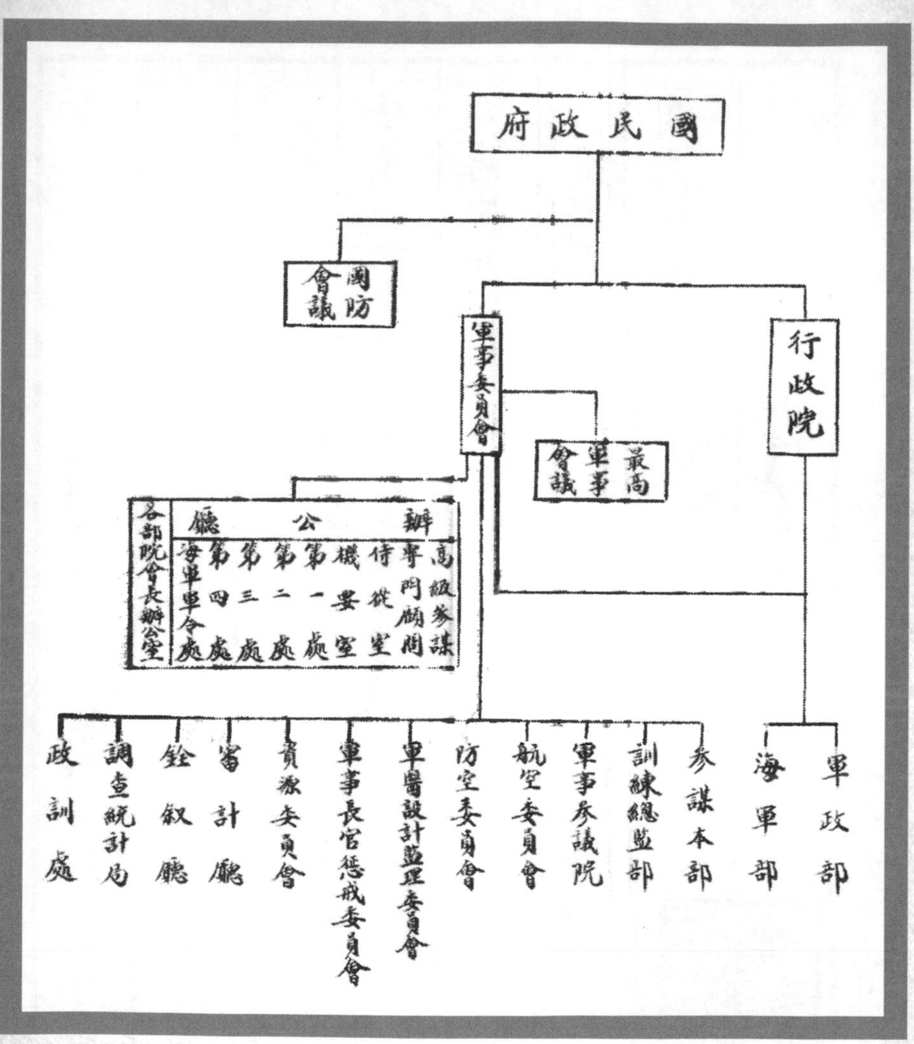

圖1-22

一九四一年至一九四五年的第二次世界大戰期間，雖然蔣中正在中國推行的的軍事委員會戰時政府與西方民主理念有很大差距，但是由於同為同盟國盟友，當時西方世界，尤其美國政府、國會、一般民眾對於蔣中正頗有好感，也因此不但中國民眾普遍尊稱蔣中正為委員長，而說英語的外國人，特別是美國人，自此都稱為蔣中正為「Gimo」。而此稱呼，其實就是特級上將（Generalissimo）的英語簡寫。

全軍參謀長会議

第一、我軍過去最遭敵人輕視的一點，就是我們陣亡官兵的忠骸，有許多不僅不能抬回安葬，而且任其遺棄陣地，暴屍戰場，這是我軍最大的弱點，亦就是我們官長最大的恥辱！旁的且不必說，只給敵人看了這種情形，他卽存輕視我軍的心理，他卽不怕我們，這不僅是我軍士氣上暴露給敵人的一大弱點，而且我們忠勇將士爲國捐軀，竟至死不得收骸骨，我們後死者如何能對得起已死的官兵，還有什麼面目見人！我們今天知道了這個弊病，各總司令各軍師長應卽徹底研究一個改進的辦法。今後戰地上所有陣亡官兵的遺骸，必須抬回掩埋，無論情況如何困難、危險，一定要督飭部下，認眞作到。

第二、關於病兵傷兵的處置和救護應研究改良辦法：現在前方作戰部隊退下來的病兵，無論交通線沿路和各城市沿街，隨時都可以看到，不僅病不能得醫藥，而且饑不得食，寒不得衣，流離呻吟，狀如乞丐，這亦是我們官長最大的恥辱！而爲目前亟應設法取締改良的一件最緊要的事情。大家首先要注意以後遇有士兵疾病，一定要盡可能的替他們設法醫治，病兵醫好以後，仍舊能够作戰。卽令不能留在前方部隊工作，亦必妥爲處置，使有收容醫治的地方。

第三、對於逃兵無法防止，乃是表現我們官長沒有能力，不負責任！此事只要我們主管官長管教勤懇防備嚴格一點，檢查巡視周密一點，無論行軍作戰或駐防，凡是各要路與渡口，都可派人嚴密監視，一定可以設種種方法防止逃跑，問題只在我們主管長官治理軍務是否勤勞，對於部屬指導監督是否嚴密，如果我們辦事勤勞，監督周到，如發現那一團或那一連逃兵特多，我們必親自幫助他設法事先防止，拿我們官長的精神放下去，一定可以禁絕士兵逃亡。

圖1-23

法制專門委員會報告審查壯丁隊壯丁結夥逃亡罪可
否依軍法審判一案意見

奉交審查壯丁大隊可否依軍法審判一案、遵經開會詳加討論、僉以為壯丁大隊之壯丁、就其法律地位言、原不得視為軍人、縱令結夥、其原來之身份、自不變更、因之壯丁逃亡行為、應依違反兵役治罪條例處罰、如有結夥逃亡情形、可依該法從重科刑、不能由軍事機關依陸軍刑法處斷、現各地辦理徵兵、未盡妥善、欲減除壯丁逃亡情事、今後似當注重行政之改善、與宣傳之加緊、非加重刑罰或改變審判管轄即能收效、再此種案件、如在戰區諸有發生、原自可依戒嚴法之規定由軍法機關審判、以上意見是否有當、敬請
裁決謹呈
國防最高委員會

圖1-24

抗戰時期常被詬病的「抓壯丁」現象，其時是役男違背了兵役法，然而壯丁本身尚非軍人身分，因此亦不可以軍法處斷，這已在當時為有關單位注意到，而非外界想像的無法無天的抓壯丁。

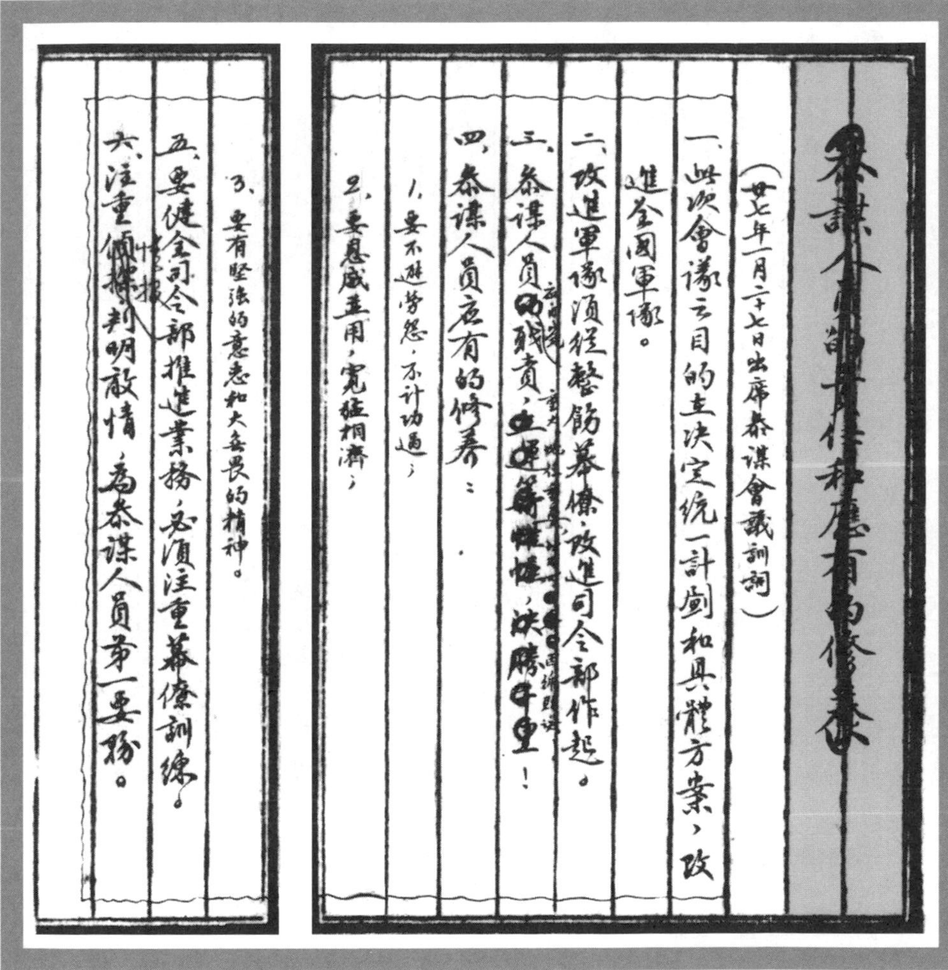

參謀人員的責任和應有的修養

（卅七年一月二十七日出席參謀會議訓詞）

一、此次會議之目的在決定統一計劃和具體方案，改進全國軍隊。

二、改進軍隊須從整飭幕僚，改進司令部作起。

三、參謀人員的職責，在運籌帷幄，決勝千里！

四、參謀人員應有的修養：

1、要不避勞怨，不計功過；

2、要恩威並用，寬猛相濟；

3、要有堅強的意志和大無畏的精神。

五、要健全司令部，推進業務，必須注重幕僚訓練。

六、注重情報，判明敵情，為參謀人員第一要務。

圖1-25

蔣先生一直對國軍素質不滿意，尤其是參謀人員，此草案是蔣在參謀會議上訓詞的草稿，可見蔣對此問題的重視，但最終仍無法有效改善，其實不僅參謀人員素質差，中國當時的兵員素質更差，遠遠比不上日本人，徵兵制度也很落後，由於大陸當時沒有戶籍、身分證，社會條件難以配合徵兵制度，弊端很多。由於兵源短缺，蔣委員長在抗戰末期，喊出「十萬青年十萬軍」，鼓勵青年學子從軍，藉以改善兵員素質。

軍委會呈報撤銷不必要之名義中由國民政府令派或經呈報備案者分別列左 共二十六

(一)由國民政府令派或經呈報備案者

一、冀察綏靖主任宋哲元 廿五、十一、廿六任命之撤銷

二、蘇浙皖邊區主任陳調元 廿五、十一、廿 國府行政院轉府備案 廿六、一、撤銷

三、閩浙贛皖邊區主任及第四路總指揮 廿五、十二、廿六 由行政院轉府備案 廿六、一、撤銷

四、第四路總指揮司令余漢謀 廿五、七、十三 國府特派

五、第四路副總司令香翰屏 廿五、八、七、行政院轉呈任命

六、第五路軍總司令李宗仁副總司令白崇禧 廿六、四、一、國府特派

(二)由本會委派未經備案者

一、第八路軍總指揮朱德副總指揮彭德懷

二、第十四路軍總指揮及第二預備軍副司令長官鄧錫侯

三、代理第十五路軍總指揮劉茂恩

圖1-26

八路軍，全稱國民革命軍第八路軍，是中國人民解放軍的前身之一。一九三七年八月廿二日，根據第二次國共合作的有關協議，中國共產黨的武裝力量中國工農紅軍處於陝北的主力部隊，由國民政府改編為國民革命軍第八路軍；但只是臨時編制軍委會並未核可備案，中共並未遵守軍委會規定，始終自稱八路軍；甚至隨及在九月十二日，八路軍的番號已改為「國民革命軍第十八集團軍」依然故我。實際控制者中國共產黨將這支部隊稱為「八路軍」，日本防衛廳戰史室的《華北治安戰》和《支那事變陸軍作戰》中描述該部隊為共產軍、八路軍、紅軍。

一九三七年九月十一日，國民政府按中國陸海空軍戰鬥序列改編需要，改稱「國民革命軍第十八集團軍」，編入第二戰區序列，朱德為副司令長官（戰區長官是閻錫山），但為避開閻的領導，朱始終避用其最高軍銜，其他戰區副司令長官都無此問題，顯示中共並無意受國軍將領領導，朱德並進入晉北擔任游擊。軍隊改名後，中國共產黨內部習慣上仍稱其為八路軍。

集團軍	職務	姓名	字	駐地
第十六集團軍	副總司令	周祖晃	敬生	
第十七集團軍	總司令	馬鴻逵	少雲	寧夏
	副總司令	馬麟	勛臣	
		馬鴻賓	子寅	
第十八集團軍	總司令	朱德	玉階	延安
	副總司令	彭德懷	特立	
第十九集團軍	總司令	王仲廉	介人	
	副總司令	萬建藩		
		孫元良		
第二十集團軍	總司令	霍揆彰	嵩山	瀏陽

圖1-27

抗日戰爭第二戰區是指一九三七年盧溝橋事變爆發後，為了因應戰爭形勢，中華民國國民政府於中國境內劃分；與日軍作戰的戰區之一。最初第二戰區所轄範圍為山西及察哈爾，後來視戰爭實際情況，第二戰區分別於一九三八年、一九三九年與一九四四年做過三次相當大規模的更動。

一九三七年 中國戰區首次劃分是在日軍迅速佔領北平與天津，且中華民國政府確定與日謀和落空之後。一九三七年八月二十日，第二戰區劃分是以山西省、察哈爾省及綏遠省，也經歷長條山爭奪戰等激烈戰役。在兵力部署方面，第二戰區司令長官為閻錫山，「並由本區司令長官分達該區各集團軍各司令」。兵力包含了第六集團軍（楊愛源）、第七集團軍（傅作義）、第十八集團軍（朱德）及預備軍。

一九三八年，增援日軍迅速於華北取得優勢，並在佔領上海後，切斷中國軍隊之華北運輸線。為此，同年一月發表的一九三八年國民革命軍戰鬥序列當中，將第二戰區的區域略作更動，變成以山西及陝西北部為主，其戰鬥序列如下頁所示。

戰區	職稱	姓名	字	駐地
	副主任	楊達		
第一戰區	司令長官	蔣鼎文	銘三	洛陽
	副司令長官	曾萬鍾	鼎銘	
		湯恩伯	恩伯	
第二戰區	司令長官	閻錫山	百川	山西興集
	副司令長官	蔣鼎文	銘三	
		朱德	玉階	
第三戰區	司令長官	顧祝同	墨三	建陽
	副司令長官	唐式遵	子晋	
		劉建緒	恢先	

司令長官：閻錫山
作戰地區：山西
南路前敵總司令：衛立煌
北路前敵總司令：傅作義
第十八集團軍總司令：朱德

一九三九年
司令長官：閻錫山
作戰地區：山西及陝西一部份
第十四集團軍：衛立煌
第四集團軍：孫蔚如
第五集團軍：曾萬鐘
第九軍：郭寄嶠（戰區直轄）
第六集團軍：楊愛源
第七集團軍傅作義
第十八集團軍朱德

一九四四年
司令長官：閻錫山
第六集團軍：楊愛源
第七集團軍：趙承綬
第八集團軍：孫楚
第十三集團軍：王靖國
第十八集團軍：朱德
直屬暨特種部隊

一九四五年（受降區）
第二戰區：陝西日軍戰俘集結：曲陽

圖1-28

國民革命軍陸軍第十八集團軍總司令部用箋

委員長蔣鈞鑒敬肅者暴日挺而走險發動太平洋戰爭
歐美友邦同仇抗戰倭寇覆亡在此一舉全國軍民必能在
鈞座指導之下發揚蹈勵迅奏膚功職部當一本
鈞旨堅持作戰不敢告勞唯敵後孤軍交通梗阻運輸補
給困難萬分敬懇
鈞座給部隊以必要之彈糧予後方以運輸之便利則三軍
感戴無有窮期陳高級聯絡參謀宏謨奉召返渝職部
一切情形託其面達
鈞聽故不詳述歲暮天寒敬祈珍重肅此敬頌
崇安
職朱德敬啟
十二月十三日

圖1-29

不論八路軍或新四軍都是國軍，都是隸屬於抗日戰鬥序列下的國民革命軍，從朱德上蔣介石電，要求補給可看出，朱德恭敬的說：「在鈞座指導下發揚蹈勵迅奏膚功」致國府主席林森的電報也說：「我八路軍在中央政府及最高統帥領導下，追隨友軍之後」，可看出中共領導抗戰是不正確的說法。

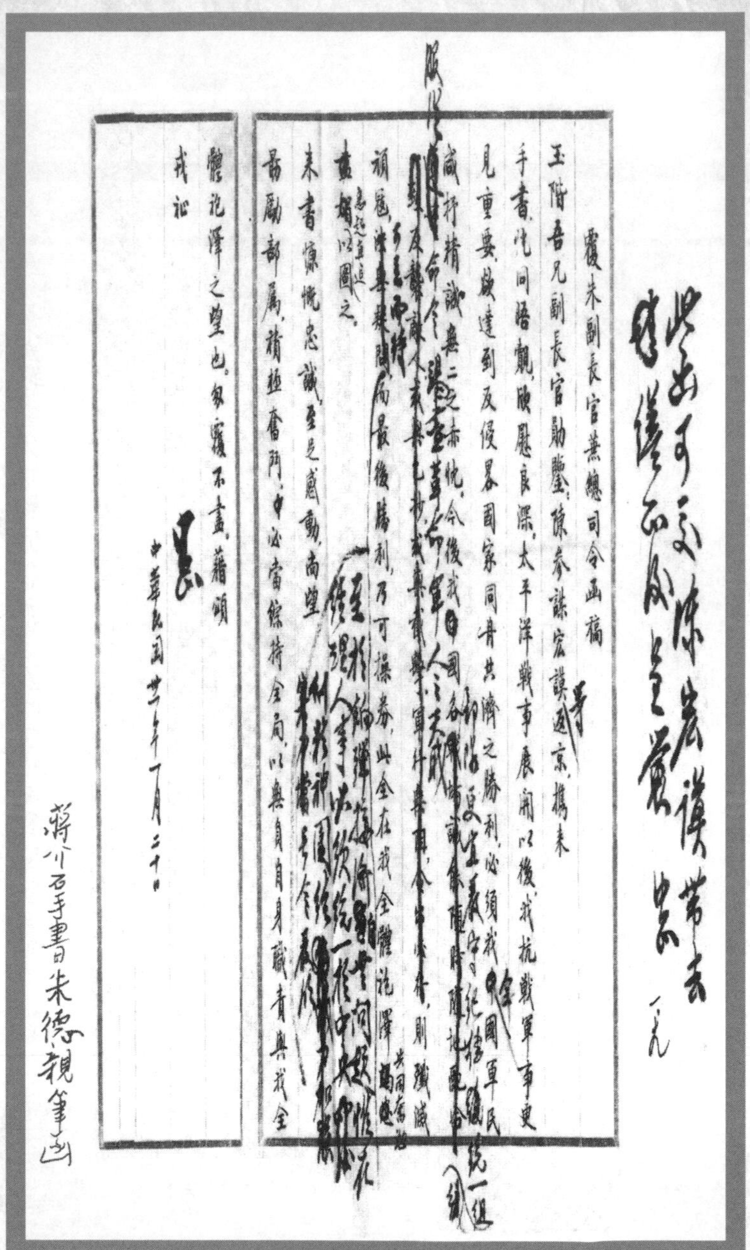

圖1-30
十八集團軍總司令朱德給蔣介石一封電報，要求補給彈藥，並派代表去重慶催討，蔣介石親筆回函只要遵守軍紀，經理人事要統一接受中央領導，餉彈接濟絕無問題，並將此函交與代表攜回。

軍政部駐陝軍需局發出各部隊軍毯數量表截至二十九年十月底止

部別	發出數	備攷
第七十八師	七〇〇	一月一日
第二十八師	一、四〇〇	一月一日
一戰區殘廢收容所二中隊	六八二	
第八集團軍西安辦事處	二二七	
獨立工兵一團一營	七〇	
第九軍	一、一四〇	
第九十八軍	一四五	
第四十二師	四〇〇	

圖1-31

軍政部駐陝軍需局曾發出一批軍毯給西北地區各部隊，在總共只有兩萬多條軍毯中，僅十八集團軍就分得一萬一千五百條，其他各部隊十數個軍與師只分得另一半數量的軍毯，事實說明國府非但未苛扣共軍的補給，反而深恐流言蜚語，不但不敢苛扣反而還要多給。

部隊	數量	日期	備註
第一九一師	六五〇〇	一月二十八日	
第八師	一、五〇〇		
第十師	五、〇〇〇		
預八師	一、〇〇〇	一月二十九日	
砲兵十七團	九七五	二月三日	
軍委會政治部西北攝影隊	三〇		
第十五軍	三〇〇	二月十五日	
第四十八師	二、五五六	二月六日	
第十八集團軍	二、五〇〇	二月二十日	分得最多
第四十二軍	二四〇		

圖1-31

陸軍軍官佐履歷表

所屬	陸軍第三十五軍司令部
階級	中將
職務	軍長
姓名	傅作義
別號	宜生
年齡及誕生年月日	三十八歲 民國紀元十七年舊曆光緒二十年十月十九日子時生
籍貫	山西榮河
家族	祖父文鼎歿 祖母張氏存 父慶泰歿 母孫氏存 兄作仁 弟作讓 妻張氏年三十九歲 子端元年十八歲 女酥菊年十五歲
出身	民國七年七月保定陸軍軍官學校第五期步兵科畢業
經過戰役	民國十六年涿州戰役
入黨年月日及黨證字號	
介紹人服務	太原綏靖主任閻[illegible][illegible]
賞	民國十五年八月行守天鎮出力獎予三等桐華章
罰	無
通訊處（暫時）	綏遠陸軍第三十五軍軍部
通訊處（永久）	太原北門街五十號

圖1-32
地方實力派系軍隊或所謂的雜牌部隊，部隊長或領導階層也並非都是黨員，像閻錫山統領的晉綏軍，三個嫡系軍長傅作義、徐永昌、楊愛源三人，傅作義就在陸軍官佐履歷表明顯在黨籍欄空白。

陸軍軍官佐履歷表

所屬	陸軍第三十三軍司令部
階級	中將
職務	軍長
姓名	徐永昌
別號	次長
年齡及誕生年月日	年四十四歲 民國紀元前二十三年十二月十五日戌時生
籍貫	山西省崞縣
家族	祖父 慶 歿 祖母王氏 歿；父 萬成 歿 母張氏 歿
兄弟	無
妻	白氏 年三十五歲；子 元德 十三歲；女 元明 十一歲
出身	民國六年一月北京陸軍大學第四期畢業
經過戰役	民國十三年首都革命之役；十四年津南戰役；十五年南口戰役；十六七年北伐各戰役
入黨年月日及黨証字號	民國十六年十二月在廬台第三十四師特別黨部 黨証遺失
介紹服務人	山西清鄉督辦 楊愛源
賞	
罰	
通訊處 暫時	太原三十三軍司令部
通訊處 永久	太原城內精營東邊街四十六號

圖1-33

後兩人徐永昌、楊愛源則明白寫著「黨證遺失」，下屬師長旅長團長等數十人的黨籍欄也大都填無黨或黨證遺失，明顯證明並非高階軍官皆為黨員，也不懼國民黨組織的打壓。

陸軍軍官佐履歷表

所屬	陸軍第三十四軍司令部
姓名	楊愛源
別號	星如
年齡及誕生年月日	四十三歲民國紀元前二十年十二月二十七日子時生
階級	中將
籍貫	山西五台縣
職務	軍長
家族	祖父 映瑤；祖母 閻氏 歿；父 彬；母 周氏；兄 無；弟 愛灃 二十八、愛沂 三十七、愛滋 三十、愛淇 二十二歲；妻 劉氏 四十歲；子 無；女 敏 慧 靈 睿 生 十五 十四 八 三 歲
出身	民國三年八月保定陸軍軍官學校第一期步兵科畢業
入党年月日及党証字號	民國十六年六月太原第三軍特別黨部入黨 黨証遺失
介紹服務人	主任閻拔擢 蒙
經過戰役	民國十五年雁北之役暨十六年北伐等役
賞	無
罰	無
通訊處（暫時）	太原陸軍第三十四軍司令部
通訊處（永久）	山西五台第二區門限石東順長

圖1-34

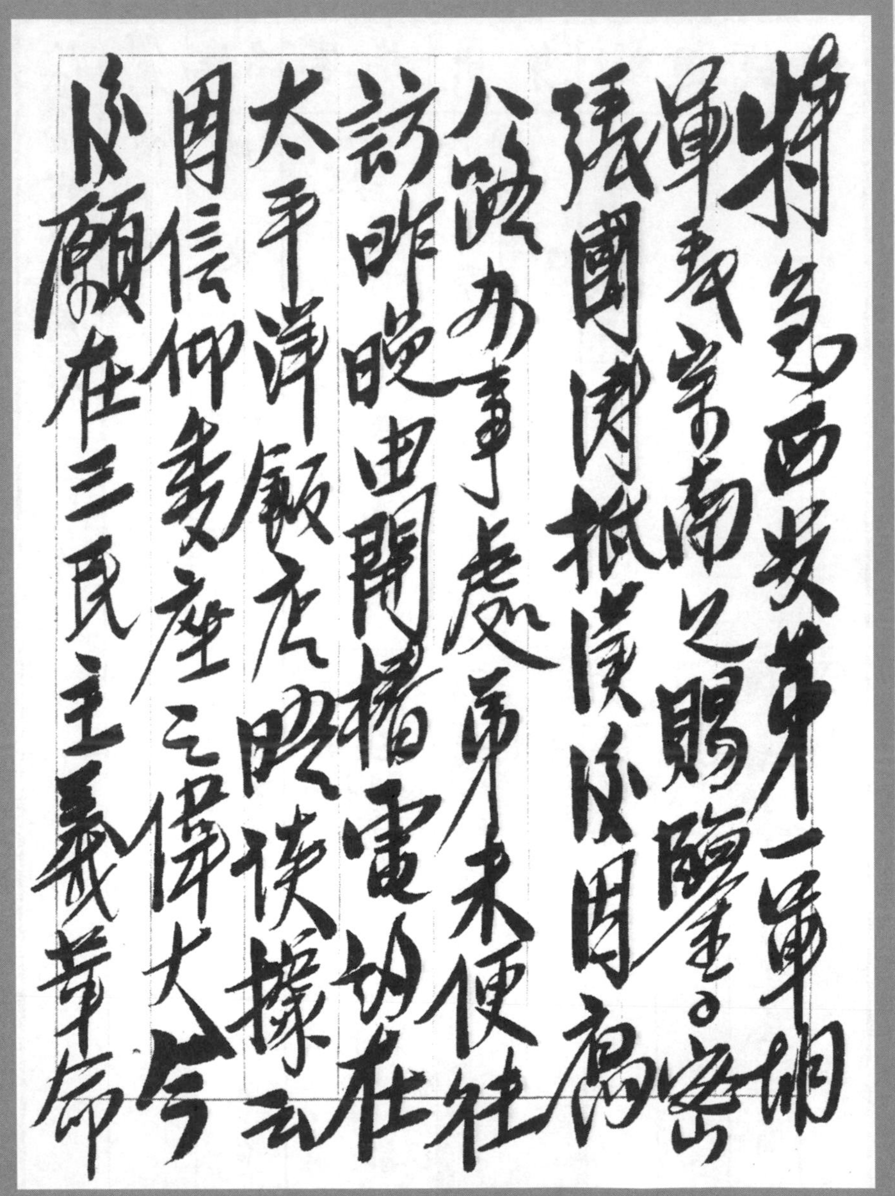
特急西安第一軍胡
軍長宗南兄賜鑒。密
張國燾抵漢後因寓
八路办事處弟未便往
訪昨晚由聞播電約在
太平洋飯店晤談據云
因信仰委座之偉大今
後願在三民主義革命

圖1-35

戴笠給胡宗南的電報可知，當時共黨主席張國燾的確希望取消共黨，全體加入國民黨，然而遭致周恩來等反對，責張還是共產黨員乎?以致張無法說服周，導致兩支軍隊仍掌控在中共的手中。

領袖領導下從事革命此行係主張取消共產黨全體加入國民黨連日因與周恩來陳紹禹等談商之結果周等不贊同取消共黨及詢其是否甘心為共產黨員及有無顧慮黨之紀律故渠等已向周等表示對於彼是否仍

圖1-35

中國共產黨軍事委員會主席毛澤東在蘇聯指示下致函蔣委員長：堅信國、共兩黨長期團結必能支持長期戰爭。

先是，中國共產黨駐漢口人員今年七月杪突然全部離開漢口赴陝西延安出席中共的第六屆六中全會。本月下旬，政局緊迫，而中、日謀和共同防共之謠言又囂塵上。蘇聯政府為此大起恐慌，深恐我軍放棄武漢或與日媾和，乃命其駐華使節，向我政府示意以六十師裝備、五百架飛機相助，復命中共向我政府表示合作。（註七）是以本日中共軍事委員會主席毛澤東有致函軍事委員會委員長蔣中正之舉。函中謂在蔣委員長領導下，堅信國、共兩黨長期團結必能支持長期戰爭。日軍終必失敗。茲誌原函內容如次：

「介石先生惠鑒：恩來諸同志回延安，稱述先生盛德，欽佩無既！先生領導全民族進行空前偉大的民族革命戰爭，凡在國人，無不崇仰。十五個月之抗戰，愈挫愈奮，再接再厲，雖頑寇尚未戢其兇鋒，然勝利之始基業已奠定，前途之光明，希望無窮。此次敝黨中央六次全會一致認為：抗戰形勢，有漸次進入一新階段之趨勢。此階段之特點，將是一方面將更加困難，然又一方面必更加進步。而其任務在於團結全民、鞏固與擴大抗日陣線，堅持持久戰爭，動員新生力量，克服困難，準備反攻。在此過程中，敵人必利用歐洲事變與吾國弱點，策動各種不利於吾國統一團結之破壞陰謀。因此，同人認為此時期中的統一團結比任何時期為重要。唯有各黨各派及全國人民克盡最善之努力，在先生統一領導之下，嚴防與擊破敵人之破壞陰謀，清洗國人之悲觀情緒，提高民族覺悟及勝利信心，並施行新階段中心必要的戰時政策，方能達到停止敵之進攻，準備我之反攻之目的。因武漢緊張，故欲恩來同志不待會議完畢即行返漢，晉謁先生，商承一切。未盡之意概託恩來面陳。此時此際國共兩黨休戚與共，亦即長期戰爭與長期團結之重要關節。澤東堅決相信國共兩黨之長期團結，必能支持長期戰爭；敵雖兇頑，終必失敗；而我四萬萬五千萬人之中華民族終必能於長期的艱苦奮鬥中，克服困難，準備力量，實行反攻，驅除頑寇，而使自己雄立於東亞。此物此志，知先生必有同心也。專此布臆・敬祝　健康！並致民族革命之禮！

毛澤東謹啟　民國二十七年九月二十九日」

中華民國二十七年 十一月五日

六四〇

中國共產黨擴大六屆六中全會上電表示擁護蔣委員長及抗戰國策，爭取最後勝利。

本年九月底開始在延安召開的中共中央擴大六屆六中全會，本日致電軍事委員會委員長蔣中正，表示中國共產黨中央熱烈擁護長期抗戰國策，並一本過去主張，願以至誠擁護民族領袖及三民主義。同時表示在三民主義和抗戰建國綱領的政治基礎上，責成其全體黨員，本互助互讓、同生死、共患難之精神和互敬互商之工作辦法，親密兩黨關係，鞏固兩黨長期合作，團結全民族，以爭取抗戰最後勝利。

圖右：1-36

圖左：1-37

蔣介石領導抗日一年多的表現連共產黨也佩服，中共主席毛澤東在蘇聯的指示下致函蔣，稱先生領導全民族進行空前偉大的民族革命戰爭。

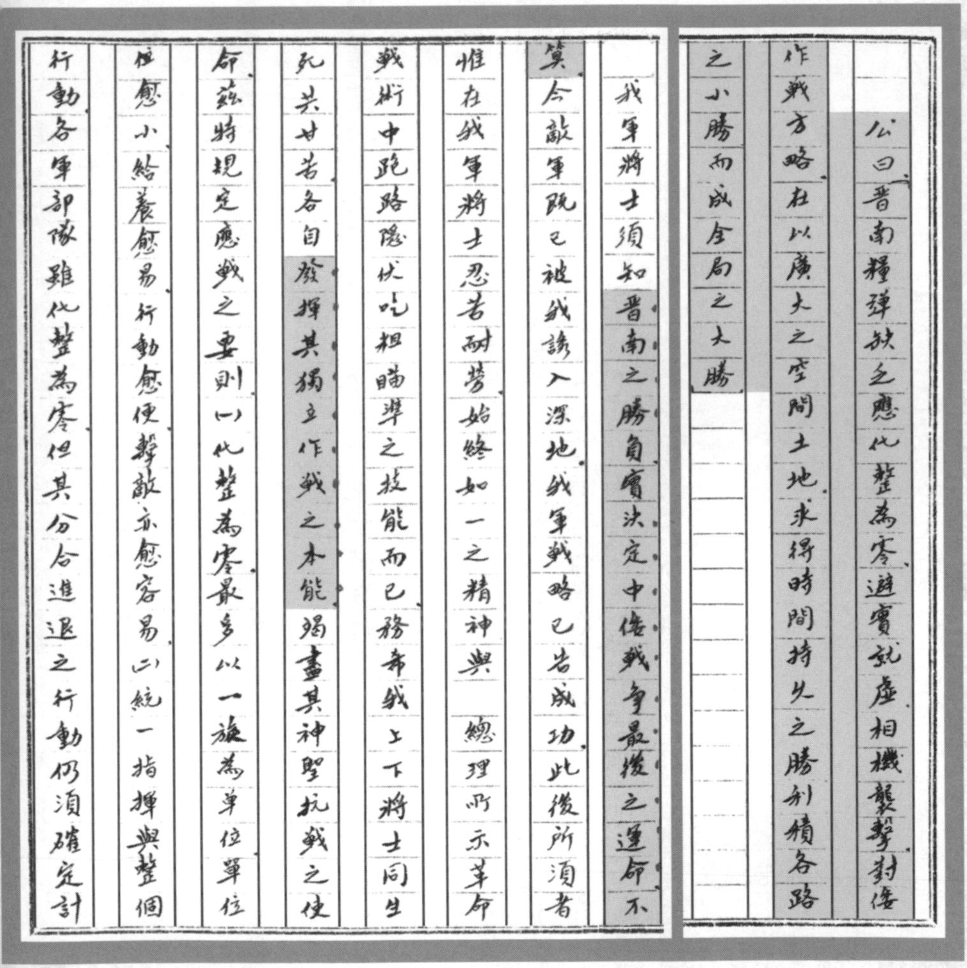

公曰晉南糧彈缺乏應化整為零避實就虛相機襲擊對倭作戰方略在以廣大之空間土地求得時間持久之勝利積各路之小勝而成全局之大勝

我軍將士須知晉南之勝負實決定中倭戰爭最後之運命不算今敵軍既已被我誘入深地我軍戰略已告成功此後所須者惟在我軍將士忍苦耐勞始終如一之精神與　總理所示革命戰術中跑路隱伏吃相瞄準之技能而已務希我上下將士同生死共甘苦各自發揮其獨立作戰之本能竭盡其神聖抗戰之使命茲特規定應戰之要則(一)化整為零最多以一旅為單位單位位愈小給養愈易行動愈便襲敵亦愈容易(二)統一指揮與整個行動各軍部隊雖化整為零但其分合進退之行動仍須確定計

圖1-38

國民黨的持久戰方針是什麼？就是以空間換時間，積小勝為大勝，他以晉南會戰為例。證明國共兩黨，蔣介石和毛澤東都提出了持久戰思想，這是一個事實。但是國民黨蔣介石的持久戰思想有它自己的內容，並沒有受到毛澤東的影響。

劃例如各部隊分進道路會合地點日期與其共同目標皆須有統一之指揮則各部雖相隔甚遠亦不患被敵遮斷也(三)適佈偵探網須密須遠巧設偵探術注重化裝與偽裝(四)多置聯絡哨兵務使各部情形息息相通(五)晝伏夜行密探夜襲(六)避實擊虛蹈瑕鑽隙(七)特別注重向敵各級指揮部襲擊以專向敵軍輜重及其通信與交通機關打擊總之我軍此後作戰方略在利用我廣大土地之活動以求得時間持久之勝利無論大小部隊皆須立於主動地位無論勝利大小收穫多寡只要處處襲擊時時擾亂即可積各處之小勝而成最後之大勝至於愛護民眾嚴守紀律尤為重要務希嚴令各軍師旅團長照此意圖與前所頒之預定分區作戰計畫切實施行則最後勝利必在於此矣

圖1-38

第二、各級官長應身先士卒，發揮與士兵共患難、同生死的精神。現在前線有許多傷兵下來，常對人說，他們在前線不僅從未見到師長、旅長，卽團長的面目，亦很少看到，認爲高級長官都不在前方，表示不滿；各位當然是不會如此，但一般傷兵對於中外人士既有此傳說，我們就不得不特別注意，嚴格檢查一下，如果在戰事緊急關頭，我們高級長官，不親臨前線指揮督戰，試問如何能夠使部下不退而能達成任務呢？我們軍長、師長應該每天或夜間都要到前線巡視陣地，旅長、團長尤其要常在前線指揮督戰，如此，一方面可將我們高級將領的精神貫注到最下一層的士兵，一方面前線官兵得到高級將領的鼓勵指導，人人感奮，就格外能夠衝鋒陷陣，殺敵致果。

第三、對於前方部隊的經理、衛生應特別注重。現在前線官兵，有幾月未曾發餉，幾天沒有飲食，甚至到飢寒、疾病，種種的痛苦，似此身心感覺疲乏，士氣何能旺盛？士氣不能維持，戰鬪力量何能發生，這是頂可擔憂的一件事情，我們高級指揮官，除掉指揮作戰之外，更要以改良部隊經理、衛生爲最主要的任務。官兵薪餉應按期儘早發給，乾糧要充分預備，並要分配得當，限制食用；其餘服裝的換補、戰地的衛生、戰場的清掃、疾病的預防治療等，都要我們高級將領隨時檢查，督促改良，使官兵常能保持飽滿的精神，俾得發揮强大的戰鬪力量。

第四、對於傷兵管理與死傷的撫郵應從速設法改進。本來對於傷兵管理與死傷官兵撫郵的事務，在軍政部設有傷兵管理處與撫郵委員會等機構來辦理，但是各軍、師長對於自己部屬的死傷，不好置之不顧，要知道我們要保持士氣，增加戰鬪力量，第一個要件就是對於死傷官兵的撫郵、慰問，應有迅速妥當的處置，尤其對於陣亡官兵的忠骸，應負責尋找，招回安葬，卽使就地掩埋，亦要設法標明；他們的家屬應酌給救濟金，派員慰問。總要盡到我們長官的心事，使『存歿俱感』纔好；至於傷兵管理最要緊就是要分別輕重傷，各師自己設法，指定地點來集中醫治，重傷者可以送往較遠的後方醫院，輕傷者不可任其流轉後方，應就戰地附近臨時醫院收容調治，以便傷癒歸隊。

圖1-39

蔣先生批評師長、團長等高階軍官未能在前線督戰，士兵看不到長官，如何要求士兵衝鋒陷陣？他也要求官長對受傷或殉職的官兵要注意收容與撫卹，以保持士氣增加戰鬥力量，對失職的官長他用法絕不留情，因此正法了許多，收到了應有的效果。

第二章　勳章的故事

一、青天白日勳章

青天白日勳章中心爲青天白日國徽，代表國家，四周爲光芒，象徵榮獲此章者，有禦侮克敵，使國家光輝四耀之功。

此章頒給陸海空軍軍人，凡捍禦外侮，保衛國家，著下列戰功之一者頒給之：

1. 運籌適宜致獲全功者。
2. 戰鬥間處置妥善，使全軍或一部得重要之勝利者。
3. 冒險前進偵得重要敵情致獲全勝者。
4. 最困苦時毅然奮起戰鬥挽回頹勢者。
5. 冒險辦理戰場後方勤務成績最著者。
6. 冒險破壞敵人伏置水雷或障礙物以開導戰艦之進路者。

7.我軍艦護送多數船舶驟遇敵優勢艦隊劇戰之後，俾護送船舶得安全航到其目的地者。
8.於一次任務中擊落敵機四架以上，地面擊燬敵機六架以上者。
9.空中轟炸命中敵軍之重要根據地、高級司令部、兵工廠、巡洋艦、驅逐艦等，使之全燬或沉沒，有確實證明者。

戰功內容也曾更動過，但大體不脫以鼓勵殺敵致勝爲主。

張學良是「青天白日一號」，沈鴻烈是六號，也是第一位獲青天白日的海軍軍官。

在一九三七年之前，國民政府並沒有嚴格按照這些條文來實施。不少獲頒者主要是受到政治環境的影響才得以獲此殊榮，更有甚者，部分獲得者連前線都沒去過，就被政府授予了，這在很大程度上引起了不小的非議。

◎中東路事件（一九二九年七月～一九二九年十二月）

中東路事件，是中華民國和蘇聯於一九二九年發生的爭取主權的一次武裝衝突。張作霖在一九二八年六月瀋陽市西郊的皇姑屯火車站附近，被日本關東軍在北寧鐵路上埋設的炸彈炸死。張學良繼任，統領奉系。這時張學良面對的局勢是日本在東北三省步步緊逼，有發生軍事事變，變爲日本的直接殖民地的危勢。

一九二八年六月，南京政府外交部長王正廷發動了一場以修訂不平等條約爲中心的「革命外交」，將列強在華特權分爲五類，革命外交將分爲五期進行，包括恢復關稅自主權、取消治外法權、收回租界、收回租借地，以及收回鐵路利權、內河航行權、沿海貿易權等。

在南京政府革命外交取得進展後，張學良積極響應。張學良把目標定在了蘇聯控制的中東路，張學良認爲收回中東鐵路路權，蘇聯此刻內外交困無力反抗，各國也必會樂見其成。張學良在同蘇聯進行了數輪外交談判不見絲毫效果，他決定採取強硬態度，對蘇聯的經濟機構進行查封。

張學良憤怒聲討紅白兩大帝國主義（蘇、日）對中國東北進行瘋狂滲透，導致北患無休無止。張學良的東北政府決心奪回失去的主權，並切斷蘇聯對中國共產黨的支持。

張學良從一九二九年七月開始驅逐中東鐵路蘇聯職員，查封哈爾濱市內的蘇聯商業機構。一九二九年七月十八日蘇聯政府宣布對中國斷交。蘇軍在中蘇邊境黑龍江吉林段準備武裝介入。因爲蘇聯動員新進武器與大量兵力，使東北軍在隨後被蘇軍擊敗，兩個主力旅與松花江艦隊慘遭覆滅，旅長韓光第等大批官兵殉國。東北多處地方被蘇軍佔領。

蔣介石與南京政府支持張學良發動收回中東鐵路、驅逐蘇聯商業機構的行動，張學良、王樹常、胡毓坤、于學忠、鄒作華、沈鴻烈雖未能於該役獲勝，但是積極抵抗蘇聯紅軍的態度與立場，同江之役、綏芬河戰鬥、東寧縣戰鬥、卡倫戰鬥、密山戰鬥、汪清戰鬥、滿州里戰鬥、富錦戰鬥、東寧戰鬥……，以上一連串的戰鬥，中國軍隊損失巨大，但卻讓東北軍將領獲得了中華民國國軍首批青天白日勳章。

如中東路戰爭，是中國軍隊因中國主權而與蘇聯發生的戰爭。其結果是東北邊防軍大敗，損兵折將不說，中東鐵路的主導權徹底淪爲蘇聯之手。但考慮到國際局勢以及對內的安撫等諸多政治因素，國民政府決定頒發給張學良等六位高級將領以青天白日勳章，此亦是該勳章正式頒發之始。

蔣介石對青天白日旗情有獨鍾，因為東北也掛上了這面旗，張學良有難當然要情義相挺，對死在這面旗幟下的軍人要紀念，因捍衛這面旗幟而對外作戰有功的軍人更要獎勵，尤其是對蘇聯侵略者的作戰，蔣介石製作了軍人最高榮譽的勳章：青天白日勳章（見圖2-1），獲得者資格非常嚴格，條件特苛，整個二十世紀前半段也只有兩百餘位軍人獲獎。兩百零七位中，受勳時，有中央軍、東北軍、西北軍、桂軍、粵軍、晉綏軍等等，但無一共軍；朱德、林彪、彭德懷等八路軍將領皆未獲得，因為功不及勳。

青天白日勳章以抗戰時期獲得的人數最多，但是，如嚴格按照戰功內容，獲獎的人數應該不應如此之高，但是在那個即將亡黨亡國的危機年代，蔣介石不能不在整體考量之下，為著國軍維持作戰能力，堅持長期抗戰方針，不得不降低要求，藉以激勵士氣，其不得已之處也令國人同情與認同。

執照保留勳獎章加給星標等，均以證書執照為準，凡奉頒證書或執照一幅，即算勳章或獎章一座，申請安葬特勳區者，須檢附國光勳章或青天白日勳章證書執照，所頒發的勳獎章都可以申請頒發（請領）獎金。（見圖2-2）

至於說該獎章是所謂的免死金牌，那又是太過於誤解了，根本不具任何法律上的救命效果，只是以訛傳訛，不但模糊了該獎章的真正意義，也褻瀆了獲獎者高貴偉大的愛國情操。

抗戰以來第二枚「青天白日勳章」授勳蔣中正：一九三二年，完成北伐統一中國大業。

一九三〇年中東路事件獲得青天白日勳章者：張學良、王樹常、胡毓坤、于學忠、鄒作華、沈鴻烈：然而，設立早期頒發的目地爲的是激勵士氣，但是隨之而來的一九三一年東北抗日義勇軍，則是不折不扣的對侵略者給予無情的軍事打擊，以馬占山、蘇炳文、李杜等爲首的義勇軍，在短短不到兩年中，發起了不下五次的大型戰鬥，最著名的是江橋抗戰，他們著名的東北救國軍（義勇軍）致中央抗日電，義正辭嚴，獲得全國上下一致的欽佩。

◎江橋抗戰（一九三一年十月十六日～一九三一年十一月廿一日）

東北主權爭議無法簡單解決。當蘇聯、日本甚至英法等國家都想爭取疆域來擴大政經權力，其中便沒有甚麼道理可講。國際法的實施背後是強權，不是公義。中國可以據理力爭，站在道德的高地，但卻需同時顯示力量，直接地抗拒外國侵佔本國土地，若做不到這點，政府便不稱職，特別是國民黨政權是從推翻軍閥與打倒帝國主義目的而來，在維護國家主權時軟弱無能，便否定了國民政府執政的精神。

中東路事件後，對中國造成了深遠的影響，中國知道以當時的軍力，同時對抗入侵蒙古的蘇聯和意圖入侵滿洲的日本，是暫時無法辦到的。蘇聯勢力的擴張使日本關東軍更加急迫的想在滿洲採取行動，而東北軍的迅速潰敗，暴露了東北軍外強中乾的實際情況，也堅定了關東軍在東北採取行動的信心。兩年後（一九三一年），日本便發動九一八事變。

九一八事件，蔣介石並非主導者，完全在狀況外，主要負責任者是張學良與行政院長汪精衛，但蔣介石身爲最高軍事負責人，他卻必須擔負起不抵抗的罵名，必須下臺負責。

事變之後第一次反擊戰叫江橋抗戰，是國民革命軍所屬東北軍與日本帝國陸軍和投降日本的漢奸力量，在第二次中日戰爭中，日本侵略中國東北時一場小規模的戰鬥。它標誌著黑龍江戰役的序幕。日本主要目標：修復橋梁，佔領後，使得坦克車、甲車、砲車等車輛能夠順利進入東北，並且進而佔領華北而作準備。

一九三一年九月下旬，日本佔領遼寧、吉林兩省後，即著手謀取黑龍江省，認爲「此刻正是奪取北滿的絕好機會」，但是如果關東軍準備進入這個地區，當然對蘇關係也不能置之度外，所以未敢貿然直接出兵，而是收買利用漢奸爲其效勞。於是以黑龍江省長、接濟軍火、擴充武力、給予金錢爲利誘，收降了洮遼鎭守使張海鵬。

江橋抗戰時，張學良雖然電令馬占山死守勿退，但張駐錦州部隊「毫無戰鬥準備」，馬占山可謂孤軍奮戰，未獲駐防錦州一帶東北軍的實際援助。江橋戰鬥結束後，張學良受到社會輿論的猛烈抨擊。上海救國聯合會說「黑省馬軍，孤軍抗日，效忠疆場，張學良未能撥援」。全國學生抗日救國聯合會亦電請政府「嚴懲張學良，克日出兵」。

日本軍有坦克車、各式戰甲車、各式火砲及飛機支援，致使東北政府軍因爲武器、設備不如人而嘗敗績；修復好的橋梁令日軍及其裝甲火車可作進一步的前進。

儘管未能守住大橋，馬占山將軍成了中國的民族英雄，江橋抗戰得到了中國和國際新聞的廣泛報導。宣傳激發了更多的志願者參加抗日義勇軍。

義勇軍全銜是東北民眾救國軍委員會，蔣介石非常佩服馬占山與蘇炳文兩人的軍事抗日，因此戰後立即將兩人列入軍事委員會出任委員，其地位不可謂不高，也顯示他對任何以軍事力量具體抗日的軍人，絕對視做最親密的戰友與同志，藉已顯示對革命軍人捨家報國的最高崇敬。

在抗日爆發後的一九四〇年，甚至任命萬福麟、鄒作華、馬占山、繆澂流分任遼寧吉林黑龍江與熱河省主席，這四位將領對抗日都做出很大的貢獻。義勇軍最多時有十數萬，參加的黨派以國民黨爲主，參加的民族以漢族爲主，朝鮮人、蒙古人、蘇聯人、白俄人甚至日本人也有。

以馬占山、蘇炳文、李杜、馮占海、王德林等原東北軍將領爲主，陣亡的將領十數位，雖然一些有經驗的各朝代（**大清帝國、滿州國、東北政府**）歸鄉復員軍官和一些前朝正規部隊戰士、散兵游勇招募參與，但大多數志願者皆爲農民，沒有軍事經驗。

這些非正規軍人仍從一九三二年起，成爲在中國東北地區主要的各式各樣抗日隊伍（**或是敵後騷擾游擊、鋤奸團、特遣隊、保安隊**），構成了對日軍的嚴重威脅。

九・一八事變時，黑龍江省有東北軍三萬餘人，分別駐紮蘭屯、海拉爾、黑河、克山、滿洲里、拜泉等地。十月十日，張學良任命黑河警備司令兼步兵第三旅旅長馬占山爲代理黑龍江省主席，兼代東北邊防軍駐黑龍江省副司令官，任命謝珂爲軍事副指揮兼參謀長。在持續三十七天的江橋戰役中，我抗日軍兵力兩萬人左右，日本關東軍兩萬餘人，張海鵬逆軍一萬餘人。在敵重我寡、敵優我劣的不利形勢下，取得斃傷敵萬餘人（**其中日軍傷亡六千餘人**）。

東北抗日聯軍簡稱東北抗聯，是中國東北抗日武裝，前身是一九三三年五月成立的東北人民革命軍。另一前身是義勇軍，一九三一年九一八事變以後，遼寧、吉林、黑龍江三省人民組織游擊隊，聯合東北抗日義勇軍，於長白山、三江平原、小興安嶺等地開展游擊戰爭，對抗日本關東軍。

一九三一年至一九四五年，東北抗日聯軍在極其艱苦的情況下和日軍作戰。著名的烈士有楊靖宇、趙尚志、趙一曼，以及八女投江事蹟中的烈士冷雲（鄭志民）、胡秀芝、楊貴珍、郭桂琴、黃桂清、王惠民、張福順（安順福）、李鳳善，等等。雖然成員許多是共產黨員，但在組織上仍屬國民政府承認的軍隊，與延安中國共產黨沒有任何關係，東北抗聯在重慶有辦事處（見圖2-3）。

軍統在該軍也有組織，主要是由情治諜報單位如軍統、中統爲主，在一份抗聯駐渝辦事處的公文中記載：調查了東北敵僞之政治機構及其人事情形，並飭長春情報站編印成報告提供給外交部參考，另一份戴笠親筆信要求情報員策反僞軍並在難民裡安插東北籍諜報員，在東北與日本人進行了不懈的鬥爭（見圖2-4）。

◎淞滬抗戰（又稱一二八事變，一九三二年一月～一九三二年三月）

一九三二年一月廿八日，日本挑起事端，派海軍陸戰隊登陸上海。十九路軍即奮起迎戰抵抗，前仆後繼，浴血奮戰三十三天，迫使日軍三易主帥，損兵一萬多，打破了日軍不可戰勝的神話，是爲名留青史的「淞滬會戰」。

十九路主要由廣東人組成，在廣東民間資助下跟隨國父孫中山北伐，後來爲應對日軍入侵，被調往上海設防。一九三二年，華僑捐出十萬大洋，十九路軍拿出部分撥款，在廣州市沙東路建成一座「十九路軍淞滬抗日陣亡將士墳園」，以紀念陣亡將士。該墳園於一九三三年建成，是如今十九路軍淞滬陣亡將士陵園的前身。在此之前，曾於抗戰後有抗戰英雄羅桂芳建請在上海建一座十九路軍墓園，因故未成，但國府十分重視，曾積極配合，但終究因人力物力不夠，改在老家廣州蓋一紀念墓園（見圖2-5）。

還在淞滬之戰的緊張關頭，蔣介石曾經在日記中寫道：「凡我中國之寸土失地皆灑滿吾中華民族黃帝子孫之血跡，使我世世子孫皆踏此血跡而前進，永久不忘倭寇侵佔與慘殺之歷史，必使倭寇侵略之武力摧毀滅絕，期達我民族鬥爭最後勝利之目的。「淞滬之戰雖然失敗了，但是，中國軍人所表現出來的浴血苦戰、視死如歸的愛國精神與犧牲精神必將長留在中華民族的史冊上。」

民國二十一年一二八淞滬戰役，國民政府於同年十月三十一日獎敘有功將領，計有：蔣光鼐（前第十九路軍總指揮）、蔡廷鍇（第十九軍軍長）、張治中（前第五軍軍長兼八十七師師長）、沈光漢（第六十師師長）、毛維壽（第六十一師師長）、區壽年（第七十八師師長）、俞濟時（第八十八師師長）、戴戟（見圖2-6）。

爲了肯定戰功、激勵士氣，蔣介石決定以最高規格表彰戰鬥英雄，贈勳典禮在國民政府大禮堂隆重舉行，全體職員一律參加（見圖2-7），同時十九路軍將領已多前往福建任上，國府還派專人送到福州由大員頒授，顯示國府對嫡系或非嫡系部隊一視同仁，十分肯定，甚至顯示出蔣公對十九路軍將領的尊敬與重視（見圖2-8）！

原本軍政部請獎公文只請敘獎有功最高級將領，也就是師長以上或中將級以上高階軍官，但為了激勵士氣，將授勳標準改為少將旅長級別，另外又為了激勵士氣，原本需有特殊戰功者才能得到的青天白日勳章，仍於民國二十二年一月九日頒發翁照垣（第七十八師第一五六旅旅長）、譚啓秀（前吳淞要塞司令）、張炎（第六十一師第一二二旅旅長）、錢倫體（第八十八師第二六四旅旅長）等四員青天白日章。另外給予黃強等十八名中高階軍官甲種一等獎章，唐德煌等九員官兵甲種二等獎章，由行政院補辦手續，轉請國民政府頒發（見圖2-9），蔣先生在抗戰前大規模頒發軍功獎章，如華北抗日有功將士四千四百七十六員，其目的希望國軍能從戰爭中體驗軍人的榮譽感。

◎長城抗戰（一九三三年一月～一九三三年五月）

◎熱河抗戰（一九三三年二月～一九三三年二月）

長城大會戰、長城抗戰，為保關內安全，蔣對長城抗戰態度堅定，大有寧為玉碎不為瓦全之勢。

一九三七年七月抗日戰爭全面爆發前，一九三三年日滿勢力向關內擴張，圍繞長城一線發生的數場戰役，與熱河戰役相連接。一九三三年，日本以熱河省地方官員表示歸附僞滿洲國爲由，與僞滿洲國軍隊進軍熱河，省主席湯玉麟不戰而逃；之後日軍進攻山海關、長城各隘口與熱河，國民政府派遣宋哲元、馮治安、張自忠、劉汝明、關麟徵、黃杰與劉戡與日軍在義院口、冷口、喜峰口、古北口、羅文峪、界嶺口憑險固守，但最終由於軍備不良、戰力消耗殆盡、戰略位置喪失而撤退。

王以哲部東北軍屬於參戰部隊。長城抗戰是中日十四年抗戰的第二次大規模主力戰，這次會戰中，以中央軍，西北軍爲主的中國二十多萬主力和日軍十萬主力激烈對抗，雙方在長城幾十公里的區域內血戰了整整一百多天，最終以雙方簽訂〈塘沽協定〉，何應欽將政權與軍隊交給宋哲元作爲結束（見圖2-10）。

中國軍隊以血肉鑄成的一道道長城，誓死阻擋裝備精良的日軍精銳主力陸海空三軍的聯合進攻戰鬥中，中國軍隊冒著可怕的日軍炮火拼死作戰，基本是死光一層退一步，其中各種可歌可泣的故事，足以令翻看這段歷史的後輩人感慨不已。

由於以上的戰功，第廿九軍的高級軍官共十一人，包括宋哲元、馮治安、張自忠、劉汝明以及第十七軍的關麟徵、黃杰、劉戡，在一九三五年獲頒青天白日勳章。

後者長城抗戰在戰爭結束後並未考慮頒發勳章，但當一九三五年華北局勢開始變得日益複雜之後，國民政府爲穩定華北和西北地區的駐軍，特擴大頒發當年的參戰者宋哲元等四十九位各級軍官以青天白日勳章。

坊間流傳，說青天白日勳章只授予高級將領，中下級官兵都無緣獲頒。筆者在此必須指出，這個說法是不正確的。

在長城抗戰中獲勳的第二師工兵營少校營長何蕃、第一一七師少校參謀黃心培、第一二九師六八四團第三營少校營長黃理寰、第一三九師七一七團第一營少校營長王長江、第一一五師六四三團第一營營長賈鳳鳴、第一〇七師六一九團迫擊炮連上尉連長楊汝維等得青天白日勳章外，還有一百二十四員官兵獲頒甲種一等勳章，徐寶筵等四百六十九員官兵獲頒二等獎章，賀連才等三百四十五名官兵獲乙等獎章，王雲川等二百二十六名獲乙種貳等獎章一座，這幾乎已達到士兵最基層階級，獲獎者兵多於官。

至於整個保衛華北抗日有功將士，據軍事委員會統計總共高達四千四百七十六員名，計青天白日獎章四十八名；陸海空軍甲種一等獎章一百二十三員；二等四百六十七員；乙種一等三百四十五員；二等二百二十八名；嘉獎者三千兩百六十五員，可見蔣介石對華北戰場的重視程度（見圖2-11）。

青天白日獎章共四十八名：宋哲元、秦德純、黃杰、關麟徵、劉戡、張維藩、馮治安、張自忠、劉汝明、董英斌、李振唐、劉多荃、沈克、楊正治、張廷樞、李福和、常經武、王奇峰、呂濟、李俊襄、牛元峰、喻建章、張耀明、王治邦、黃維綱、李曾志、劉世榮、田澤民、牟中珩、張熙光、鄧玉琢、王佑之、趙鎮藩、司徒洛、熊正平、張文清、張漢初、孔慶桂、董升堂、林作楨、何蕃、黃心培、邱立亭、王理寰、王長江、賈鳳鳴、楊汝維、徐庭瑤（見圖2-12、2-13）。

◎綏遠抗戰（一九三六年十一月～一九三六年十二月）

一九三六年晉綏軍收復百靈廟的戰役。

百靈廟戰鬥發生於一九三六年十一月十日至廿四日，地點爲中國綏遠省東一帶，是抗日戰爭初期的主要戰鬥之一，也是綏遠抗戰一部份。該戰鬥交戰雙方分別爲國民革命軍及蒙古軍。中國軍隊領導者爲傅作義，蒙古王公軍隊領導者爲德王。最後，綏遠軍獲勝，奪回百靈廟。此後大漢義軍率軍對百靈廟發起反撲，試圖奪回百靈廟，惟最終被晉綏軍擊退。

在這場戰鬥中，大漢義軍副司令雷中田及偽軍五百餘人在戰鬥中喪生，兩百餘名偽軍被俘，日偽軍反攻百靈廟的嘗試徹底失敗。此後晉綏軍在錫拉木楞廟附近對大漢義軍發起總攻，將該地區的大漢義軍幾乎全殲，部分大漢義軍將領率部投靠了晉綏軍。

戰爭最終以晉綏軍大獲全勝而告終，大漢義軍在此次戰爭中幾乎全軍覆沒，並最終被撤銷編制，日本方面因爲此次嚴重失利，而減少了在總攻中使用日偽軍的次數，綏遠抗戰的勝利促進了中華民國的抗日救亡運動，推動中國抗日陣線的更快形成。百靈廟大捷也促使國民政府的對日政策趨向強硬。蔣中正也在十一月三十日公開讚揚百靈廟抗戰，說：「百靈廟之收復，實爲我民族復興之起點，亦即爲我國家安危最大之關鍵」。

二、國軍革命軍誓師十週年紀念勳章

蔣介石領導黃埔師生爲骨幹的國民革命軍北伐統一了中國，對北伐成功，蔣是十分重視的，因爲這是國父孫中山的遺願，蔣先生做到了，因此在十年後製訂一枚紀念勳章，普遍頒發給北伐有功人員（見圖2-14），這枚勳章中心爲先總統 蔣公中正任國民革命軍總司令時肖像，章爲十字型，背面爲九層寶塔之圖案。紀念在蔣總司令領導下北伐戰役中卓有功勳者。

身爲一個軍人，蔣介石十分重視北伐成功，對投入北伐的國民革命軍士官兵也十分感激，因此在十年後特別製作了「誓師北伐十周年紀念章」，對著有戰功的將士頒發這項榮譽，四大軍團總司令蔣介石、馮玉祥、李宗仁、張學良都獲獎（見圖2-15至2-18）；連周恩來都因是黃埔軍校政治部代副主任而獲頒發，外國顧問也獲獎（見圖2-19），宋美齡以隨軍鼓舞士氣而獲獎（見圖2-20）；廣東將領起義來歸將領及飛行員等也都獲獎（見圖2-21、2-22）。

尤其難能可貴的是叛變中央的粵系將領李濟深、陳銘樞、蔣光鼐、蔡挺鍇也都專案頒發（見圖2-23），同時一度還因姓名查證而耽誤了頒發時間（見圖2-23），另外也因補發原因必須說明辦理（見圖2-24），可證中央的重視程度。

北伐時期的四大集團軍總司令蔣介石、馮玉祥、李宗仁、閻錫山都頒發了此勳章，不管後來又兵戎相見，國民政府以林森主席名義，終歸以軍人最高榮譽酬庸之，這對鼓勵士氣、促進團結起了很大的作用。

此章於中華民國二十五年七月八日於國民革命軍誓師十週年紀念日頒行，為襟綬，有表，不分等級。

此章頒給凡自民國十五年廣州北伐誓師以後，迄十七年統一全國期間，在革命過程中，師長以上之將領，及中將階以上之幕僚，卓有功績者。民國二十五年七月八日公佈「國民革命軍誓師十週年紀念頒發紀念勳章辦法」，規定國民革命軍誓師十週年紀念勳章，主要的目的還是為了團結，因為蔣先生已感覺到中日必將一戰，必須槍口一致對外。

三、抗戰勝利勳章

抗戰勝利獎章是為了表揚在抗戰中的貢獻，此章於民國三十四年十月十日公佈「頒給勝利勳章條例」，規定抗戰勝利勳章，三十五年一月八日頒行，奉核定頒授期間以一年為限。為襟綬，有表，不分等級。頒給凡對於抗戰期間著有勳勞之中華民國官民，暨對我抗戰有貢獻之外籍人士。於勝利後的第二年的雙十節隆重頒發，士農工商黨政軍各界都有代表獲獎。

這獎章頒發數量甚眾，達千人之多，連共軍將領朱德、彭德懷與葉劍英都因分任十八集團軍總司令、副總司令、參謀長，因軍功獲獎（見圖2-25）。周恩來也因擔任軍委會政治部副部長，以及戰地政委會委員的身分獲獎。

另外還有其他名目獎項由各單位呈報給獎，像參政院參政員董必武表現優秀，也因兼任立法委員及對外交的貢獻而獲獎，這個獎是景星勳章二等獎，比勝利勳章還寶貴，許多德高望重的名人如左舜生、傅斯年、陳啓天等黨政官學要人只得到三等勳章，軍委會幕僚人員更低（見圖2-26、2-27）。

陸海空軍敘勛規則

第一條　凡授與陸海空軍勛章應依本規則第二第三兩條所定

功績款目授與之

第二條　青天白日章以於攘禦外侮時著有左列勛績之一者授

與之

一、奪獲敵軍重要地點或軍旗大砲及重要軍備者

二、堅守要隘使敵不得逞致我軍克奏膚功者

三、斷絕敵軍交通或奪獲敵軍糧餉軍械戰局因以

奏功者

四、運籌適宜致獲全功者

圖2-1

蔣介石對青天白日旗情有獨鍾，對死在這面旗幟下的軍人要紀念，因捍衛這面旗幟而對外作戰有功的軍人更要獎勵，蔣製作了軍人最高榮譽的勳章「青天白日勳章」。

五、戰鬬間處置妥善使全軍或一部得重要之勝利者

六、冒險前進偵得敵人重要軍情致獲全勝者

七、殲殪或捕獲敵軍重要人員者

八、於最困苦缺乏之時毅然從事戰鬬足振起他人之志氣者

九、戰時辦理戰線後方事務成績最著者

十、冒險破壞敵之伏置水雷或障碍物得以開導我艦之進路者

十一、冒險伏置水雷得以轟沉敵之軍艦或加危害使之失其戰鬬力者

十二、冒險衝破敵人之包圍或封鎖以若戰鬬運輸之途然得達其

圖2-1

目的者

十三、首先佔領敵之砲台港灣或有守備之城市者

十四、奪獲或轟沉敵方軍艦或軍用船隻者

十五、冒險入敵之港灣破壞其軍艦者

十六、冒險封鎖敵之港灣得盡其任務者

十七、我軍艦護送多數船舶與敵之優勢艦隊相遇劇戰之後所護送船舶得安全航到其目的地者

十八、冒險飛入敵境炸燬敵之重要陣地要塞軍艦兵站交通線司令部等使敵動搖或敗退者

十九、在敵軍低度冒險飛行掃射敵人戰壕或施放烟彈

圖2-1

使敵潰敗者

二十、冒險飛入敵境炸燬敵之兵工廠彈藥倉庫等使敵受重大損害者

廿一、於兵要區域內擊退敵人多數飛機因免去重大損害者

廿二、捕獲或擊落敵之飛機者

廿三、冒險偵察報告精確賴以洞悉敵情因獲勝利者

圖2-1

附勳章執照式樣

陸海空軍勳章執照

國民政府為

給與　等勳章一座用示鼓勵

中華民國　年　月　日

字第　號

圖2-2
勳章遺失可以補發，但是執照遺失則較為嚴重，甚難補發。

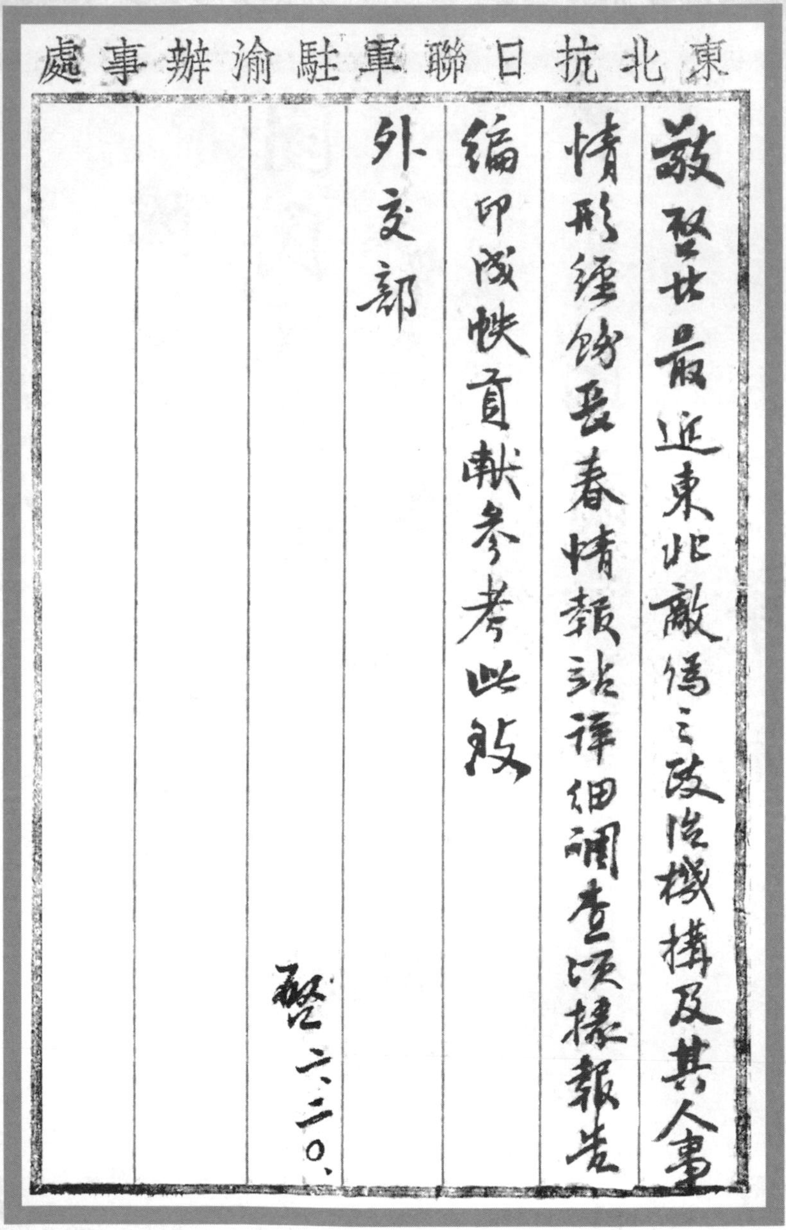

東北抗日聯軍駐渝辦事處

敬啓者 最近東北敵偽之政治機構及其人事情形經飭長春情報站詳細調查頃據報告編印成帙貢獻參考此致

外交部

啓 六、二〇、

圖2-3

抗聯成員許多是共產黨員，但在組織上仍屬國民政府承認的軍隊，東北抗聯在重慶有辦事處，義勇軍與抗聯都受重慶國民政府指揮的，在一份抗聯駐渝辦事處的公文中記載：調查了東北敵偽之政治機構及其人事情形，並飭長春情報站編印成報告，提供給外交部參考。

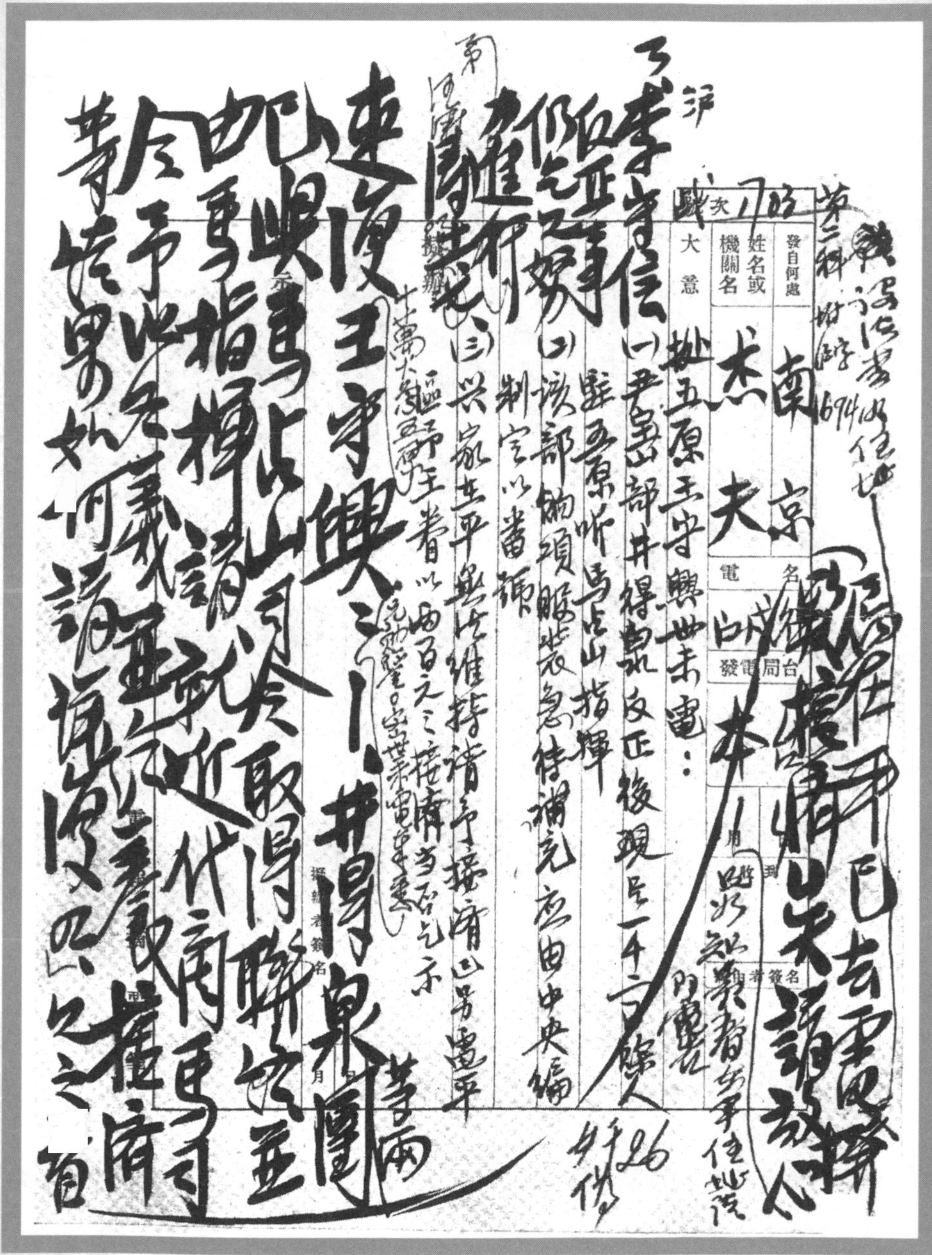

發自何處：南京
姓名或機關名：杰夫
電名
發電局台
大意：據五原王守興世未電：(一)井岳部井得泉反正後現只一千六百餘人，駐五原听馬占山指揮；(二)該部餉項服裝急待補充，應由中央編制定以番號；(三)興家在平無法維持，請予接濟，以免遭平
擬辦：區部主着以兩百元之接濟，當否乞示
摘錄者簽名
月　日

圖2-4

特急。南京軍事委員會辦公廳賀主任次公鈞鑒。密。感申電今日自前方回滬已奉悉。關於運用東北人士偽裝難民潛入偽滿軍隊擔任宣傳與聯絡一節甚關重要，晚當遵命辦理。刻

圖2-4

軍統在兩軍也有組織，主要是由情治諜報單位如軍統、中統為主，一份戴笠親筆信，要求情報員策反偽軍並在難民裡安插東北籍諜報員，在東北與日本人進行了不懈的鬥爭。

英勇抗戰諸先烈墳墓，請賜予褒揚，並飭委盧興原
等襄助伏乞酌撥款項或飭令上海錢市長派员協助
俾得早觀厥成函一件，奉
諭「交行政院」等因，相应检同原件，函達
查照。此致
行政院
計檢送原函一件名單一份緣起一份

監印陳光？

圖2-5

抗戰後有位戰鬥英雄羅桂芳建請在上海建一座十九路軍墓園，因故未成，但國府十分重視，曾積極配合，但終究因人力物力不夠，改在老家廣州蓋一紀念墓園。

軍政部呈請獎敘二十一年參加淞滬戰役有功最高級將領銜名清冊

職別	姓名	擬給予勳章	曾受何種勳獎章
前第十九路軍總指揮	蔣光鼐	青天白日章	二等寶鼎章
第十九軍軍長	蔡廷鍇	〃〃〃	〃〃〃
前第五軍軍長兼第八十七師師長	張治中	〃〃〃	一等寶鼎章
第六十師師長	沈光漢	〃〃〃	四等寶鼎章
第六十一師師長	毛維壽	〃〃〃	〃〃〃
第七十八師師長	區壽年	〃〃〃	〃〃〃
第八十八師師長	俞濟時	〃〃〃	三等寶鼎章
淞滬警備司令	戴戟	〃〃〃	〃〃〃

圖2-6

國民政府文電摘由單

來文機關或人名	文別	文到日期	附件
參軍處典禮局	函	十二月三十日	名單一紙

事由	擬辦	批示
奉諭定二十二年元旦日上午十時在本府大禮堂舉行授與張治中等三員青天白日章典禮特函達查照轉知全體職員屆時參加觀禮	擬通告[illegible] 十二、卅	如擬 十二、卅

中華民國二十一年 月 鄭谷 日 時到

圖2-7

簽呈　二十一年十二月十六日

謹簽呈者案准文官處函開為頒發蔣光鼐等青天白日章八座經呈奉
鈞諭函知查例辦理等因竊查此次頒發青天白日章各員除張治中等三員
均在京滬自應於其來京時呈請親授外至蔣光鼐等五員遠在閩省自可
援照十八年給予東北各將領青天白日章一案辦理惟前次適以吳委員鐵城
在遼奉　諭由本局派員專送吳委員代授此次既仍由本局賫送往閩應否
遴派專員抑指派當地大員代授之處理合呈請
鑒核批示祇遵謹呈
參軍長　呂　轉呈
主席　林
附名單一份

國民政府參軍處典禮局局長張希騫

圖2-8

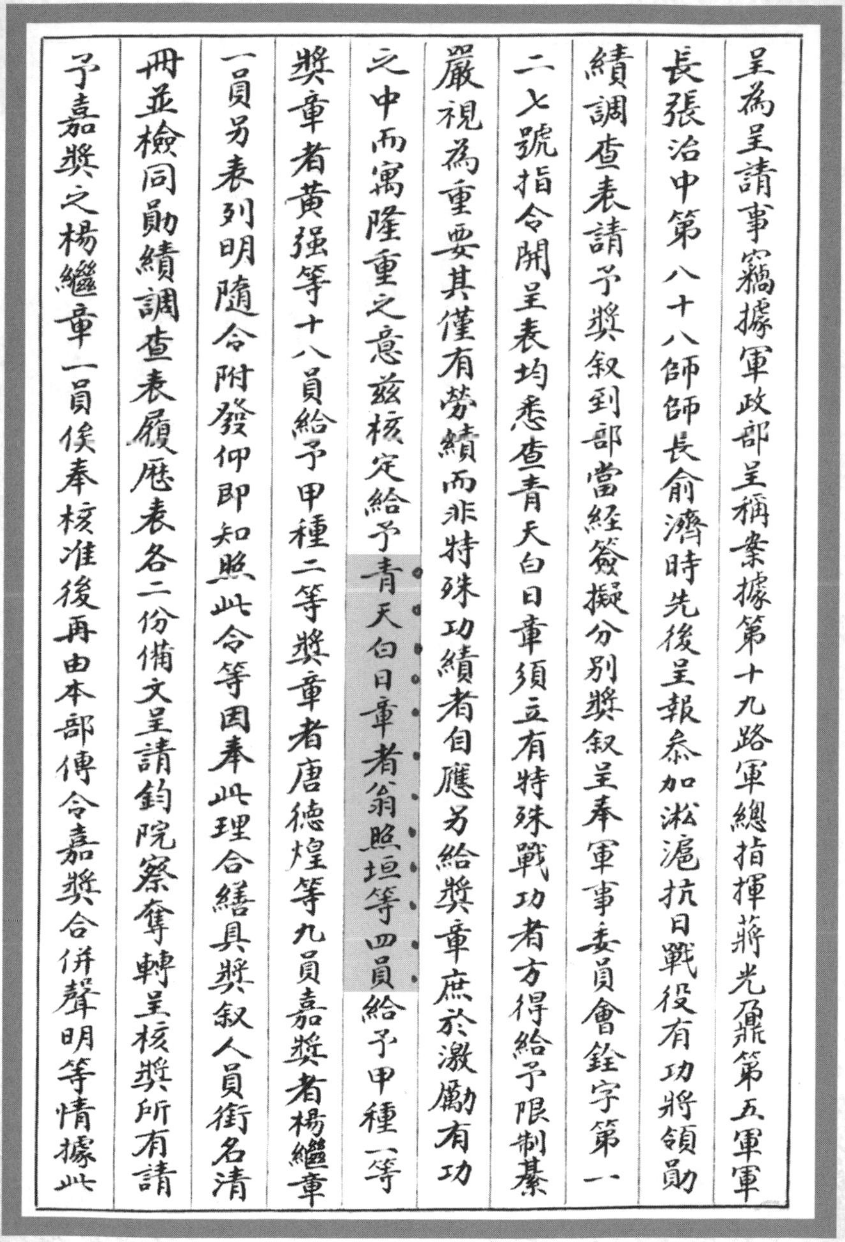

呈為呈請事竊據軍政部呈稱案據第十九路軍總指揮蔣光鼐第五軍軍長張治中第八十八師師長俞濟時先後呈報參加淞滬抗日戰役有功將領勛績調查表請予獎敘到部當經簽擬分別獎敘呈奉軍事委員會銓字第一二七號指令開呈表均悉查青天白日章須立有特殊戰功者方得給予限制綦嚴視為重要其僅有勞績而非特殊功績者自應另給獎章庶於激勵有功之中而寓隆重之意茲核定給予青天白日章者翁照垣等四員給予甲種一等獎章者黃強等十八員給予甲種二等獎章者唐德煌等九員嘉獎者楊繼章一員另表列明隨令附發仰即知照此令等因奉此理合繕具獎敘人員銜名清冊並檢同勛績調查表履歷表各二份備文呈請鈞院察奪轉呈核獎所有請予嘉獎之楊繼章一員俟奉核准後再由本部傳令嘉獎合併聲明等情據此

圖2-9

蔣先生在抗戰前大規模頒發軍功獎章，其目的希望國軍奮勇殺敵，能從戰爭中體驗軍人的榮譽感。

查此案既經該部呈奉軍事委員會核定自應准予照辦除指令該部先將楊繼章一員即由部傳令嘉獎外其翁照垣等三十一員應請

鈞府核准分別獎敘是否有當除將冊表抽存一份外理合具文呈懇

鈞府鑒核示遵謹呈

國民政府

計檢送請獎人員銜名清冊暨勛績調查表履歷表各一份

代理行政院院長宋子文

圖2-9

國民政府文電摘由單

來文機關或人名	文別	附件
中央政治委員會	函	

事由	擬辦	批示
據本會秘書處簽呈為准政府文官處函以准行政院函為軍委會北平分會應即撤銷特派何應欽為行政院駐平辦事長官特派宋哲元為冀察綏靖主任一案經陳奉明令發表並請中政會追認等因謹簽呈鑒核等情經提會決議追認錄案函達查照由	擬存查	如擬 十二、廿

中華民國二十四年十二月十九日

圖2-10

軍委會將何應欽改為行政院駐平辦事長，係增強西北軍宋哲元的權力，削弱中央的權，為的是加強宋為主的地方部隊抗戰意志，同時爭取準備時間，不過分刺激日本提前開戰，我方過早抗戰。

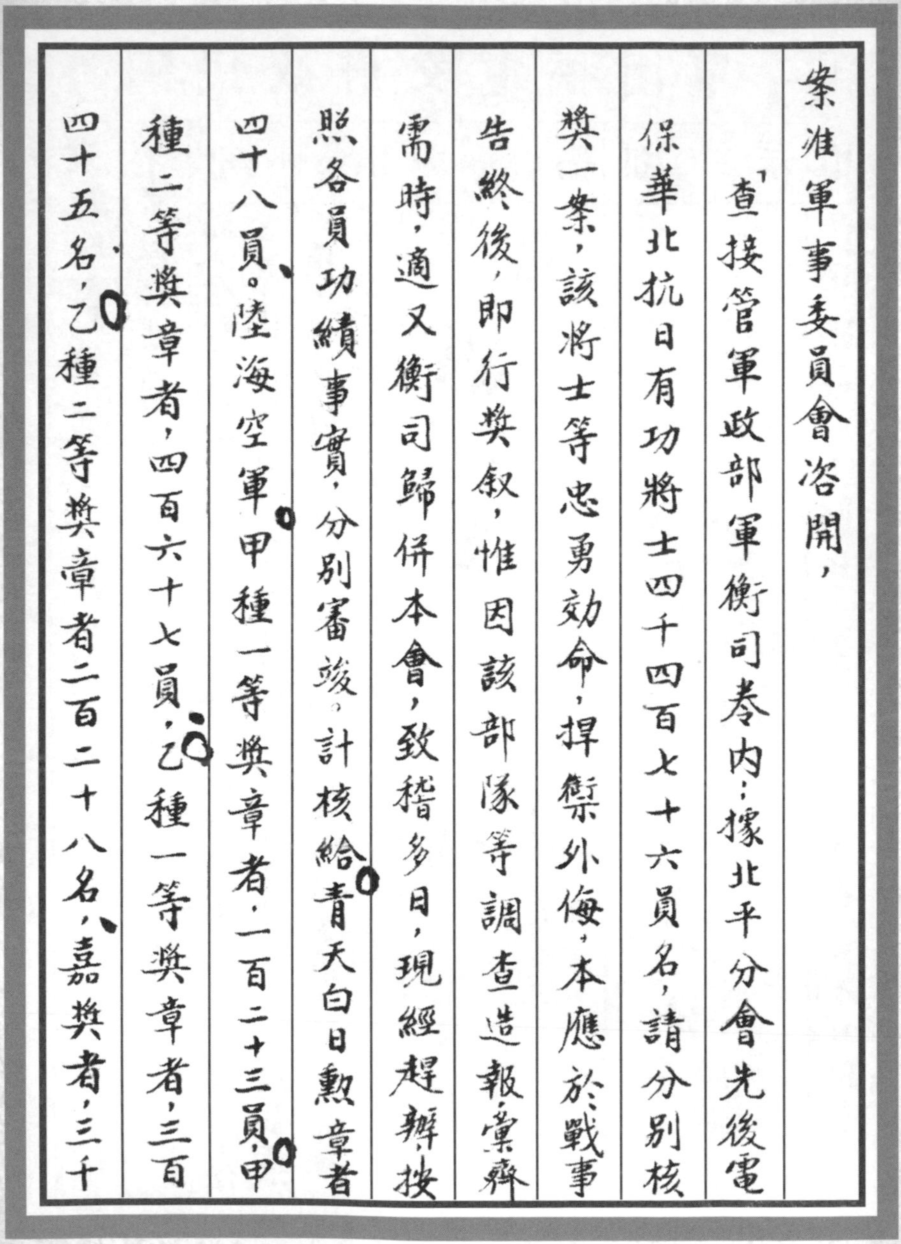

案准軍事委員會咨開，

「查接管軍政部軍衡司卷內：據北平分會先後電保華北抗日有功將士四千四百七十六員名，請分別核獎一案，該將士等忠勇効命，捍禦外侮，本應於戰事告終後，即行獎叙，惟因該部隊等調查造報彙齊需時，適又衡司歸併本會，致稽多日，現經趕辦，按照各員功績事實，分別審竣。計核給青天白日勳章者四十八員。陸海空軍甲種一等獎章者，一百二十三員，甲種二等獎章者，四百六十七員，乙種一等獎章者，三百四十五名，乙種二等獎章者二百二十八名，嘉獎者，三千

圖2-11

整個保衛華北抗日有功將士，據軍事委員會統計總共高達四千四百七十六名，包括青天白日獎章四十八名，可見蔣介石對華北戰場的重視程度，更說明蔣對地方部隊的抗日要求，在中央準備不及的情況下，惟有以榮譽換忠心。

二百六十五員名。除嘉獎部分，由本會令行外，所有擬給
勳章人員，相應開列銜名清冊，連同原送勳績調查
表、履歷表、兵籍表，一併咨送貴院，即希查照轉呈核獎為荷
等由，准此，查核尚無不合。理合檢同原件，備文呈請
鈞府鑒核，准如所請分別頒給勳章獎章。謹呈
國民政府
計檢呈軍事委員會請給勳章獎章人員銜名清冊各一份
原勳績調查表八十二本　原履歷表一百零八本　原兵
籍表三十三本
行政院院長汪兆銘

圖2-11

令

宋哲元、秦德純、黃杰、關麟徵、劉戡、張繼藩

、馮治安、張自忠、劉汝明、黃光華、董英斌、

李振唐、劉多荃、沈克、楊正詒、張廷樞、李

福和、常經武、王奇峯、呂濟、李俊襄、牛

元峯、喻建章、張耀明、王治邦、黃維綱、

李曾志、劉世榮、田澤民、牟中珩、張熙光、

鄧玉琢、王佑之、趙鎮藩、司徒洛、熊正平、張

圖2-12

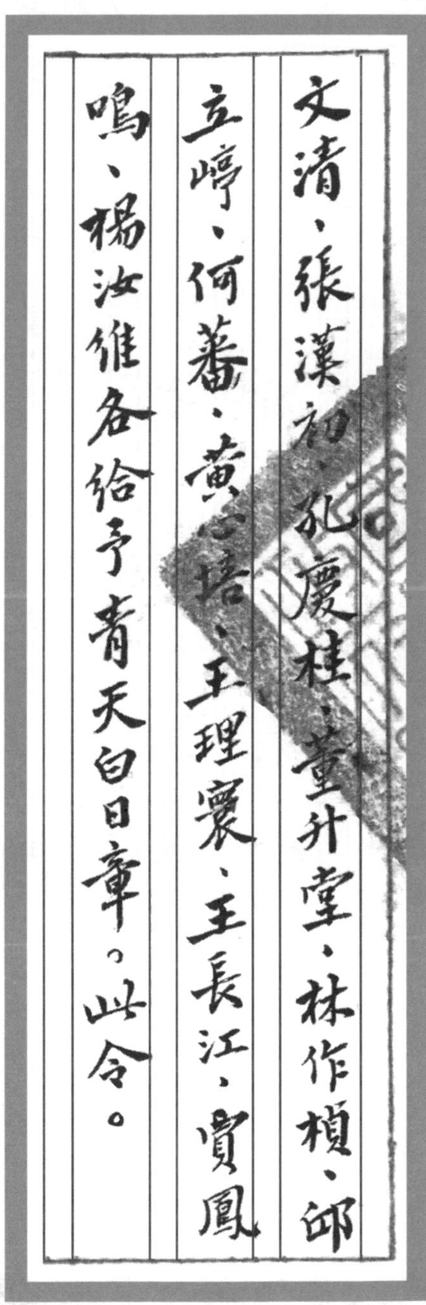

文清、張漢初、孔慶桂、董升堂、林作楨、邱立亭、何蕃、黃心培、王理寰、王長江、賈鳳鳴、楊汝維各給予青天白日章。此令。

圖2-12

指令　第一一八二三號

令行政院

呈准軍事委員會咨送有功將士請獎人員銜名清冊、及勛績調查表、履歷表，檢同原件，轉呈分別頒給勛章獎章由。

呈件均悉。案據[illegible]等四十八員，業已照令頒給青天白日章陳欽若等一百二十四員

圖2-13

、准各給予甲種一等獎章一座，徐寶筵等四百六十七員，准各給予甲種二等獎章一座，賀連才等三百四十五名，准各給予乙種一等獎章一座，王雲川等二百二十八名，准各給予乙種二等獎章一座，以資鼓勵。仰即轉行遵照。附件存。此令。

圖2-13

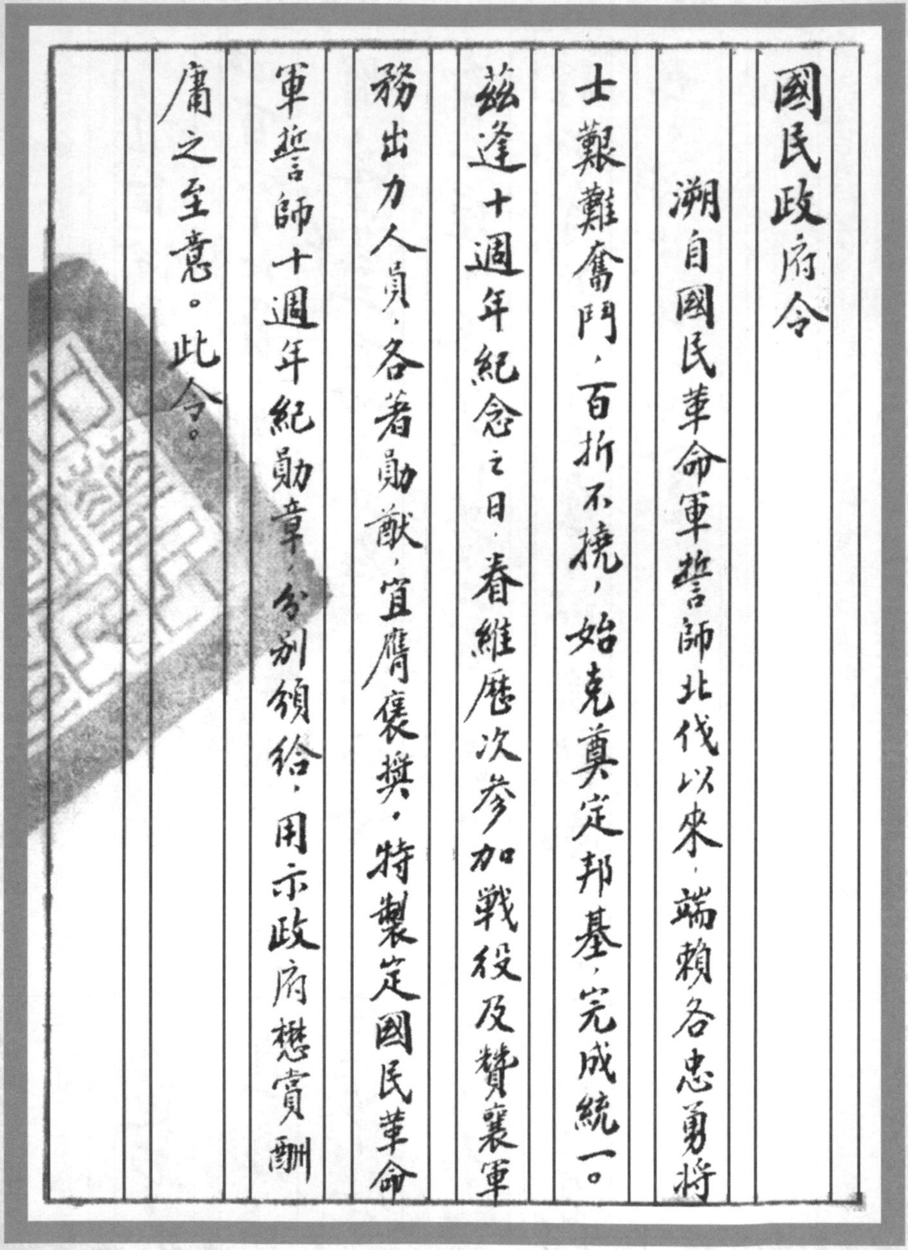

國民政府令

溯自國民革命軍誓師北伐以來，端賴各忠勇將
士艱難奮鬥，百折不撓，始克奠定邦基，完成統一。
茲逢十週年紀念之日，眷維歷次參加戰役及贊襄軍
務出力人員，各著勛猷，宜膺褒獎。特製定國民革命
軍誓師十週年紀勛章，分別頒給，用示政府懋賞酬
庸之至意。此令。

圖2-14
頒發此獎章時間在西安事變及抗戰爆發前夕，蔣頒此獎章給各路將領，目的是希望全國團結一致，本著北伐成功的前例共赴國難。

國民革命軍第一集團軍將領給予紀勳章銜名表

現職	革命過程中所任職務	姓名	備考
委員長	國民革命軍總司令	蔣中正	
軍政部部長	第一軍軍長第一路總指揮總參謀長等職	何應欽	
軍委會辦公廳主任	第三軍軍長總預備隊總指揮前敵總指揮等職	朱培德	
參謀總長	第六軍軍長江右軍總指揮等職	程潛	
訓練總監	第八軍軍長前敵總指揮等職	唐生智	
駐鄂綏靖主任	第一集團軍總參議	何成濬	
軍參院院長	第三七軍軍長第二軍團總指揮等職	陳調元	
內政部部長	江漢宣撫使戰地政務委員會委員長	蔣作賓	

圖2-15

國民革命軍第二集團軍將領給予紀勳章銜名表

現職	革命過程中所任職務	姓名	備考
本會副委員長	總司令	馮玉祥	
中央委員	國民軍聯軍總顧問	李烈鈞	
監察院長	國民軍聯軍駐陝總司令	于右任	
軍參院上將參議	總參贊	張之江	
	上將參贊	李鳴鐘	
	中將參贊	張樹聲	
軍政部次長	參謀長	曹浩森	
參謀部次長	參謀長	熊斌	

圖2-16

國民革命軍第三集團軍將領給予紀勳章銜名表

現職	革命過程中所任職務	姓名	備考
太原綏靖主任	總司令	閻錫山	
山西省政府主席	總參議	趙戴文	
本會參議	總參贊	溫壽泉	
	上將參議	趙丕康	
	上將參議	孔繁霨	
	上將參議	張樹幟	
本會參議	上將參議	臺壽民	
太原綏靖參謀長	參謀長	朱綬光	

圖2-17

國民革命軍誓師十週年紀念東北前直督軍將領頒紀勳章銜名表

現職	過去職務	姓名	備考
西北剿匪總司令部代總司令	軍團長	張學良	
前平分會委員	軍長	萬福麟	
軍參院上將參議	軍團長	張作相	
軍參院副院長	軍長	王樹常	
前平分會委員	軍長	胡毓坤	
軍參院中將參議	軍長	戢翼翹	
西北剿匪軍第二路總司令	軍長	于學忠	
軍參院上將參議	軍長	高維嶽	

圖2-18

指令　渝字第一三號

令行政院

二十八年三月二十日呂字第二七二四號呈一件，為准軍事委員會代電，請轉呈補發本會顧問蔡爾柏諾夫及政治部副部長周恩來國民革命軍誓師十週年紀勳章，轉呈鑒核施行由。

呈悉。業經照案補發矣。仰即轉行知照。此令。

國民政府令

周恩來給予國民革命軍誓師十週年紀勛章。

此令。

圖2-19

對於周恩來，蔣先生非常重視他的作用，不但將他與蘇聯顧問列入獎章受獎人，還另外單為他發布頒獎令，顯示抗戰初期蔣對蘇聯與中共的期許與重視。

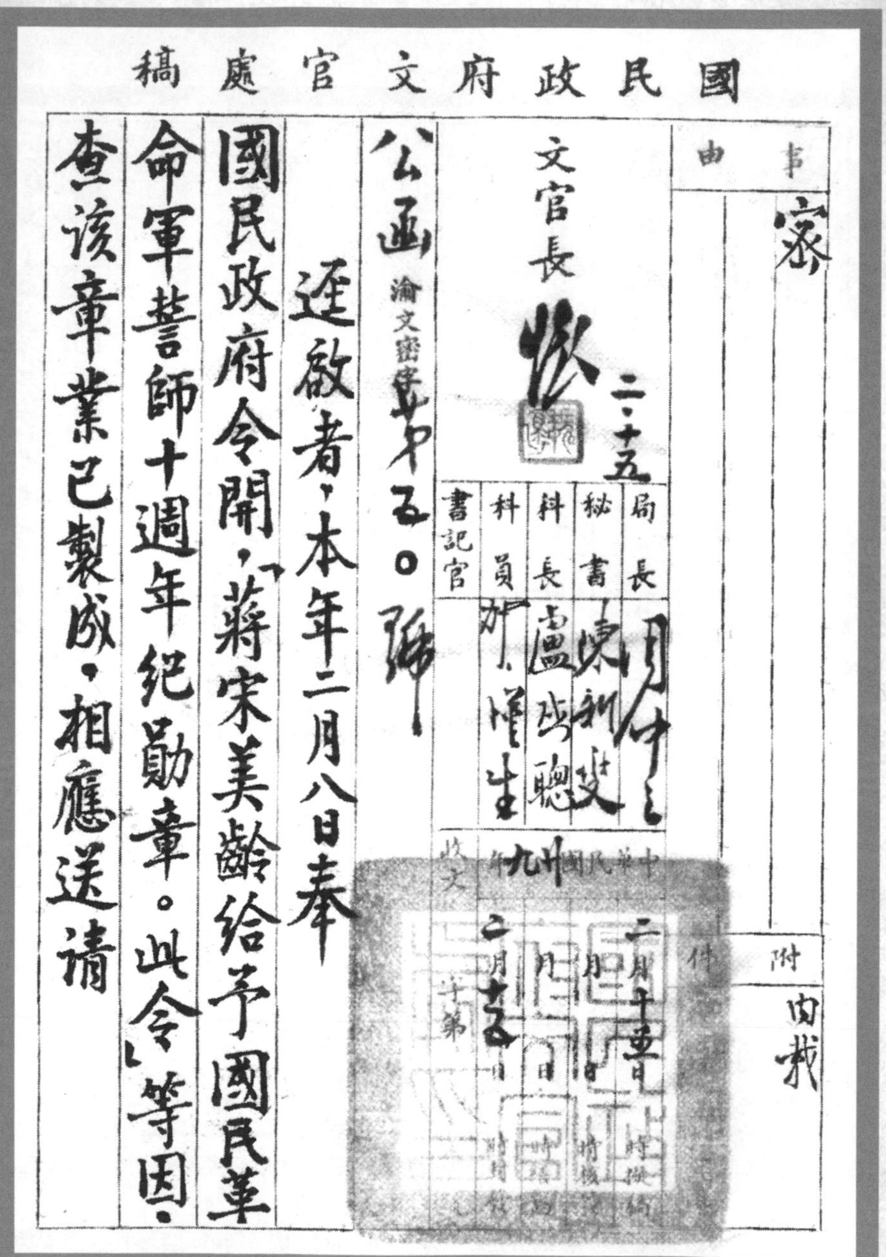

國民政府文官處稿

事由 密

文官長 [簽名] 二·二十五

局長 [簽名]
秘書 陳新[簽名]
科長 盧[簽名]聰
科員 [簽名]
書記官

公函 渝文密字第[illegible]號

逕啟者，本年二月八日奉
國民政府令開，「蔣宋美齡給予國民革
命軍誓師十週年紀勳章。此令」等因。
查該章業已製成，相應送請

附件 由[illegible]

圖2-20
蔣宋美齡以隨軍鼓舞士氣而獲獎。

事由

呈請頒發黃光銳等二員北伐十週紀念勳章由

行政院呈

准軍事委員會三十年十二月廿三日渝銓三字第三〇九號公函，請轉呈頒發黃光銳陳卓林兩員北伐十週年紀念勳章等由，理合抄檢原件呈請鑒核頒發並免予明令公佈。謹呈

國民政府

計抄呈原函乙件，檢呈勳績調查表一份。

中華民國廿年月日發 件號

圖2-21
兩廣事變，廣東將領起義來歸，將領及飛行員等也都獲獎。

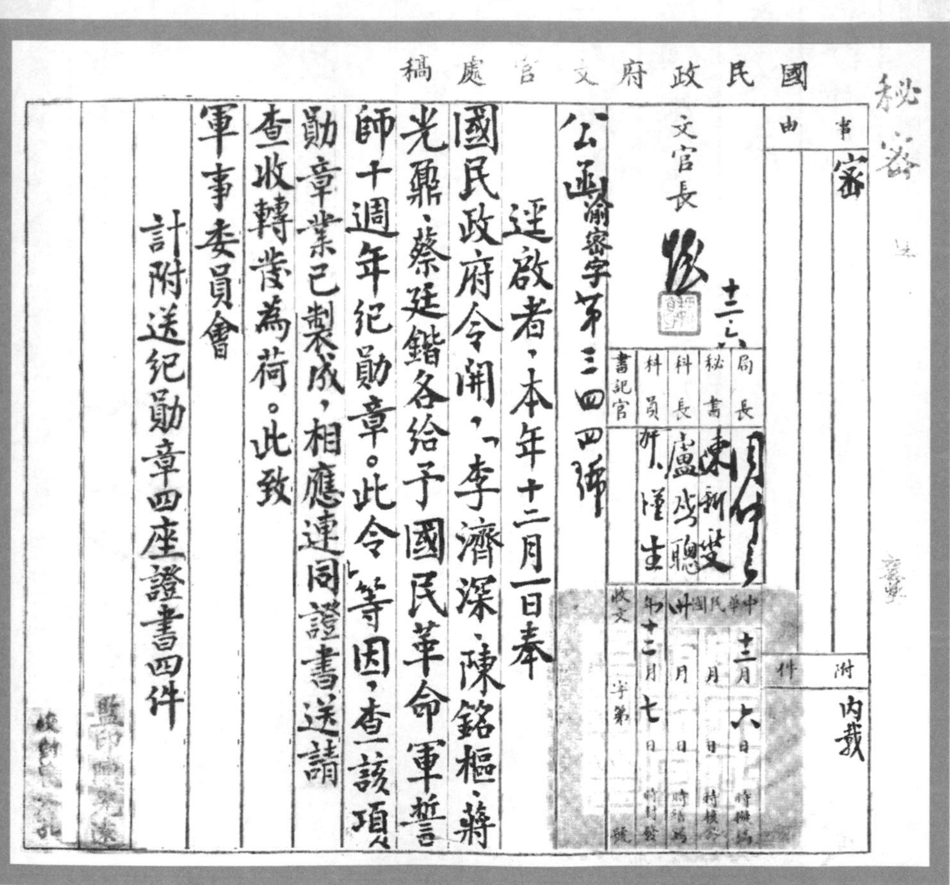

國民政府文官處稿

事由：密

附件：內載

文官長

公函　渝密字第三四四號

逕啟者，本年十二月一日奉
國民政府令開：「李濟深、陳銘樞、蔣
光鼐、蔡廷鍇各給予國民革命軍誓
師十週年紀念勛章。此令」等因，查該項
勛章業已製成，相應連同證書送請
查收轉發為荷。此致
軍事委員會
計附送紀勛章四座證書四件

圖2-22

尤其難能可貴的是叛變中央的粵系將領李濟深、陳銘樞、蔣光鼐、蔡挺錯，事變後為了一致對外也都專案頒發。

國民政府軍事委員會 公函

案准

貴處十一月廿五日渝簽字三三五號公函為補發李濟琛等四員國民革命軍誓師十週年紀勛章一案案內李濟琛「琛」字蔡廷楷「楷」字是否係「深」「鍇」二字之誤希查照見復等由經查琛楷二字確係深鍇二字之誤相應復請

查照更正為荷此致

國民政府文官處

圖2-23

同時還因一度姓名查證而耽誤了頒發時間，另外也因補發原因必須說明辦理，可證中央的重視程度。

事由

呈請補發邵力子國民革命軍誓師十週年紀勳章，並註銷前發紀勳章及證書由

行政院 呈

准軍事委員會公函開：

「查邵力子在革命過程中任職總司令部秘書長，於二十五年十一月頒給國民革命軍誓師十週年紀勳章，（證書369號）有案，茲據該員呈稱，迄未收發等情，查上項紀勳章頒發時，邵任陝西省政府主席，由京寄出未久，即有西安事變，則此項章證因事變遺

附件

圖2-24

遺失後因公務所需也給予補發。

失，亦無中事，惟該員現方奉使蘇聯，行將赴任，擬准補發紀勳章一座，以示榮譽，並將前發之紀勳章及369號證書註銷，相應函請查照轉呈分別核定補發，並將舊章註銷。

等由，理合呈請

鑒核補發，並將前發之紀勳章及證書註銷，謹呈

國民政府

行政院院長蔣中正

監印畢耀沅
校對楊　校

圖2-24

朱德　彭德懷　葉劍英　楊愛源　唐式遵

上官雲相　韓德勤　孫震　郭懺　陳繼承

馮治安　周嵒　蔣光鼐　郭寄嶠　何柱國

牟中珩　王陵基　高樹勳　李延年　馬法五

馬占山　鄧寶珊　劉多荃　香翰屏　黃琪翔

關麟徵　鄧龍光　夏威　鄭洞國　孫元良

張雪中　夏楚中　彭位仁各給予勝利勳章。此令。

監印陳光遠

圖2-25

抗戰勝利勳章共軍將領朱德、彭德懷與葉劍英都因分任十八集團軍總司令、副總司令、參謀長因軍功獲獎。周恩來也因擔任軍委會政治部副部長，以及戰地政委會委員的身分獲獎。

在抗戰期間負責特重勛績尤著之參政員請勛清單

官階或職業	姓名	勛績事實	曾經授過何等何種勛章	請授何等何種勛章	備考
參政員	王雲五	聯任一二三四屆參政員及駐會委員並聯任主席團主席	未	二等景星勛章	
、	孔庚	聯任一二三四屆參政員並聯任駐會委員甚久	、	三等景星勛章	
、	許孝炎	仝	、	仝	
、	李中襄	仝	、	仝	
、	董必武	仝	、	二等景星勛章	
、	左舜生	仝	、	三等景星勛章	
、	張君勱	仝	、	二等景星勛章	
、	陳博生	仝	、	三等景星勛章	

圖2-26

還有其他名目獎項由各單位呈報給獎，像參政院參政員董必武表現優秀，也因兼任立法委員及對外交的貢獻而獲獎，這個獎是景星勳章二等獎，比勝利勳章還寶貴，許多德高望重的名人如王雲五、左舜生、傅斯年、陳啟天等黨政官學要人都得不到二等景星勳章。

	、	陳啟天	仝	來	三等景星勳章	
	、	許德珩	仝	〃	仝	
	、	王啟江	仝	〃	仝	
	、	羅衡	仝	〃	仝	
	、	傅斯年	仝	〃	仝	
	、	胡霖	聯任三四屆參政員並聯任駐會委員	〃	二等景星勳章	
	、	錢公來	聯任一二三四屆參政員並曾任軍風紀巡察團委員甚久	〃	三等景星勳章	
	、	周炳琳	聯任一二三四屆參政員並任副秘書長多年	〃	仝	
	、	范予遂	聯任一二三四屆參政員駐會委員甚久	〃	仝	
	、	馬毅	聯任一二三四屆參政員並任經濟建設策進會西北辦事處主任	〃	仝	

圖2-26

	少校組員	李澤釗	六等景星	
機要組	中將(待遇)組長	毛慶祥	三等景星	
	少將副組長	徐鴻濤	四等景星	
	軍簡三階秘書	張廷楨	四等景星	
第二處	同中將副主任	張道藩	二等景星	前年已奉頒授三等采玉勛章
	同中將副主任	陳方	二等景星	
第五組	同少將組長	陶希聖	三等景星	
第四組	上校秘書	葉寶之	四等景星	
	上校秘書	沙文若	四等景星	
	上校秘書	李白虹	四等景星	

圖2-27
軍委會幕僚所獲榮譽並不高，局級幹部大多在二至三等，副局級、處級則由三到六級等，蔣先生刻意壓低為的是不讓外界說閒話。

第五組

上校秘書	陳漢平	四等景星
上校待遇中校秘書	周宏濤	五等景星
上校待遇中校秘書	鄭鍾毓	五等景星
少校組員	王熙	六等景星
少校組員	夏新霈	六等景星
少校待遇上尉書記	熊湘	六等景星
上校秘書	蕭自誠	四等景星
上校秘書	陳訓慈	四等景星
上校秘書	王冠青	四等景星
上校待遇中校秘書	曾聖芬	五等景星

圖2-27

第三章　忠烈祠的故事

一、國葬、公葬

依國民政府規定，中央政府所在地之首都，建立首都忠烈祠，並得特准建立專祠專坊或專碑，建築經費由國庫支出之。該祠供奉自民國元年以前革命死難者，及民國元年以後凡討袁、護法，東征、北伐、衛國、抗日、戡亂等護國戰役，爲國捐軀之忠烈將士，計四十萬餘人，表彰忠烈精神，以供全國軍民緬懷與追思。

興建忠烈祠的動機起於北伐，作爲北伐軍的總司令，蔣介石可謂日理萬機，然他特別留意爲北伐陣亡將士尋覓可葬千餘棺的墓地。蔣介石對北洋軍閥孫傳芳虐殺北伐軍戰俘的事，很是痛心疾首，加以斥責。他曾對部下說，孫傳芳在江西「德安俘虜我軍將士三百餘名，繳槍後，皆以刺刀刺死。逆賊慘狠，誠無天理」。將北伐陣亡將士安葬於廬山，也許能給蔣介石的心裡留下一點安慰。

北伐成功定都南京，原本要成建首都忠烈祠，但抗戰軍興，一直未能落實，殆勝利後又旋踵內戰，只有來台後才落實。

直到二十年後的一九四六年抗日戰爭結束後，在當年蔣介石提出修「陣亡將士墓」的小天池，「陸軍第九十九軍抗戰陣亡將士紀念碑」得以建成。在入口處的石牌坊兩側，有對聯一幅：「靈歸廬嶽，氣壯山河。」總算對死去的英靈有所告慰。蔣先生也特地親自爲文撰寫追悼辭，顯示對英烈的崇敬之心（見圖3-1）。

國葬是一種葬禮的規格，以國家名義爲逝者舉行的葬禮儀式，代表國家對逝者的高度尊崇。根據國葬法是由總統以命令定之，儀式尙無細部規定。但明定全國下半旗致哀、在首都所在地設置國葬墓園等。

公葬是以政府或民間名義，對死者生前對本地方有功而爲上下承認的，由知名人士出面發起舉行公葬。這種情況多係備極優隆，極盡哀榮。上至官員，下至乞丐，一律穿孝。停柩四十九天，各大寺院無不義務前往唪經。出殯時用滿、漢執事、六十四人大槓，大換三班，安葬於陶然亭。如：抗戰勝利以後，國民政府認爲吳佩孚在淪陷區不爲日寇所利誘，堅決拒絕「出山」當傀儡。「爲表彰忠烈，追贈陸軍上將銜」，並於一九四五年十二月以「故舊袍澤」及「平市各界」名義，發啓公葬。

二、入祀忠烈祠、褒揚令

國民政府曾明令國葬蔡元培與張自忠二人，並追晉張自忠官位從「上將銜」追晉上將以及入忠烈祠（見圖3-2）。

另外一份在抗戰中期，軍事委員會呈請國府擬請國（公）葬報告表，列出了三十七名殉職將領，將官階、職務、死亡時間地點原因等記載的非常詳細，是一份對公葬最有代表性的報告。國葬也有手寫稿，讀來備感哀戚（見圖3-3、3-4）。

中華民國國民政府對於有功於國家的烈士褒揚與紀念行動，最早可追溯至一九一二年，當時設有專責機構，而黃花崗紀念墓園，但至一九三三年九月十三日首次有紀念烈士的直接關係法令。到了一九三六年，國民政府軍事委員會訂定出「各縣設立忠烈祠辦法」，「忠烈祠」一詞才被廣泛地使用。一九四二年十二月抗戰最艱苦的時刻，政府爲了鼓勵士氣，軍委會特通過公布抗敵殉難將領名冊准入忠烈祠，人數高達數十名，連非戰場陣亡，而是病故及意外等傷亡都列入，顯示政府想以此振奮士氣有利抗戰（見圖3-5）。

設立用意是政府經由建造坊塔，表彰、褒揚與紀念抗戰烈士的忠烈行動，藉以塑造國民典範、並建立國民共同歷史記憶，然就當時情勢，實以抗日犧牲官民爲主要對象（見圖3-6）。

抗戰勝利後是另一波從中央到地方同步調查及整理抗戰忠烈事蹟的高峰，根據現存的檔案資料顯示，國民政府始終高度關心抗戰忠烈事蹟的挖掘、表彰與紀念，並在國土逾半淪陷的惡劣環境下，盡了最大的努力（見圖3-7）。

舉例來說，在抗戰爆發的那年雙十國慶，離七七事變僅三個月，上海淞滬戰役還在艱苦戰鬥時，國府以命令全軍各軍事長官，查明陣亡官兵呈請褒卹，以符政府眷念忠勇之致意

（見圖3-8）。

對日抗戰爆發未久，國民政府就開始大規模地進行戰時忠烈事蹟的全國普查行動，通令全國各省、市、縣政府調查境內的忠烈祠建築現況及奉祀烈士事蹟名單，由於戰區的不斷擴大與戰火的持續肆虐，經過兩年多的調查時間，國民政府終於彙整已回覆省分的調查資料，製作「全國各省忠烈祠實況調查統計表」及「入祀忠烈祠烈士事蹟報告表」，並持續進行這項調查工作。

同時，對在另一戰線上的公教人員也公佈了《戰時雇員公役因公傷亡給卹戰行標準》最高可獲一次性撫卹費高達十四個月的薪資，這在當時的確振奮了人心、激勵了士氣（見圖3-9）。褒揚令是中華民國政府依法表揚表彰對國家有巨大貢獻之國民所發之正式文告。「褒揚」是法律行爲，需依法定程序核定施行。褒揚方式有明令褒揚以及題頒匾額，但明令褒揚對象限亡故者。受褒揚者之事蹟，必須經由行政院院會通過。法人團體受褒揚，僅能給予頒匾。外國人合於條件，亦可褒揚。像中國戰區參謀長史迪威去世，國民政府特發表褒揚令，傳令褒揚他對抗戰做出的貢獻。史迪威於一九四六年於舊金山逝世，國府明令表揚，對其讚不絕口、推崇備至，並要中央社發稿供各報社刊載（見圖3-10）。

三、宣付國史、追贈（晉）官職、撫恤金

追贈，或作追封、追晉，即加封死者的官職、勳位，一般用在因公殉職或者陣亡的軍

人、警員、公務員等，或特別表揚對政府有貢獻的死者。

撫卹，也作撫恤，是公司、機構對於因公受傷或殘廢的人員，或因公殉職以及病故人員的家屬進行安慰並給予物質幫助。發放的金錢又稱撫卹金。

根據國民黨保存已解密的檔案，抗日烈士鄭蘋如犧牲後，中統局代為申請撫卹，黨中央撫卹委員會於民國三十六年一月核撥一筆五十萬元撫卹金，公文還註明「特以優卹，以彰忠藎」。

《一九四六年五月二日國民政府軍委會第五〇二五八號訓令頒發抗戰將士陣亡將士家屬一次特恤金與陣亡將士遺族勝利恤金與撫慰金公告》：

「查抗戰八年，我忠勇將士犧牲壯烈，現戰事勝利結束，對各遺族生活除已增加恤金及配發公糧代金並按條例優待外，茲特頒發抗戰將士陣亡將士家屬一次特恤金與陣（死）亡將士遺族勝利恤金與撫慰金，以資安家建業……給與表公告如左。」（見圖3-11）

人員分三種，每種分上將、中將、少將、上校、中校、少校、上尉、中尉、少尉、準尉、軍士、兵役十二級。

（一）抗戰將士陣（死）亡將士家屬一次性特恤金：

陣亡：……上將三十萬元、……兵役四萬元。

因公殞命：……上將二十萬元、……兵役二萬六千元。

積勞病故……上將十五萬元、……兵役兩萬元。

（二）抗戰陣（死）亡將士遺族勝利恤金與撫慰金：

陣亡……上將十萬元、……兵役四萬三千五百元。

因公殞命……上將六萬六千元、……兵役兩千元。

病故……上將五萬元、……兵役一千七百五十元。

國民黨中央目前保存一本撫卹委員會審查通過撫卹案，厚厚一本多達數百頁，鄭蘋如僅是其中一個案，申請撫卹理由是「身後蕭條，遺老母一人，生活無著，確屬困難。」

在國民黨撫卹紀錄當中，霧峰林家林祖密當年曾加入中華革命黨，在福建遭軍閥伏擊身亡後，民國二十八年獲黨中央撫卹，每個月撫卹金有五百元法幣。

國民政府行文各級部隊長官，查訪有功官兵請獎，對陣亡官兵報請政府追悼，中央政府通過「褒揚抗戰忠烈條例」是在第二次世界大戰結束後的一九四六年（民國三十五年）二月廿八日立法院第四屆第二百九十五次會議上議決通過，這是由當時立法院委員劉盥訓、凌鉞、曾彥、張鳳九、彭養光等人提出建議：

此次對日抗戰八年之久，我軍政各界不乏慷慨死節、從容就義之士，為國家伸正義、增光榮，惟以本席所聞不僅此也，各地人民自動與敵奮鬥多有壯烈事實，此種愛國心所表現，實五千年文化之結晶，非流亡避難與食祿死事者所可比擬。現在宣告勝利，政府屢褒恤有功及死事之官吏，而窮鄉僻壤忠義之人民尚無特別條例爲之褒揚，似未公允，況我國前途尤有賴於忠義人民穩固國基，褒揚已往，可勵將來，爲此擬一褒忠條例，請鑒核後，提交院會公決施行，裨益非淺。

除此之外，國民政府在抗戰爆發的第二年就公佈抗戰功勳子女就學免費條例，優待出征抗敵軍人家屬條例，其中八年對日抗戰無疑是中華民國建國以來最值得紀念的歷史事件，但在歷史記憶中，這場時人眼中的民族聖戰，值得紀念的抗戰英烈人物，始終不是戰後紀念活動的主軸。

事實上，抗戰爆發未幾，國民政府指示中央黨部大規模地展開戰時忠烈事蹟的普查行動，通令全國各省、市、縣政府調查境內的忠烈祠建築現況及奉祀烈士事蹟名單（見圖3-12），在戎馬倥傯的險峻局勢下，國府終於在一九四二年底前，完成全國資料的彙整統計，在已呈報的一千四百一十四個縣中，共有六百二十四個縣設立忠烈祠，占百分之四十四，共計供奉死難烈士牌位數三三八八六個，至於抗戰陣亡入祀官兵人數，在內政部分別於一九四一年底及一九四二年底所彙整的資料中，前者統計的抗戰烈士人數爲三千九百一十七人，後者爲五千八百三十九人，且統計表中均記錄有明確的戰時陣亡日期及地點，並且有詳細的籍貫、官階、學經歷、遺族現況等基本資料。

一九四二年後，國府仍持續進行這項調查工作，抗戰勝利後是另一波從中央到地方同步調查及整理抗戰忠烈事蹟的高峰，根據現存的檔案資料顯示，國府始終高度關心抗戰忠烈事蹟的挖掘、表彰與紀念，抗戰三周年的一九四〇年民國二十九年七月七日，國府通令全國舉行追悼陣亡將士大會，並擬就五項辦法（見圖3-13）；開追悼會、下半旗致哀、慰問陣亡將士遺屬、出版特刊及見紀念塔等，並在陪督國府大禮堂舉行紀念大會，要求全體人員出席（見圖3-13），並在國土逾半淪陷的惡劣環境下，盡了最大的努力，從某種程度上說，甚至足以顛覆我們對於戰時國府內政空轉、行政執行能力欠佳的刻板印象。

由於多數法規都是在抗戰爆發多日後，因應迫在眉睫的實際需要才臨時制定，不論中央政府或地方政府都對表彰忠烈的程序，沒有清楚的概念與認識，於是從內政部的調查資料可以看到，許多在地方政府呈報的入祀烈士名單中，其實並沒有得到褒揚及撫卹。同樣地，許多曾獲褒揚及撫卹的陣亡將士，卻又沒有在原籍忠烈祠的供奉烈士牌位之內，因爲當時兵荒馬亂沒有詳細的統計只有先初步登記，待勝利後再隆重入祀，但誰知內戰隨之而起，就把入祀之事又耽擱下來了。

國民政府文官處

速繕送參軍處 石 翟武程 九、一、 林

字第 號第 頁

但燾謹擬

維

中華民國三十六年九月三日國民政府主席蔣○○

虔具馨香致祭於

陣亡將士之靈其辭曰

頻歲建國、百戰收京、赫赫先烈、重義輕生、

投袂應召、仗劍遠征、不逢板蕩、安識忠貞、

令肅魚鳥、壁壘森嚴、追奔逐北、智勇雙兼、

正誼是尚、侵畧是殄、功隳垂成、謀深身殲、

圖3-1

蔣先生對抗日陣亡將士之追悼最為重視，連追悼詞都要親自過目，顯示對英烈的崇敬之心。入祀忠烈祠的英烈也審核的十分仔細，絲毫馬虎不得。

國民政府文官處

霄漢折翼、矢石喪元、重泉飲恨、天末招魂、
效忠死敵、歿有餘榮、胡圖其始、不覩厥成、
國有常典、崇德褒功、崇祠祀像、青史旌忠、
艱難共濟、呼吸相通、春秋薦享、長想英風、
尚饗

圖3-1

承辦機關 次號 第96
侍從秘書 次號

簽呈

事由：為擬具國葬蔡元培張自忠令稿二件是否即可發表簽請鑒核示遵由

准國防最高委員會秘書廳函以中央秘書處送來請求國葬公葬名單，經於國防最高委員會第二百二十七次常務會議提出討論，依照國葬法第二條之規定，由在席委員舉行無記名投票，張自忠蔡元培二人均得三分之二以上同意票，當經決議：「張自忠蔡元培准予國葬，餘均交行政院依照公葬及公葬墓園暫行條例酌核辦理」，請查照轉陳辦理等由過處，除關於公葬部份擬由府令飭行政院核辦外，其關於國葬張蔡二人者，（蔡故委員元培曾於二十九年三月十六日由府明令褒揚，張故上將自忠曾於二十九年七月七日由府明令褒揚各在案）茲擬具國葬令二件，是否即可發表，理合抄同令稿簽請鈞核示遵！謹呈

主席蔣

計抄呈令稿二件

圖3-2

國民政府曾明令國葬蔡元培與張自忠二人，並追晉張自忠官位從上將銜追晉上將以及入忠烈祠，過程嚴謹繁瑣，顯示國葬與公葬條件非常高，不是一般人能獲得的。

計抄呈令稿二件

一、國葬蔡元培令

國民政府故委員蔡元培，興邦耆宿，黌士導師，生平致力教育文化事業，於國家貢獻偉大，貽澤至深，追念儀型，允宜特予國葬，以昭崇報，著內政部依法籌辦定期舉行。此令。

二、國葬張自忠令

故陸軍上將第三十三集團軍總司令張自忠，英毅超倫，矢心報國，於抗日期間督軍保衛疆土，勛勞炳著，見危授命，壯烈忠貞，允為軍人模範，今抗戰成功，自宜特予國葬，用慰英靈，而昭懋典，著內政部依法籌辦定期舉行，此令。

圖3-2

入祀首都忠烈祠審核名冊

第三十三集團軍總司令　張自忠　於湖北襄河之南瓜店陣亡奉　准褒揚　並入祀忠烈祠

第九軍軍長　郝夢齡　於山西忻口陣亡奉　准褒揚

第四十二軍軍長　馮安邦　於樊城遇難奉、准褒揚

第二十九軍軍長　陳安寶　於南昌陣亡奉　准褒揚

第三軍軍長　唐淮源　於中條山陣亡奉　准褒揚

第九十八軍軍長　武士敏　於山西長子陣亡奉　准褒揚

第二十九軍副軍長　佟麟閣　於北平南苑陣亡奉　准褒揚

第二軍副軍長兼師長　鄭作民　於崑崙關陣亡奉　准褒揚

第五十五軍副軍長兼師長　朱鴻勳　於湖北藕池口陣亡

圖3-3

第一三二師師長趙登禹於北平南苑陣亡奉准褒揚

第四四師師長劉家麒於山西忻口陣亡奉准褒揚

第一四五師師長饒國華於安徽廣德陣亡奉准褒揚

第一二二師師長王銘章於山東滕縣陣亡奉准褒揚

騎兵六師師長劉桂五於綏遠陣亡

第一二四師師長方叔洪於車里庄陣亡

第一七三師師長鍾毅於湖北蒼台鎮陣亡奉准褒揚

第七〇師師長石作衡於中條山陣亡奉准褒揚

新廿七師師長王竣於晉南陣亡奉准褒揚

第三師師長寸性奇於中條山陣亡奉准褒揚

圖3-3

第四二師々長王克敬　按山西長子陣亡　准褒揚

第二〇〇師々長戴安瀾　按緬甸陣亡正公令准褒揚中

暫四五師々長王鳳山　按山西汾南陣亡

以上共二十二員

第一〇〇師副師長袁國璋　按浙江吳興陣亡　准褒揚

五戰區第二游擊司令劉震東　按山東莒縣陣亡　准褒揚

第一七三師五一九旅旅長龐漢楨　按上海陣亡　准褒揚

第一七一師五一二旅旅長秦霖　〃　〃

獨立五旅旅長鄭廷珍　按山西忻口陣亡　准褒揚

第六六師一九五旅旅長姜玉貞　按山西原平陣亡　准褒揚

圖3-3

第七〇師二一五旅旅長趙錫章 於山西崞縣

山東省政府駐魯東行署主任盧斌 於山東陣亡 準褒揚

軍委會參議馬玉仁 於江蘇阜寧陣亡 準褒揚

東北游擊司令唐聚五 於遷安陣亡 準褒揚

上海孤軍團長謝晉元 於上海陣亡 準褒揚

第一九〇師副師長賴傳湘 於長沙陣亡 準褒揚

第五師指揮官李翰卿 於湘北陣亡 準褒揚

山東十五區專員兼晉西游擊司令朱世勤 於山東陣亡 準褒揚

上列陣亡團長以上共計十四員（擬請入祀首都忠烈祠）

第八九軍軍長李守維 於黃橋勦匪陣亡

圖3-3

第七一師〻長樊 釗 梧山西剿匪陣亡

上列二員（係在抗戰期間勦叛亂及奸黨陣亡擬請入祠追緝）

四川省政府主席

川康綏靖主任劉 湘 積勞病故於軍次 准褒揚

安徽省政府主席廖 磊 〃 〃

第六軍〻長譚 道源 〃 〃

第四六軍〻長周 渾元 積勞病故 准褒揚

陸軍大學代校長蔣 方震 〃 〃

故陸軍中將黃 明堂 〃 〃 三九、三、十五

軍委會委員宋 哲元 〃 〃

軍委會運輸總司令錢 宗澤 〃 〃

圖3-3

第五四軍軍長陳　烈　〃　〃

預三師副師長朱寶夫　〃　〃

軍政部軍需署署長周駿彥　〃　〃

以上十一員（係在戰時積勞病故，其生前忠勤黨國，頗著功勳，擬請一併入祀首都忠烈祠）

圖3-3

抗戰殉職忠烈將領擬請公葬報告表

職務	官階	姓名	死亡時期地點	忠烈事蹟紀要	備攷
陸軍第二十九軍副軍長	上將	佟麟閣	二六、七、北平南苑	七七事變首先奉命守土抗戰於團河一役督戰陣亡	三六年七七日經地方公私團體葬於北平西山擬請追認
陸軍第一三二師師長	上將	趙登禹	二六、七、北平南苑	仝右	仝右
陸軍第六六師一九六旅旅長	中將	姜玉貞	二六、十、二、山西原平	轉戰雁門忻口等地於原平之役身先士卒中彈陣亡	
陸軍第九軍軍長	上將	郝夢齡	二六、十、一六、山西忻口	率部於忻口之役奮力殺敵雙方傷亡均重於激烈戰鬥之下陣亡	二六年經行政院三三八次會議國葬
陸軍第五四師師長	中將	劉家麒	二六、十、一六、山西忻口	率部於忻口之役與郝軍長奮力殺敵終以激戰之下同時殉職	仝右
陸軍獨立第五旅旅長	中將	鄭廷珍	二六、十、一六、山西忻口	抗戰軍興應在晉境作戰忻口之役與郝軍長夢齡等同時殉職	
陸軍第一七零師五一零旅旅長	中將	龐漢楨	二六、十、二三上海	八一三淞滬抗戰身先士卒力戰衛鋒竟以陣亡	
陸軍第一七一師五一一旅旅長	中將	秦霖	二六、十、二三上海	八一三淞滬抗戰身先士卒力戰衛鋒竟以陣亡	

圖3-4

一份在抗戰中期，軍事委員會呈請國府擬請國（公）葬報告表，列出了三十七名殉職將領，將官階、職務、死亡時間地點原因等記載的非常詳細，是一份對公葬最有代表性的報告。國葬也有手寫稿讀來備感哀戚。

陸軍第一四五師師長	上將	饒國華	二六、一二、安徽廣德	廣德之役力拒強敵相繼克復要隘終以眾寡懸殊奮戰陣亡	
陸軍第七零師二一五旅旅長	中將	趙錫章	二七、二、二一、山西隰縣	歷任平型關等地抗戰隰縣之役敵大舉進犯以必死之心預賭殮具親臨指揮身受多傷陣亡	
第五戰區第二游擊司令	中將	劉震東	二七、二、山西莒縣	率部固守莒縣與強敵拚殺眾寡懸殊壯烈戰死	
陸軍第四十二軍軍長	中將	馮安邦	二七、二、三、湖北襄陽	歷參台兒莊諸役嗣奉命轉入襄樊行軍之際被炸殉職	
陸軍第一七四師副師長	中將	夏國璋	二六、三、二、浙江吳興	率部固守吳興抵禦數倍之敵血戰數日終致陣亡	
東北游擊司令	少將	唐聚五	二八、五、一八、河北平白山	九一八後自遼寧舉義轉戰各地終於二十八年河北平白山作戰陣亡	
陸軍第二十九軍軍長	中將	陳安寶	二八、六、五、江西蓮塘	反攻南昌之役與敵陸空優勢部隊爭奪陣地中彈殉職	
軍事委員會參議兼第一路游擊司令	中將	馬玉仁	二九、一、三、江蘇阜寧	抗戰後號召舊部抗敵毀家籌備餉械與敵數十戰收復阜寧之役追敵陣亡	
陸軍第三軍副軍長兼第九師師長	中將	鄭作民	二九、二、三、廣西崑崙關	率部馳援崑崙關親臨督戰竟以陣亡	
陸軍第一七三師師長	中將	鍾毅	二九、六、一九、湖北棗陽	棗宜會戰扛任掩護節節狙抗終致陣亡	

圖3-4

陸軍第三軍軍長	上將	唐淮源	三〇、五、二、山西夏縣	晋南抗戰率部與優勢之敵奮戰以困殉職	
陸軍第十二師師長	中將	寸性奇	三〇、五、一三、山西中条山	敵犯中条山之役率部分頭迎擊負創應戰被困中彈陣亡	
陸軍第一九零師副師長	中將	賴傳湘	三〇、五、湖南長沙	抗戰軍興參淞滬各役二次長沙會戰奉令堅守竟以陣亡	
陸軍第七零師師長	中將	石作衡	三〇、九、六、山西太岳山	率部戍守晋東南歷經血戰予敵重創相持數月竟以激戰陣亡	
陸軍第九十八師師長	中將	武士敏	三〇、九、山西太岳山	敵大舉犯中条山之役奮戰多日始終固守終以被圍中彈陣亡	
陸軍第五七師指揮官	中將	李翰卿	三〇、一〇、湖南長沙	抗戰軍興迭在各地作戰二次長沙之役馳援途中堅苦作戰終以陣亡	
陸軍新編第三師副師長	少將	朱實夫	三〇、九、二五、甘肅隴東	歷在察綏抗敵招撫青年來歸嗣因作戰受傷多處終以盛暑調防奔馳千里傷發身故	
陸軍新編第四五師師長	中將	王鳳山	三一、四、山西萬泉	轉戰晋西打擊敵偽嗣於萬泉之役力戰殉職	
陸軍新編第二七師師長	中將	王竣	三一、五、九、山西中条山	率部守衛中条山奮戰固守竟以陣亡	
陸軍第二百師師長	中將	戴安瀾	三一、五、緬甸	率部出國遠征緬甸屢有功東瓜山之役解盟軍之圍終以腊戌受傷返國途中不治身殉	

圖3-4

陸軍第一五零師師長	中將	許國璋	三一、二、二 湖南常德	湘北之役與敵週旋數月嗣奉命前進馳援遇敵激戰陣亡	
陸軍暫編第五師師長	中將	彭士量	三一、二、一五、 湖南石門	湘北石門率部與敵激戰晝夜相持經旬終致陣亡	
陸軍預備第十師師長	中將	孫明瑾	三一、二、一、 湖南常德	常德之役奉命馳援與敵迂迴衝殺奮戰四晝夜竟以陣亡	
魯蘇戰區政治部主任	中將	周復	三四、二、 山東安邱	歷在魯境隨軍作戰終於安邱之役被敵包圍苦戰身殉	
陸軍第三十六集團軍總司令	上將	李家鈺	三三、五、二 河南陝縣	抗戰軍興奉命率部出川轉戰晉豫各地中原之役督戰陣亡	
陸軍第七十九軍軍長	中將	王甲本	三三、九、七、 湖南東安	率部與進犯湘南之敵作阻其西竄苦戰被圍重傷陣亡	
陸軍第一三一師師長	中將	闞維雍	三三、二、 廣西桂林	敵軍入侵率軍在桂林城內核心陣地作戰苦力支撐終以戰事失利自戕殉職	
桂林防守司令部參謀長	中將	陳濟桓	三三、二、 廣西桂林	桂林之役出任防守司令部參謀長固守危城終以敵軍入城身受重傷不良於行自戕殉職	
陸軍新編第一軍第三八師副師長	中將	齊學啟	三四、六、 緬甸仰光	出國遠征在緬作戰仁安羌之役顯著戰功嗣以被炸受傷為敵所俘禁錮三年始終不屈終遭殺害	
		右三十七員			

圖3-4

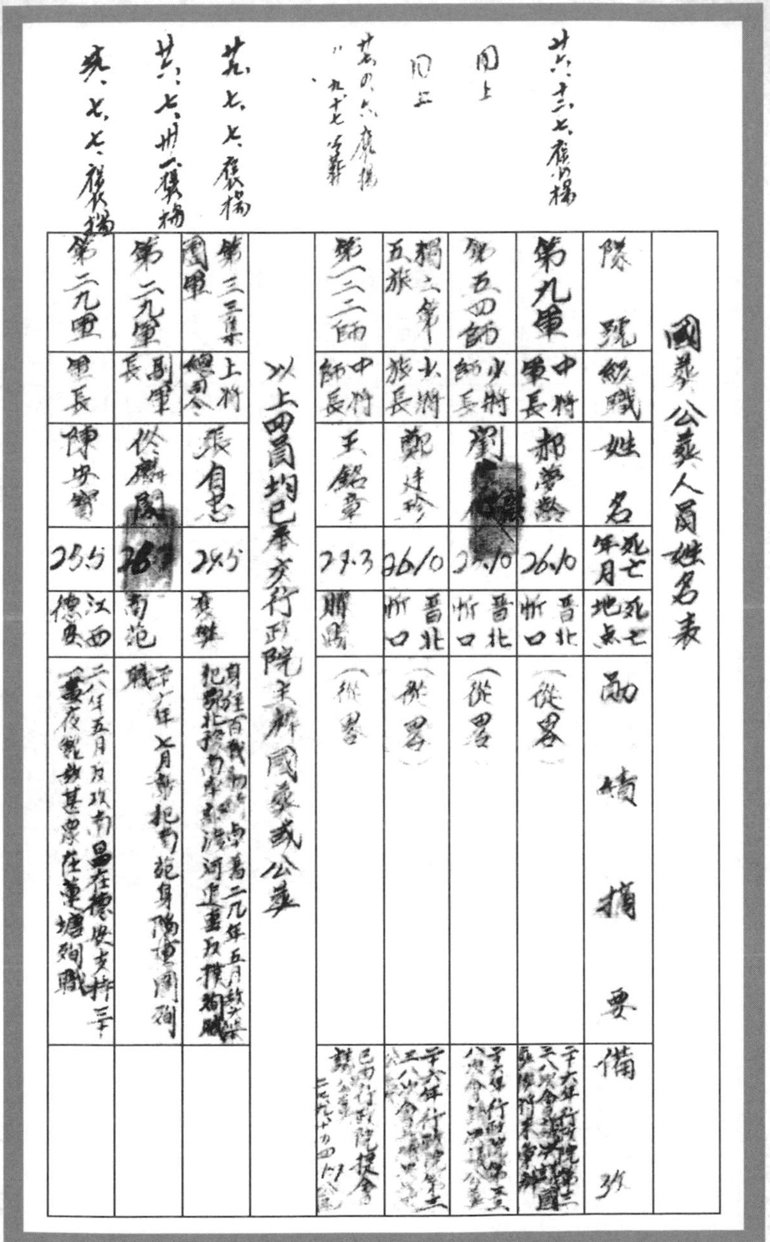

國葬公葬人員姓名表

隊號	級職	姓名	死亡年月	死亡地點	勳績摘要	備考
第九軍	中將軍長	郝夢齡	26.10	晉北忻口	（從略）	[illegible]
第五四師	少將師長	劉[illegible]	2[illegible].10	晉北忻口	（從略）	[illegible]
獨立第五旅	少將旅長	鄭廷珍	26.10	晉北忻口	（從略）	[illegible]
第一三二師	中將師長	王銘章	27.3	滕縣	（從略）	[illegible]
以上四員均已奉交行政院明令國葬或公葬						
第三三集團軍	上將總司令	張自忠	28.5	襄樊	身經百戰功勳卓著二九年五月 [illegible] 渡河 [illegible] 殉職	
第二九軍	副軍長	佟麟閣	26.7	南苑	二十六年七月 [illegible]	
第二九軍	軍長	陳安寶	28.5	江西德安	二八年五月反攻南昌在德安支持三晝夜犧牲甚眾在蓮塘殉職	

圖3-5

一九四二年十二月是抗戰最艱苦的時刻，政府為了鼓勵士氣，軍委會特通過公布抗敵殉難將領名冊准入忠烈祠，人數高達數十名，連非戰場陣亡，而是病故及意外等傷亡都列入，顯示政府想以此振奮士氣有利抗戰。

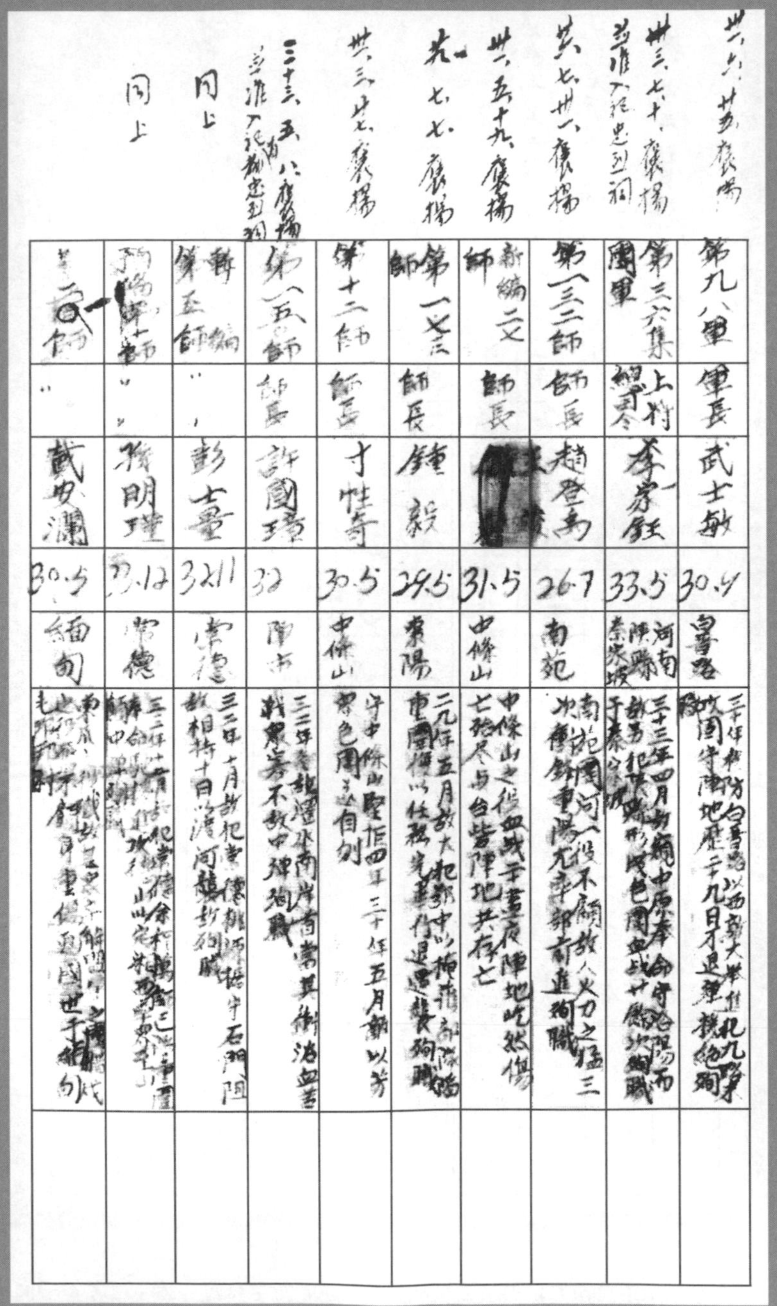

部隊	職務	姓名	殉職年月	地點	事蹟	附記
第九八軍	軍長	武士敏	30.9	皇寄峪	三十年秋防白晉路以西敵大舉進犯九路來攻固守陣地歷二十九日不退[illegible]絕殉職	卅六、廿五、褒揚
第三六集團軍	上將總司令	李家鈺	33.5	河南陝縣秦家坡	三十三年四月敵犯中原奉命守洛陽而敵勢猖獗形色圍血戰十餘次殉職於秦家坡	卅三、七、十、褒揚 並准入祀忠烈祠
第一三二師	師長	趙登禹	26.7	南苑	南苑固河一役不顧敵人火力之猛三次衝鋒重傷尤率部前進殉職	廿七、廿八、褒揚
新編二七師	師長	[illegible]	31.5	中條山	中條山之役血戰五晝夜陣地屹然傷亡殆盡與台皆陣地共存亡	卅、五、十九、褒揚
第一七三師	師長	鍾毅	29.5	棗陽	二九年五月敵大犯鄂中以掩護部隊陷重圍[illegible]先後殺傷[illegible]退[illegible]殉職	廿九、七、七、褒揚
第十二師	師長	寸性奇	30.5	中條山	守中條山堅拒四年 三十年五月敵以[illegible]衆包圍之自刎	卅、三、廿七、褒揚
第一五〇師	師長	許國璋	32	陬市	三二年冬敵犯澧水南岸奮勇衛沿血苦戰衆寡不敵中彈殉職	三十三、五、八、褒揚 並准入祀忠烈祠
暫編第五師	〃	彭士量	32.11	常德	三二年十一月敵犯常德率師據守石門阻敵相持十日澧河鎮殉職	同上
預備第十師	〃	孫明瑾	32.12	常德	三二年十二月敵犯常德奉命[illegible]	同上
第二〇〇師	〃	戴安瀾	30.5	緬甸	[illegible]	

圖3-5

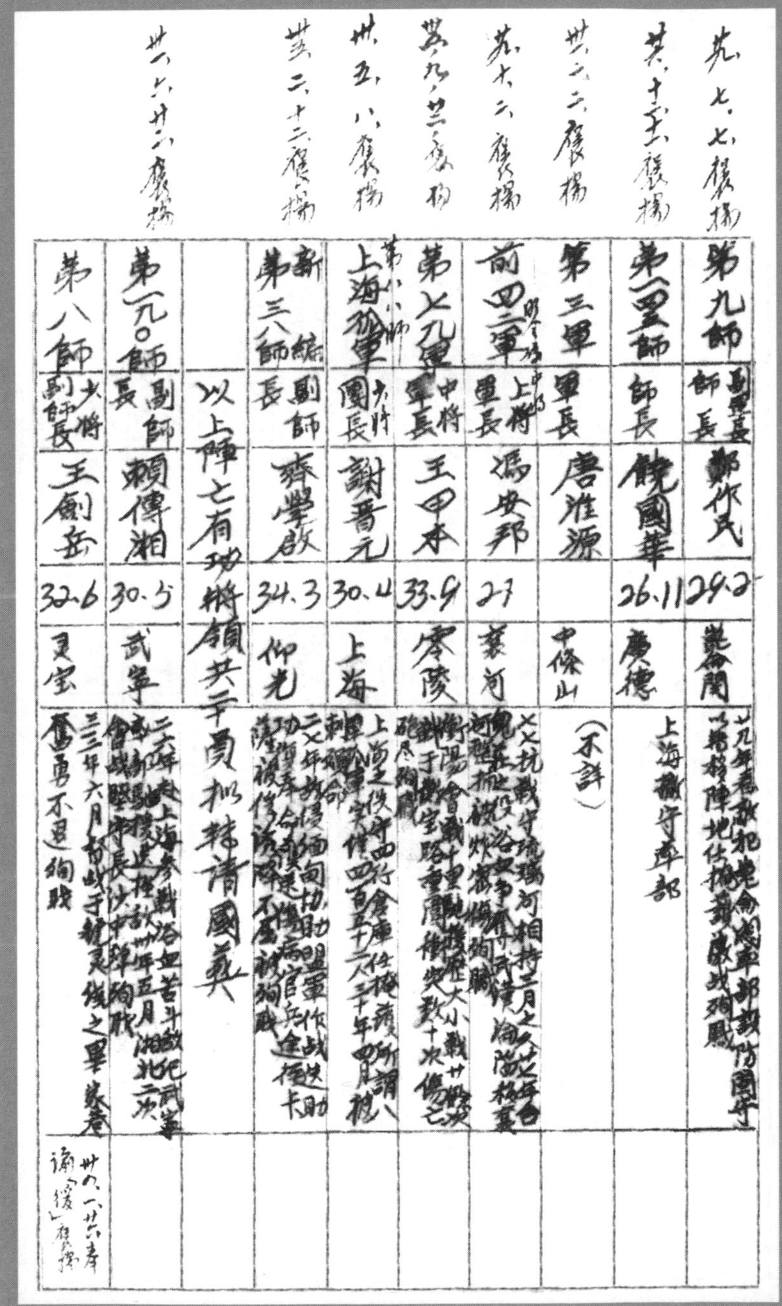

褒揚	部隊	職級	姓名	時間	地點	事蹟	備考
卅七、七、褒揚	第九師	副軍長 師長	鄭作民	29.2	崑崙關	廿九年春敵犯崑崙關軍部設防固守以堅強陣地任掩護殲敵成殉職	
卅六、十二、褒揚	第一四五師	師長	饒國華	26.11	廣德	上海撤守率部	
卅六、二、褒揚	第三軍	軍長	唐淮源		中條山	（不詳）	
卅六、六、褒揚	前四二軍 [illegible]	上將 軍長	馮安邦	27	襄河	××抗戰守襄河相持三月之久廿七年[illegible]殉職	
卅四、九、廿三、褒揚	第七九軍	中將 軍長	王甲本	33.9	零陵	衡陽會戰[illegible]大小戰廿[illegible]數十次[illegible]殉職	
卅五、八、褒揚	第八八師 上海孤軍	少將 團長	謝晉元	30.4	上海	上海之役守四行倉庫任掩護[illegible]所謂八百[illegible]三十年四月被[illegible]刺殉職	
卅二、十二、褒揚	新編第三八師	副師長	齊學啟	34.3	仰光	三十一年[illegible]協助盟軍作戰[illegible]被俘[illegible]殉職	
		以上陣亡有功將領共二千員擬請國葬					
卅六、六、廿六、褒揚	第一九〇師	副師長	賴傳湘	30.5	武寧	二十六年參加上海參戰浴血苦斗[illegible]三十年五月湘北[illegible]殉職	
	第八師	少將 副師長	王劍岳	32.6	靈寶	三十三年六月[illegible]奮勇不退殉職	卅四、一、廿六、褒揚 諭

圖3-5

褒揚	部隊	職	姓名	年月	地點	事蹟	
卅九、四、十八、褒揚	東北游擊	總司令	唐聚五	28.5	平台山	自二七年九月至二八年五月凡作戰卅餘次平台山之役以眾寡不敵殉職	
卅九、二、十八、褒揚	四八軍一七三師五一〇旅	少將旅長	龐漢禎	26.10	上海	上海蘊藻浜之役身先士卒衝鋒陷陣殉職	
	第七軍一七一師五一二旅	少將旅長	秦霖	〃〃	〃〃	仝右	
卅九、十二、六、褒揚	第六六師一六九旅	〃〃	姜玉貞	26.10	雁門關	二六年十月守雁門關以滯敵前進且戰且退彈盡殉職	
卅八、三、廿八、褒揚	七十師二一五旅	旅長	趙錫章	27.2	晉西隰縣	平型關忻口諸役屢著戰功二七年春救援晉西激戰肉搏殉職	
卅八、二、八、褒揚	第七十師	師長	石作衡	30.	絳縣	抗戰以來轉戰晉省三十年秋守翼城絳縣與頑敵抗殉職	
卅九、五、九、褒揚	五戰區第二游擊	中將司令	劉震東	27.2	莒縣	二七年二月敵坂垣師團犯魯南堅守莒縣糧盡援絕殉職	
卅九、二、十八、褒揚	第八八師	少將副師長	夏國璋	26.11	吳縣	八一三事起守吳興血戰數次以援絕殉	
廿九、二、十六、褒揚	軍委會江蘇第一路游擊	參謀司令	馬玉仁	29.1	阜寧	二九年一月阜寧之役殉職	

以上陣亡有功將領共十一員擬請 公葬

圖3-5

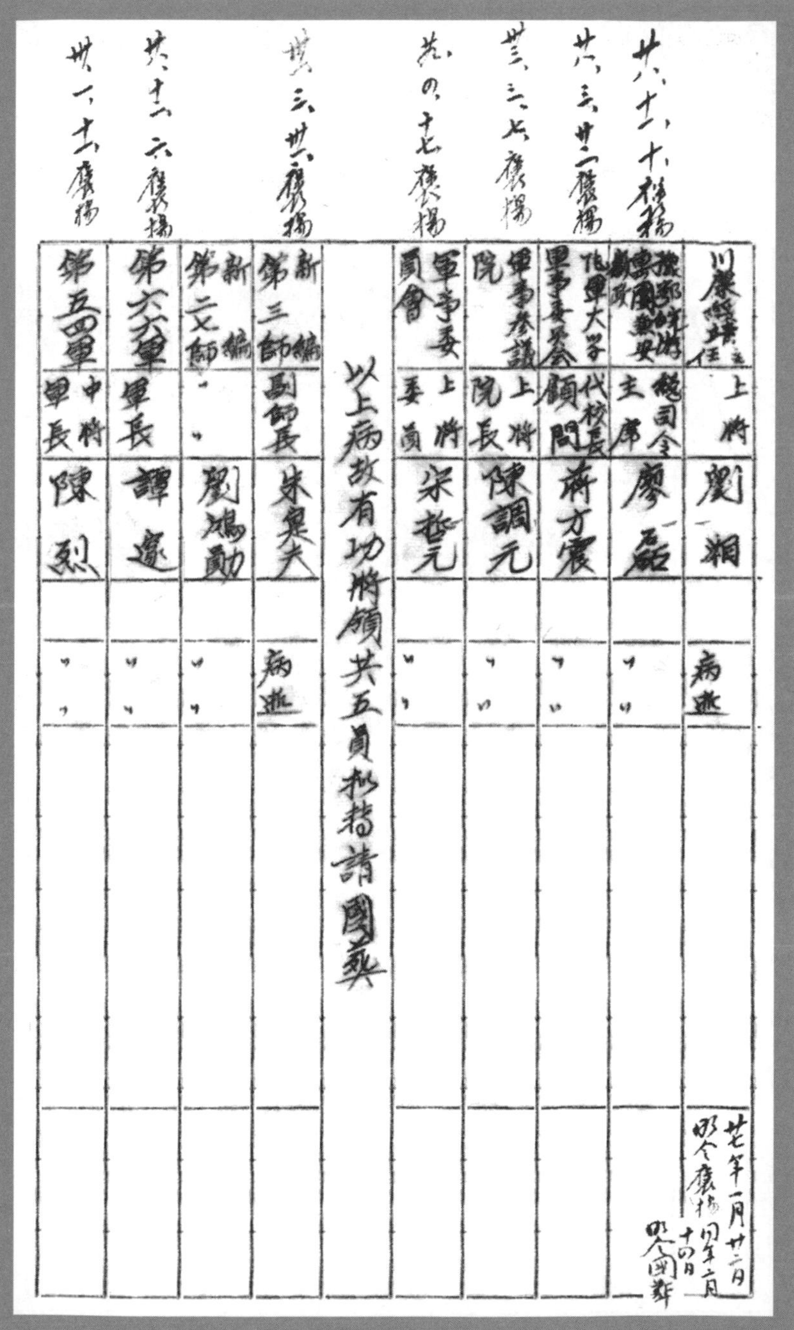

褒揚日期	部別	職級	姓名		事由	備註
廿八、十一、十[illegible]揚	川康綏靖主任	上將	劉湘		病逝	廿七年一月廿二日明令褒揚 同年二月十日明令國葬
廿八、三、廿一褒揚	豫鄂皖邊區游擊 安徽省政	總司令 主席	廖磊		〃 〃	
廿三、三、七褒揚	陸軍大學 軍事委員會	代校長 顧問	蔣方震		〃 〃	
廿九、四、十七褒揚	軍事參議院	上將 院長	陳調元		〃 〃	
廿八、三、廿六褒揚	軍事委員會	上將 委員	宋哲元		〃 〃	
	以上病故有功將領共五員擬請國葬					
廿八、十二、六褒揚	新編第三師	副師長	朱泉夫		病逝	
	新編第二七師	〃	劉鴻勳		〃 〃	
	第六六軍	軍長	譚邃		〃 〃	
卅、一、十六褒揚	第五四軍	中將 軍長	陳烈		〃 〃	

圖3-5

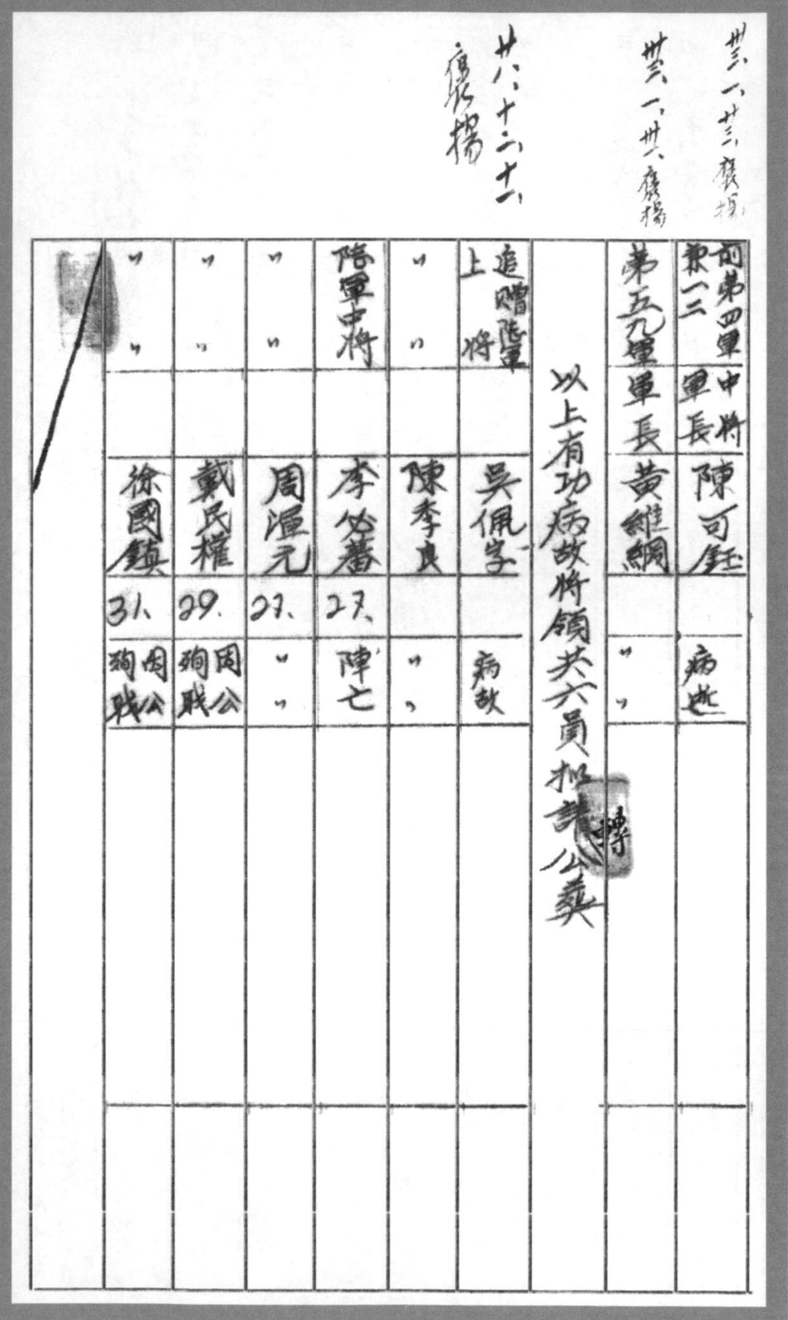

卅三、一、十三、襄揚

卅三、一、卅六、襄揚

卅八、十二、廿六 襄揚

前第四軍中將兼一二軍長	陳可鈺		病逝
第五九軍軍長	黃維綱		〃
以上有功病故將領共六員擬請公葬			
追贈陸軍上將	吳佩孚		病故
〃〃	陳季良		〃〃
陸軍中將	李必蕃	27、	陣亡
〃〃	周渾元	27、	〃〃
〃〃	戴民權	29、	因公殉職
〃〃	徐國鎮	31、	因公殉職

圖3-5

最速件

內政

事由	擬辦	批示
為據中國陸軍總司令何應欽電請通令光復各省市政府籌設忠烈祠以慰忠魂一案轉請通令光復各省市政府迅即遵照辦理由	擬訓令飭遵	

附件

國民政府軍

中華民國卅四年十一月十七日呈

案據中國陸軍總司令何應欽申儉電略稱，為請通飭光復省市政府仿照後方各省市政府辦法積極籌設忠烈祠將抗戰陣亡將士及民間忠烈之士入祀該祠以慰忠魂而勵氣節等情據此理合備文轉請

圖3-6

鈞府准予通令光復各省市政府迅即遵照辦理是否有
當敬祈
鑒核
謹呈
國民政府

軍事委員會委員長蔣中正

圖3-6

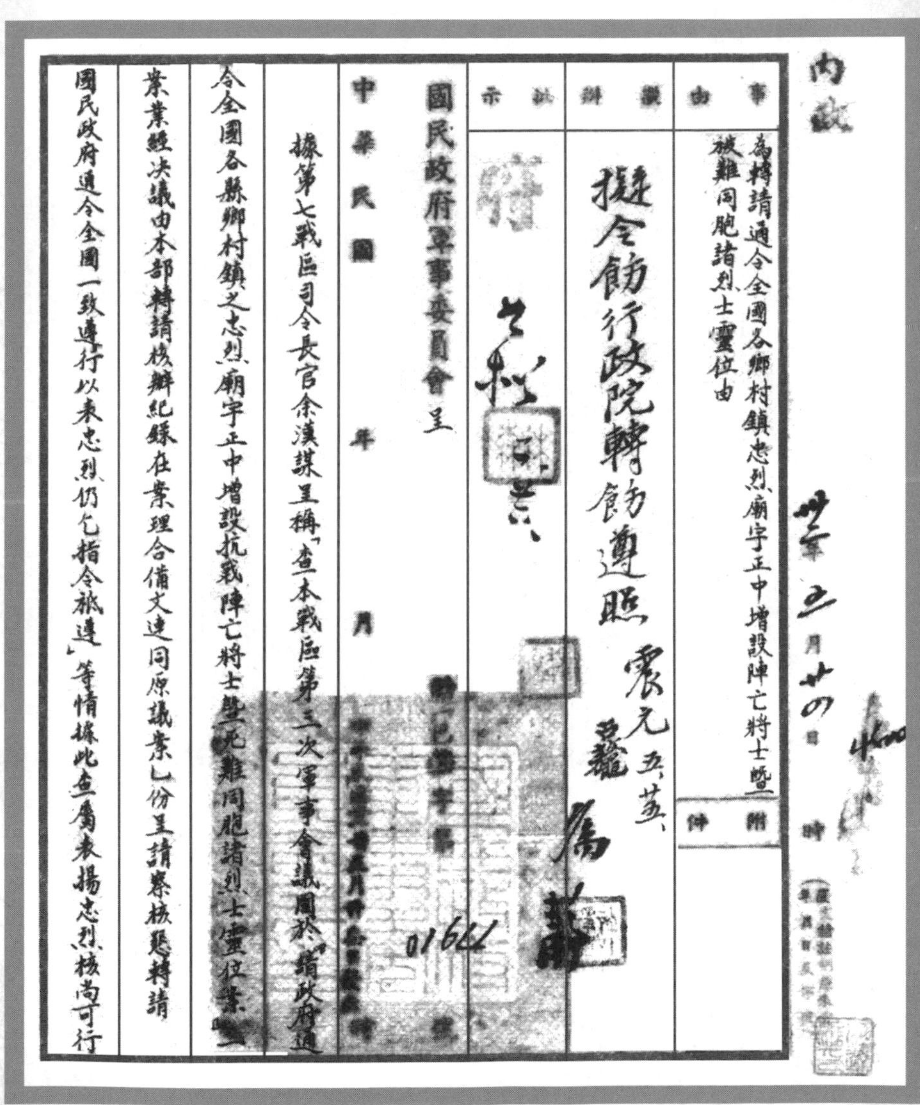

內政

事由：為轉請通令全國各鄉村鎮忠烈祠廟宇正中增設陣亡將士暨被難同胞諸烈士靈位由

擬辦：擬令飭行政院轉飭遵照 震元 五、廿五、

批示：

附件：

國民政府軍事委員會 呈

中華民國　年　月　日

據第七戰區司令長官余漢謀呈稱「查本戰區第三次軍事會議關於請政府通令全國各縣鄉村鎮之忠烈祠廟宇正中增設抗戰陣亡將士暨死難同胞諸烈士靈位案業經決議由本部轉請核辦紀錄在案理合備文連同原議案乙份呈請察核懇轉請國民政府通令全國一致遵行以表忠烈仍乞指令祇遵」等情據此查為表揚忠烈核尚可行

01621

圖3-7

國民政府令

民國成立二十六年外敦邦交內圖建設方

冀振興民族樹立東亞和平之基乃自九一八

事變發生以來東鄰恃強侵陵有加無已近

更違反公約蔑視人道調集陸海空軍大舉進

犯佔據我疆土屠戮我人民並於全國非武裝各城市濫施轟

炸殘害[illegible][illegible]忍慘酷中外震駭政府銜國保民責無旁貸不得已

而為全面之抗戰敕我前方將士服從軍令為

圖3-8

在抗戰爆發的那年雙十國慶，離七七事變僅三個月，上海淞滬戰役還在艱苦戰鬥時，國府已命令全軍各軍事長官，查明陣亡官兵呈請褒卹，以副政府眷念忠勇之致意。

國先驅、苦戰累月、前仆後繼、忠義忱勇銳之氣、足以匡扶世運、振起人心、惟是制暴以弱敵強、貴能持久、尤望益加淬厲、邁進國功、值茲開國紀念之辰、彌念干城腹心之重、著軍事委員會傳諭前方、優加獎勉、並飭各軍事長官查明陣亡官兵、呈請褒䘏、其臨陣受傷者、醫藥將護、務求周詳、以副政府眷念忠勇之至意、此令

圖3-8

戰時雇員公役因公傷亡給卹暫行標準

一、抗戰期間各機關雇員公役因公傷亡依左列標準給卹

(甲)雇員公役在辦公場所或因公出差遭遇意外事變以致受傷殘廢或心神喪失不能服務者得按其最後薪餉給予十個月薪餉之一次卹傷費其受傷未達殘廢或心神喪失程度者得酌給一個月至三個月之一次醫藥費

(乙)雇員公役在辦公場所或因公出差遭遇意外事變以致死亡者得按其最後薪餉給予十四個月薪餉之一次撫卹費

二、雇員公役卹金得在各機關原有經費內按照前項標準支給但原服務機關裁撤或經費困難者得由其上級機關支給均作正

圖3-9

撫卹，也作撫恤，是公家機構對於因公受傷或殘廢的軍人，或因公殉職以及病故人員的家屬進行安慰並給予物質幫助，發放的金錢又稱撫卹金。

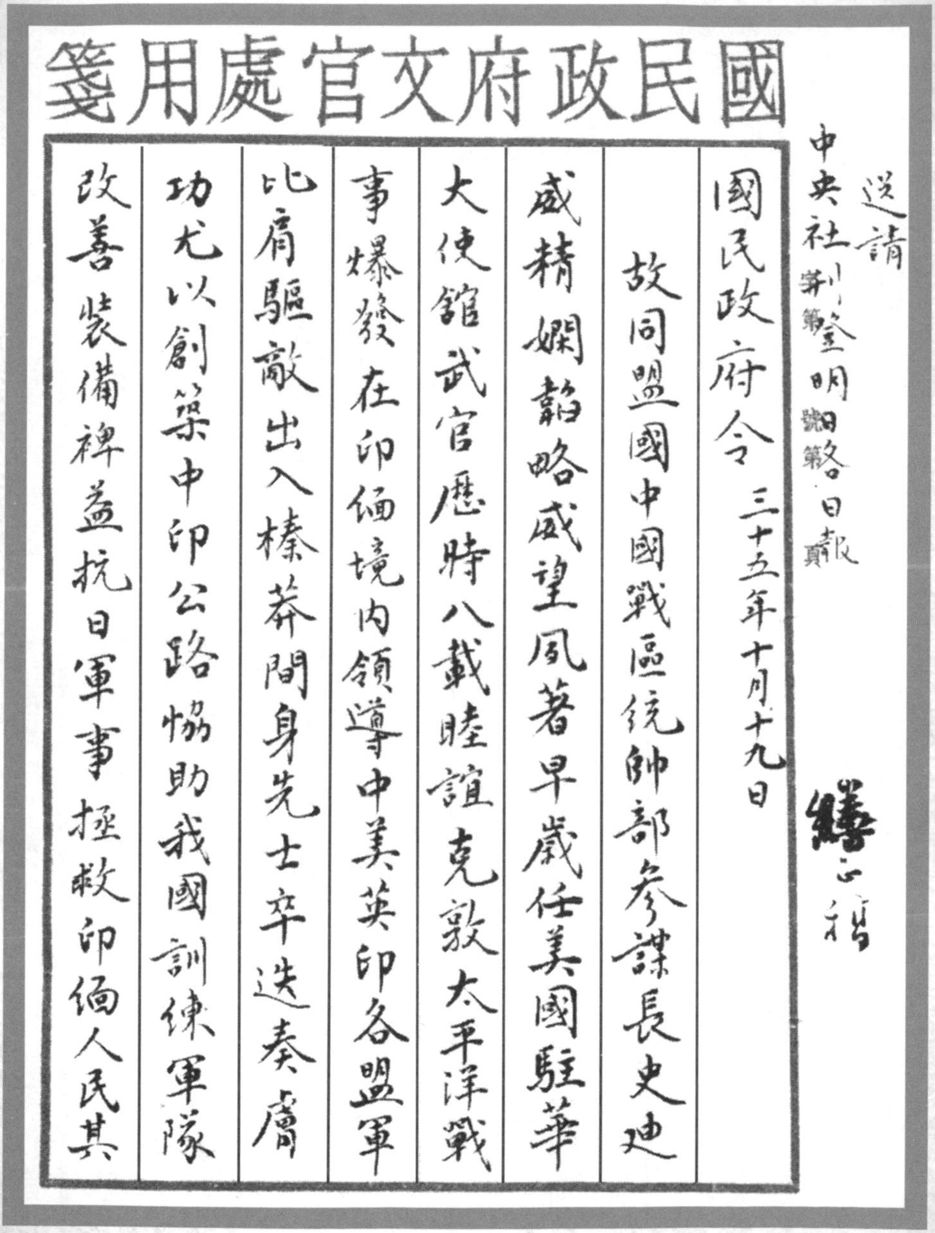

國民政府文官處用箋

送請中央社分發明日各日報

國民政府令　三十五年十月十九日

故同盟國中國戰區統帥部參謀長史迪威精嫻韜略威望夙著早歲任美國駐華大使館武官歷時八載睦誼克敦太平洋戰事爆發在印緬境內領導中美英印各盟軍比肩驅敵出入榛莽間身先士卒迭奏膚功尤以創築中印公路協助我國訓練軍隊改善裝備裨益抗日軍事拯救印緬人民其

圖3-10

外國人合於條件，亦可褒揚。像中國戰區參謀長史迪威去世，國民政府特發表褒揚令，傳令褒揚他對抗戰做出的貢獻。史迪威於一九四六年於舊金山逝世，國府明令表揚，對其讚不絕口、推崇備至，並要中央社發稿供各報社刊載。

國民政府文官處用箋

於此次大戰之獲致全勝貢獻至偉茲因
肝疾突發遽逝於舊金山遽傳噩耗遐邇
同悲特予明令褒揚用彰勳績此令

圖3-10

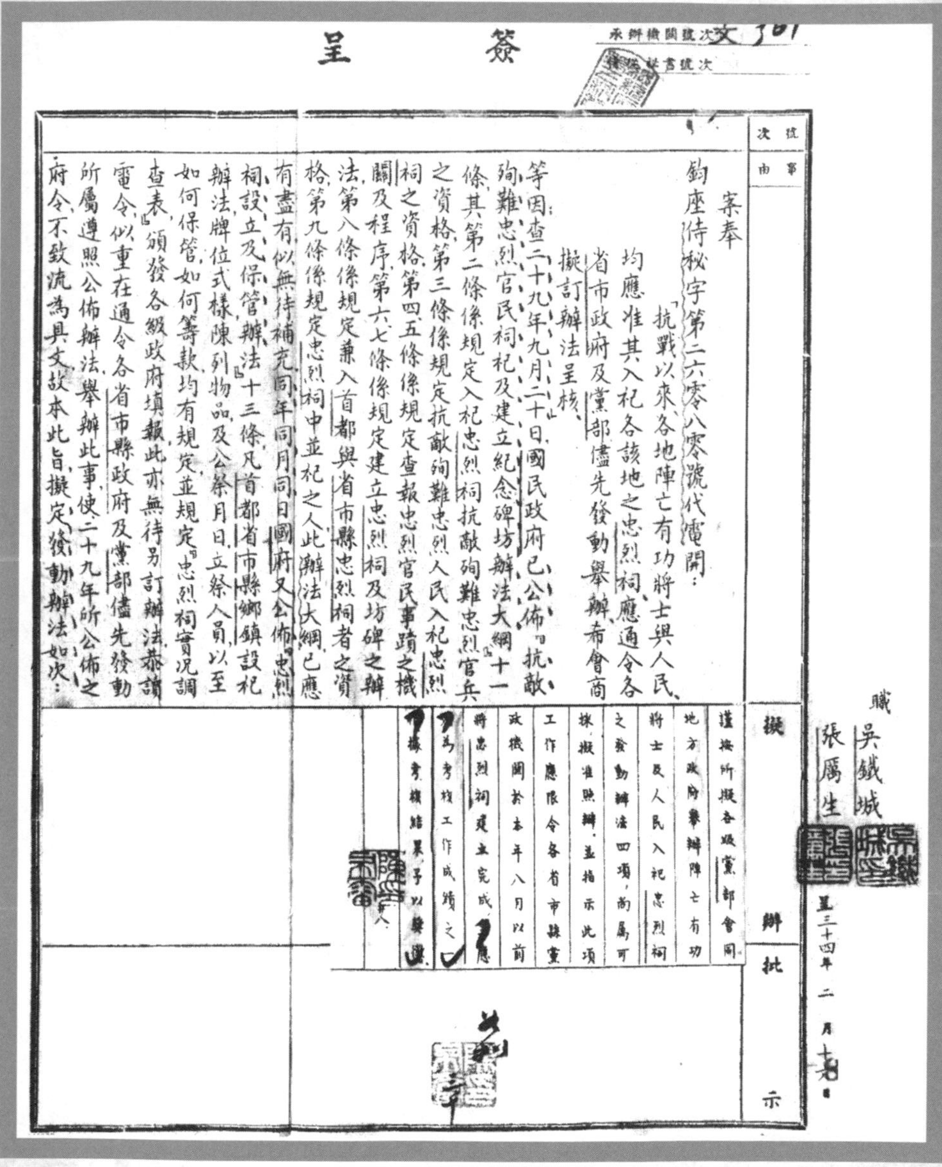

呈　簽

承辦機關號次　文

收文號次

號次

事由

案奉

鈞座侍秘字第二六零八零號代電開：

「抗戰以來各地陣亡有功將士與人民、均應准其入祀各該地之忠烈祠，應通令各省市政府及黨部儘先發動舉辦，希會商擬訂辦法呈核。」

等因；查二十九年九月二十日國民政府已公佈『抗敵殉難忠烈官民祠祀及建立紀念碑坊辦法大綱』十一條，其第二條係規定入祀忠烈祠抗敵殉難忠烈官兵之資格，第三條係規定抗敵殉難忠烈人民入祀忠烈祠之資格，第四五條係規定查報忠烈官民事蹟之機關及程序，第六七條係規定建立忠烈祠及坊碑之辦法，第八條係規定兼入首都與省市縣忠烈祠者之資格，第九條係規定忠烈祠中並祀之人；此辦法大綱已應有盡有，似無待補充。同年同月同日國府又公佈『忠烈祠設立及保管辦法』十三條，凡首都省市縣鄉鎮設祀辦法、牌位式樣、陳列物品及公祭月日、立祭人員以至如何保管、如何籌款，均有規定，並規定『忠烈祠實況調查表』頒發各級政府填報，此亦無待另訂辦法。茲謹電令，似重在通令各省市縣政府及黨部儘先發動所屬遵照公佈辦法舉辦此事，使二十九年所公佈之府令不致流為具文，故本此旨，擬定發動辦法如次：

擬辦

謹按所擬各級黨部會同地方政府舉辦陣亡有功將士及人民入祀忠烈祠之發動辦法四項，尚屬可採，擬准照辦，並指示此項工作應限令各省市縣黨政機關於本年八月以前將忠烈祠建立完成，應為考核工作成績之據，考核結果予以獎懲。

職　吳鐵城　張厲生

三十四年二月　日

批示

圖3-11

抗戰勝利後是另一波從中央到地方同步調查及整理抗戰忠烈事蹟的高峰，根據現存的檔案資料顯示，國民政府始終高度關心抗戰忠烈事蹟的挖掘、表彰與紀念，並在國土逾半淪陷的惡劣環境下，盡了最大的努力。

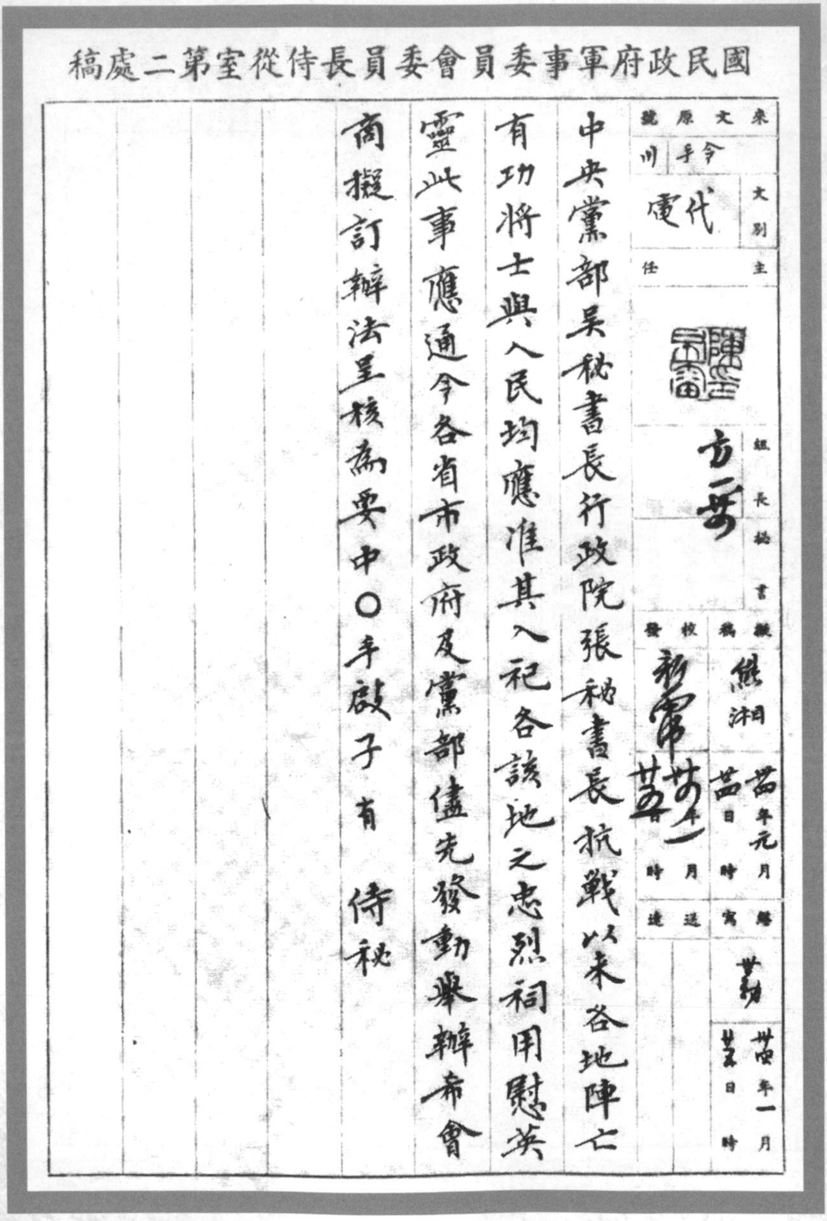

國民政府軍事委員會委員長侍從室第二處稿

來文原號：川手令

文別：代電

中央黨部吳秘書長行政院張秘書長抗戰以來各地陣亡
有功將士與人民均應准其入祀各該地之忠烈祠用慰英
靈此事應通令各省市政府及黨部儘先發動舉辦希會
商擬訂辦法呈核為要中〇手啟子有 侍秘

圖3-12

抗戰爆發未幾，國民政府指示中央黨部大規模地展開戰時忠烈事蹟的普查行動，勝利後通令全國各省、市、縣政府調查境內的忠烈祠建築現況及奉祀烈士事蹟名單，在戎馬倥偬的險峻局勢下，國府終於完成全國資料的彙整統計。

案據本會政治部二十九年六月二十一日治策巴字第三六三八號呈稱「本年七月七日為抗戰建國三週年紀念本部於第一零八次部務會議決議擬請　國府通令全國舉行追悼陣亡將士大會並決定辦法五項：「(一)全國各軍隊、各機關、各團體、各學校分別舉行追悼，並由各地高級黨政軍機關召開各界追悼陣亡將士大會。(二)全國一律下半旗誌哀，並停止娛樂宴會。(三)全國各軍隊各機關各團體各學校派員撫慰陣亡將士家屬。(四)全國各報紙刊物出版追悼陣亡將士特刊。(五)全國各地建立陣亡將士紀念塔，並擴大鑄逆工作。」上五項辦法除電飭各級政治部遵照發動各界積極籌備

圖3-13

舉行外，謹呈請鈞會准予轉請　國府通令全國一致遵行

藉慰忠靈，而隆紀念。」

等情，據此，查所擬五項辦法，核尚可行，擬准照辦，除指令准予轉

呈外，理合備文呈請

鈞府俯准通令全國一致遵行。

謹呈

國民政府主席林

軍事委員會委員長蔣中正

圖3-13

第四章　國殤的故事

一、張自忠的故事

徐州會戰包括滕縣血戰、臨沂之戰、台兒莊大捷和徐州突圍四部份。

臨沂保衛戰是中國抗日戰爭徐州會戰期間，中日雙方在山東省臨沂市及其地區展開的一系列攻防戰鬥，中方參戰部隊是國民革命軍張自忠部和龐炳勛部，日方參戰部隊是板垣征四郎指揮的第五師團，戰鬥歷時一個多月，最終國軍成功將日軍阻擋於臨沂地區，導致日軍兩路合圍台兒莊的計劃未能實現，是台兒莊戰役中方獲勝的重要因素之一。

在七七事變時，身爲宋哲元部下的張自忠同樣因棄守華北而被國內輿論羞辱，視爲漢奸。臨沂一役，張自忠不但與老同事龐炳勛和解，五十九軍的善戰也贏得各界讚譽，洗刷漢奸之屈；後來國軍統帥部不但通令嘉獎，蔣介石並於一九三八年十月十二日提拔張爲三十三集團軍司令兼五十九軍軍長。

川軍打的滕縣血戰，爲台兒莊佈陣爭取了兩天時間。張自忠指揮的臨沂大戰，粉碎了日軍兩路夾擊台兒莊的計畫。

一九四〇年五月十六日，張親率第七十四師與日軍在方家集激戰。張部隨身官兵僅兩千人，而日軍步騎在四千人以上，砲二十餘門，遂分左右向張部包圍於南瓜店。國軍傷亡殆盡，張在槍林彈雨中指揮，肩部已中彈，仍誓不退後，所有官兵均一致以最後生命，爭持南瓜店陣地。

未幾張再中一彈，擬拔劍自刎，為屬下阻止，張終聲竭而殉國。張自忠戰死後，日本人發現張將軍遺體，審認無訛，一起膜拜，用上好棺木盛殮，並豎木牌。並全軍向他行禮，甚至在他的遺體運回後方之時，日軍收到消息便下令停止空軍的空襲一日，避免傷到張自忠的忠骸。可見，張自忠將軍在對日抗戰所展現軍人武德，連當時崇尚軍國主義的日軍都為之感動。

當天深夜，日軍設在漢口的廣播電臺中斷正常廣播，插播了張自忠陣亡的消息，並稱：「我皇軍第三十九師團官兵在荒涼的戰場上，對壯烈戰死的絕代勇將，奉上了最虔誠的崇敬的默禱，並將遺骸莊重收殮入棺，擬用專機運送漢口。」日軍對張自忠將軍表現了極大的崇敬，由軍醫用酒精仔細清洗遺體，並包紮好傷口，鄭重裝殮，放進趕製的棺材裏。此棺被葬於一處山坡上，並立墓碑，上書：「支那大將張自忠之墓」。

張將軍的屍骨運回後方後，經檢視，張自忠身有八處傷口，其中炮彈傷二處，刺刀傷一處，槍彈傷五處。隨後，張將軍遺體被運往當時的戰時首都重慶安葬，路經宜昌時，十萬軍民恭送靈柩至江岸，其間日機三次飛臨宜昌上空，但祭奠的群眾卻無一人躲避，無一人逃散。

一九四〇年五月廿八日晨，當靈柩運至重慶朝天門碼頭，蔣介石、馮玉祥等政府軍政要員臂綴黑紗，肅立碼頭迎靈，並登輪繞棺致哀。蔣介石在船上「撫棺大慟」，令在場者無不動容。蔣介石親自扶靈執紼，拾級而上，護送靈柩穿越重慶全城。國民政府發佈國葬令，頒發「榮字第一號」榮哀狀。將張自忠牌位入祀忠烈祠並列首位（**見圖4-1**）。

廿八日下午，蔣介石與軍政要員和各界群眾在儲奇門為張自忠舉行了盛大隆重的祭奠儀式。氣氛莊嚴，極盡哀榮。蔣介石親自主祭，同時以軍事委員會委員長的名義通電全軍，表彰了張自忠一生的勳績（**見圖4-2**）。

隨後，國民政府在重慶北碚雨臺山為張自忠舉行下葬儀式。蔣介石題詞「勳烈常昭」，李宗仁題詞「英風不泯」，馮玉祥題詞「藎忱不死」。

十一月十六日，張自忠靈柩以國葬之禮權厝於重慶雨臺山。後來，馮玉祥在墓畔種植梅花，並仿效明代史可法所葬的揚州梅花嶺，將此山改名為梅花山。

張殉國後，國府明令褒揚特予國葬，追贈陸軍二級上將（**見圖4-3**）。一九四二年十二月三十一日，國民政府明令張自忠入祀全國忠烈祠。一九四四年八月，國府將宜城縣改為自忠縣（**今宜城市**），以誌其忠，張自忠殉國年五十，遺有二子一女，妻李氏，因病在上海療養，聞耗絕食而死。

從三十三集團軍駐渝辦事處電報可知，張自忠的弟弟張自明上國民政府電透露，他的嫂嫂聽聞丈夫以身盡忠後，不久也以身盡節，在電報中，他代表張家以及他的侄子，也就是張自忠的兒子張廉珍感謝國府的照顧（見圖4-4）。

張自忠殉國當日，由三十八師師長黃維剛帶領敢死隊，端著輕機槍於十六日夜間突襲南瓜店，奮勇搶運張自忠將軍的遺骸。黃師長光著膀子，穿著褲衩，帶著弟兄們光著腳丫，頂著鬼子的炮彈朝前衝，幾進幾出終於搶回了張將軍的遺體。搶運張自忠將軍遺骸的黃維剛是河南項城市鄭郭鎮范營村人，一九四三年八月三日，他病逝於湖北南漳前線，終年四十六歲，歸葬於范營村。當時，國民政府曾明令褒獎，晉陞陸軍中將。此後，以抗日殊功入祀忠烈祠。

據一份第三十三集團軍總司令馮治安報給軍事委員會替黃維綱請卹的電文記載，抗戰爆發三年以來，黃維綱的父母妻子相繼死亡，該軍長因大敵當前始終未曾離軍一日，又為了責任心，重病未痊癒即回防抗敵，以致逝世，生平無積蓄，遺孀扶養一子四女，子甫兩歲，情極可憫。

另外也有馮治安兩封電報，抄電一與抄電二，前封電報敘述於鄂中戰役陣亡的過程，張自忠與所部官佐集體陣亡，遺體還在搜尋中（見圖4-5），第二封則是敘述黃維綱找尋遺體過程，以及作戰殉職經過（見圖4-6），文中詳細描寫了張自忠一心成仁取義的意志，以及他慷慨赴義的偉大情操。

讀張自忠與黃維綱事蹟令人不禁滄然而淚下。

二、謝晉元的故事

謝晉元：一九三七年，留守四行倉庫。
楊瑞符：一九三七年，留守四行倉庫。

國民政府在抗戰全面爆發之後，還是對不少在前線立下特殊功勳者授予了這枚勳章。民國二十六年十一月十七日，謝晉元（第八十八師五二四團團附）、楊瑞符（第八十八師五二四團營長），因堅守上海閘北，掩護我軍退卻，完成任務，獲頒青天白日勳章。

謝晉元、楊瑞符的指揮下，孤軍堅守四行倉庫，不僅給進攻的日軍大量殺傷，還爲第三戰區主力部隊撤出上海爭取了時間。以掩護主力部隊後撤，並壯大國際視聽。堅守了四晝夜之後，撤退至蘇州河南岸的公共租界區，是爲八百壯士。

之後，英國公共租界迫於日軍的威脅，而攔截令謝晉元的部隊繳械，並限制其行動於營區中，上海市民稱其爲孤軍營，一時成爲上海淪陷區的抗日精神象徵。

國府對他孤軍奮守四行倉庫，在上海達三年之久不投降，特別由蔣介石以行政院長身分呈請國府褒揚（見圖4-7）。

四十一年四月廿四日清晨，謝晉元像往常一樣指揮孤軍官兵早操。各連列隊報數後，沿著大操場自北往南跑操場運動去。謝晉元一個人站在操場門口檢查士兵遲到的情況，二連下士郝鼎誠、四連下士張文清、下士尤耀亮，上等兵張國順四人從大禮堂方向走來。謝晉元近前，問他們為甚麼遲到，郝鼎誠突然拿出身藏的匕首刺向謝晉元面門，隨後在其頭胸等部位猛戳，其餘三人也一擁而上，向其左太陽穴及咽喉等致命處狂刺，謝晉元當場倒地終致不治殉國。

蔣介石旋及以行政院長的身分呈請國民政府褒揚故團長謝晉元，事由寫到：該部堅守閘北，誓死守護我國旗與最後陣地，其忠勇堅貞之氣以深為中外人士所衿式，嗣後留駐上海歷時三年備受逼誘，卒能始終一致，保持我革命軍人之人格，此種艱苦卓絕之精神尤屬難能可貴，此次被刺殞命殊堪悼惜，應請明令褒揚，其家屬子女並由政府教養以示優異。

謝晉元的老家廣東蕉嶺也成立治喪委員會（見圖4-8），位於重慶陪都的「全國慰勞抗戰將士委員總會」（見圖4-9）及許多社團也紛紛展開追悼活動。

五月八日，中華民國政府通令嘉獎，追贈謝晉元為陸軍步兵科少將。上海六萬民眾前往瞻仰遺容。

還有更多的烈士，他們的悲壯事蹟更讓我們一掬同情的眼淚。

有份國府的褒揚令，引述三名將領的殉職，其一陸軍第二十九軍軍長陳安寶、第九師師長鄭作民（見圖4-10）、第七十三師師長鍾毅（見圖4-11），褒揚他們三位忠勇衛國壯烈犧牲以彰忠烈，鄭作民陣亡於崑崙關戰役，他上有高堂下有諸孤，俯仰無依，益為傷痛，鍾毅於棗陽會戰力竭犧牲，陳安寶（見圖4-12）於南昌會戰遭日機射擊殉職，讀其電報為之感傷與悲痛（見圖4-13）。

再看一份電報，是軍事委員會蔣委員長發給國民政府的請卹電報，要求褒揚故師長許國璋、彭士量、孫明瑾三人（見圖4-14），許國璋是一五〇師師長，死守太浮山忠勇殉職，彭士量是暫編第五師代師長，也是在石門戰役死守陣亡，孫明瑾是預十師師長，在常德會戰身先士卒壯烈成仁，都是由戰區長官報請蔣介石向國府請求褒揚令、入祀忠烈祠、宣付史館，讀來倍感淒涼（見圖4-15）。

三、戴笠的故事

戴笠是一個極具爭議性的人物，浙江省江山縣保安鄉人，原名春風，字雨農，後改雨濃（因五行缺水），浙江第一師範，黃埔軍官學校第六期畢業，知名特務，軍統局首長。長期從事特工與間諜工作，曾負責國民政府情治機關，創立國民政府軍事委員會調查統計局（簡稱軍統）並擔任軍統局副局長（但為實際領導人）與中美特種技術所主任。在抗日戰爭中，戴笠和他領導的軍統局為中華民國立下卓著功勳（見圖4-16），一九四六年戴笠因飛機失事身亡，死後被國民政府追任為陸軍中將。戴笠雖求仁得仁，中國社會卻未給他公平的待遇，然而，我們從國民政府當時的褒揚令及宣付史館的功勞來看，戴先生沒有遺憾地得到了應有的尊重（見圖4-17）。

從褒揚令中可看出，他其實是一位事母至孝，待人至厚的血性漢子。

戴先生有四個第一：

一、將黃埔基礎系統，擴充爲愛國人士有志一同，他是第一。

二、將國家情報私自擴大爲國際情報合作，他是第一。

三、將情報技術由人能智慧配合科技運用，他是第一。

四、將敵前敵後情報組織，無形有形的秘密機構，武裝精良的情報部隊，合計達有百萬兵員者，他是第一。

以志節、人品、才略及功業四項評判標準，來定戴笠一生功過，他爲一真正愛國英雄、傑出革命家，或一錚錚奇男子，皆不爲過。若以志節觀之，戴笠數十年來處處以國家利益爲上，獻身殉國終不悔。以人品窺之，歷覽戴笠生平，爲人淡泊物慾、名利。多年來即使位高權重，從未挾私怨報復，可見光明磊落。從才略來看，公職期間，神機鬼藏，膽略絕倫，享譽中外，備受重用。自功業觀之，弭平重大禍變，抗戰時屢建奇功，維護國家交通、經濟安定，持平而論，功績可推爲第一人。

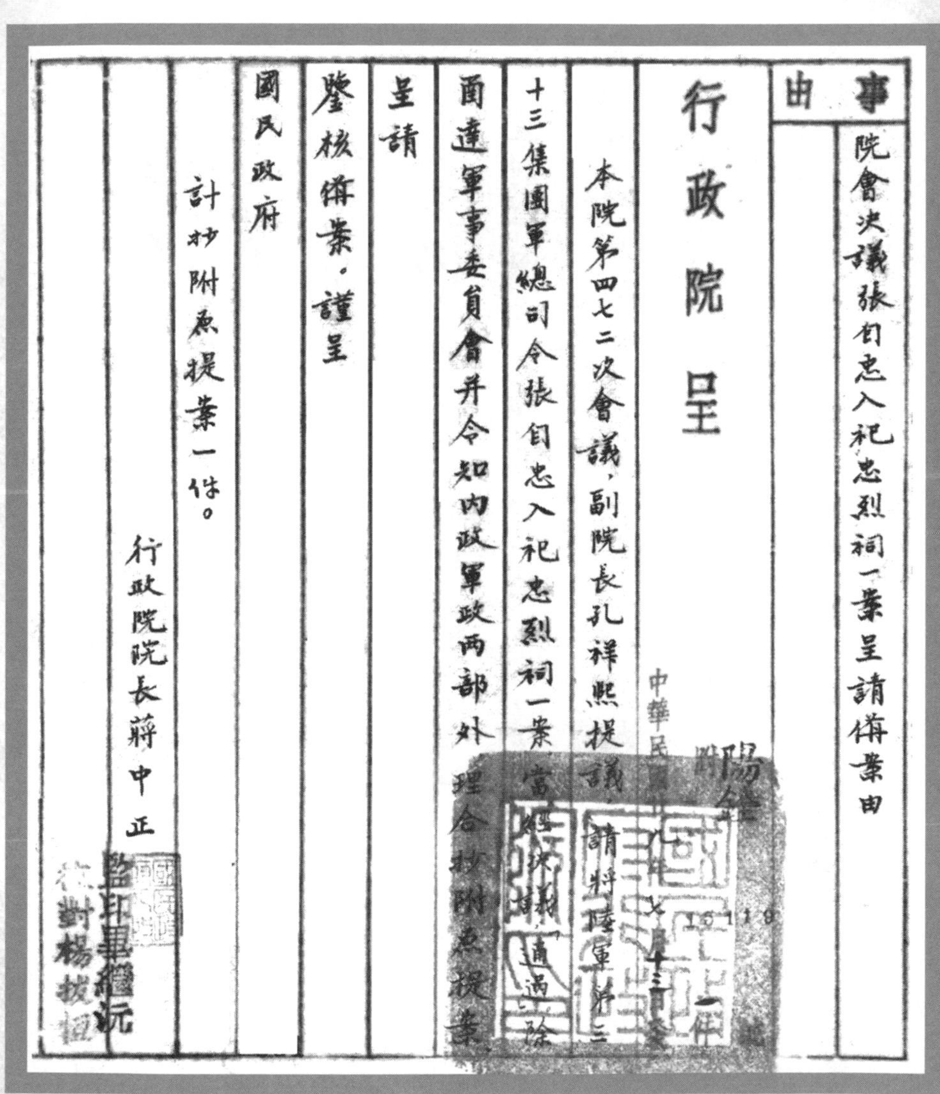

事由：院會決議張自忠入祀忠烈祠一案呈請備案由

行政院 呈

本院第四七二次會議，副院長孔祥熙提議，請將陸軍第三十三集團軍總司令張自忠入祀忠烈祠一案，當經決議通過，除函達軍事委員會并令知內政軍政兩部外，理合抄附原提案，

呈請

鑒核備案。謹呈

國民政府

計抄附原提案一件。

行政院院長蔣中正

監印畢繼沅

校對楊拔[illegible]

圖4-1
國民政府發佈國葬令，頒發榮哀狀，將張自忠牌位入祀忠烈祠並列首位。

國民政府令

陸軍上將第三十三集團軍總司令張自忠，久膺軍寄，夙著忠貞，蘆溝橋事變後，轉戰前方，屢建奇勳，方冀干城永寄，翊成復興大業，乃以鄂中戰役，親當前鋒，抱成仁取義之決心，奮勇截敵，重創喋血，猶復猛進不已，並諄諄以效忠國家民族雪恥復仇勗勉部衆，終因傷重殉職，全軍感痛，政府追懷壯烈，軫悼良深，應予明令褒揚，交軍事委員會從優議卹，生平事蹟，存備宣付國史館，以示國家篤念忠勲之至意　此令。

圖4-2
蔣介石親自主祭，同時以軍事委員會委員長的名義通電全軍，表彰了張自忠一生的勳績。

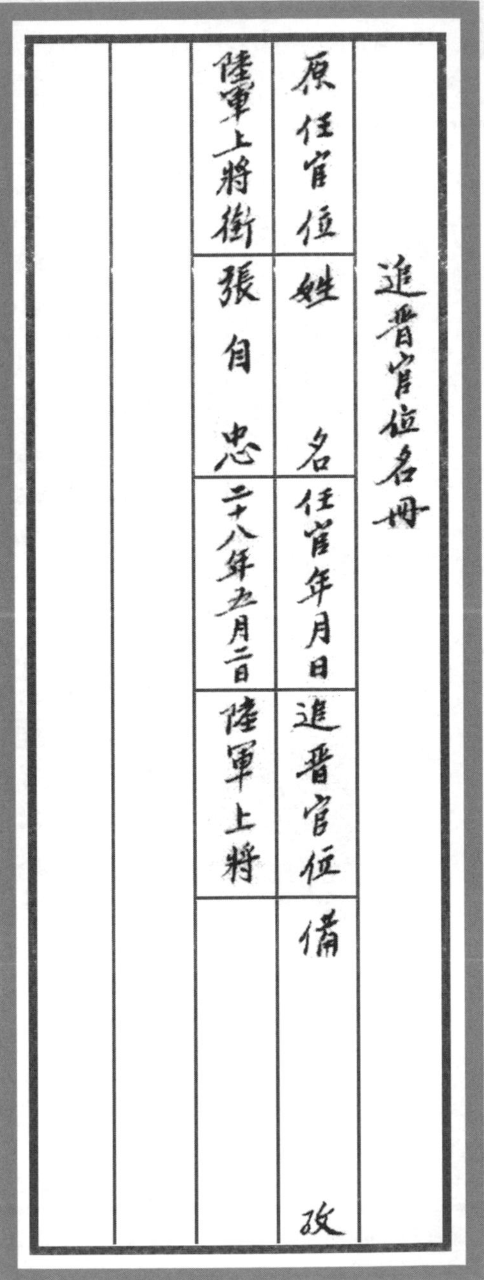

追晉官位名冊

原任官位	姓名	任官年月日	追晉官位	備攷
陸軍上將銜	張自忠	二十八年五月一日	陸軍上將	

圖4-3
張殉國後，國府名令褒揚特予國葬。追贈陸軍二級上將。

第三十三集團軍駐渝辦事處抄報紙

照抄來電

請轉呈國民政府鈞鑒謹呈者先兄自忠既以身盡忠先嫂亦以身盡節蒙鈞府賜以相成忠傑匾額荷旌表之殊榮銘恩施於永世淪肌浹髓感激涕零謹電叩謝伏維鑒察張自明率侄廉珍叩呈齊

第三十三集團軍駐渝辦事處 抄呈

二月 二日

圖4-4

從三十三集團軍駐渝辦事處電報可知，張自忠的弟弟張自明上國民政府電透露，他的嫂嫂在聽聞丈夫以身盡忠後不久，也以身盡節，在電報中，他代表張家以及他的侄子，也就是張自忠的兒子張廉珍感謝國府的照顧。

抄電一　張總司令自忠於鄂中戰役陣亡

衛署（蓉）張總司令由方家集率七十四師追截南竄之敵銑日在南瓜店附近激戰敵以步騎三四千人附砲廿餘門向我反攻異常劇烈我軍傷亡殆盡敵以大部向我包圍迫近總部總司令抱有敵無我之決心親率總部官佐及特務營作最後之苦撐自晨迄未血戰未停卒因彈盡力孤總司令竟以身殉總部官佐及特務營長以下同作壯烈犧牲生存無幾總司令遺體現正在尋覓中參謀長李文田脫險回部其餘總部人員亦在分途探查俟有下落當再續報職聞耗後即由晉門沖馳往快活鋪總部並飭各部隊續行原任務固守河防謹先電聞職　馮治安叩巧秘印

圖4-5
馮治安兩封電報，抄電一與抄電二，前封電報敘述張自忠於鄂中戰役陣亡的過程，張自忠與所部官佐集體陣亡，遺體還在蒐尋中。

抄原電二

衛署(塞)蓊電計呈鈞鑒覽先總司令遺体係黃師長維綱親
自率隊分途搜尋將敵擊散業已覓得運回總部正在裝
殮中據先總司令衛士谷瑞雪負傷回部稱當敵人大部向我
包圍總司令即登山督戰銑午右肩受傷我請其回部綁紮
堅不肯回神色自若後大呼向蓊衛殺來間胸部又受重傷
即拔槍自決為隨從副官朱增源所奪隨即倒地微聲曰你
們快走我自己有办法又曰對國家對民族對長官良心很平
安大家要殺敵報仇遂瞑目殉國伏念 先總司令每次作戰
抱必死決心當時渡河截敵之日曾給我親筆一函大意略謂

圖4-6

第二封則是敘述黃維綱找尋遺體過程，以及作戰殉職經過，文中詳細描寫了張自忠一心成仁取義的意志，以及他慷慨赴義的偉大情操。

因戰區全面戰事關係及本身之責任須過河与敵一拚如不能与各師取得連絡乃向最終之目標(死)邁進毋論作好作壞一求良心得以安慰以後事請弟負責由現在起或暫別或永別不得而知茲語不勝悽痛謹電呈聞 職馮治安李文田叩 皓印

圖4-6

事由：呈請褒揚故團長謝晉元由

行政院　呈

查上海孤軍團長謝晉元於四月二十四日被刺殞命，該團長於上海戰後率領所部堅守閘北，誓死守護我國旗與最後陣地，其忠勇堅貞之氣，已深為中外人士所矜式，嗣後留駐上海歷時三年，備受逼誘，卒能始終一致，保持我革命軍人之人格，此種堅苦卓絕之精神，尤屬難能可貴，此次被刺殞命，殊堪悼惜，應請明令褒揚，其家屬子女並由政府教養，以示優異。謹呈

國民政府

行政院院長蔣中正

中華民[illegible]

圖4-7

國府對他孤軍奮守四行倉庫，在上海達三年之久不投降，特別由蔣介石以行政院長身分呈請國府褒揚。

第 1980 號

姓名或機關	摘由	擬辦	批示
廣東蕉嶺謝晉元家屬治喪處	滬孤軍團長謝晉元被狙逝世準於六月十七日在其家台 表彰錫挽詞以光泉壤	擬送挽額 即用送追悼會挽額四字 射安 五、十三	府如擬 五、十四
何來：蕉嶺			
電：佳			
收到：月 日			
送：十三日			
摘由者簽名：汪逢彦			

國民政府文官處文書局機要室

圖4-8
謝晉元的老家廣東蕉嶺也成立治喪委員會。

三十年 五 日到

收文 慶字第 一五一六 號

事由：為轟震上海孤軍中之謝晉元團長為敵偽行刺殞命本會訂於五月十日上午八時假大千池新運服務所舉行追悼大會

決定辦法：

擬辦：

附件：

核閱蓋章：

承辦蓋章：

全國慰勞抗戰將士委員會總會

慰處字第 三 號

中華民國卅年五月一日發

敬啟者：頃據電訊我轟震上海孤軍營中之謝晉元團長，於四月二十四日晨為敵偽漢奸行刺，不幸殞命，團長……

圖4-9

位於重慶陪都的「全國慰勞抗戰將士委員會總會」及許多社團也紛紛展開追悼活動。

抄電 第九師々長[兼副軍長]鄭作民在桂南崑崙関戦役陣亡

衛畧自密兹據第九師副師長夏德貴報稱本部於崑崙関撤退時留置第二五团担任掩護師長鄭作民親留崑崙関附近陣地指揮不幸於三日拂曉中敵砲彈陣亡職於當晚到達上林時始得確息除將此役撤退及損失詳情另報外理合將師長情形呈請鑒報等情據此查該故師長兼任本軍副軍長鄭作民君係黃埔一期生北伐以還無役不與忠勇壯烈根於性成此次崑崙関之役該師長事前預書遺囑早具成功成仁決心傍查該師長廉潔自持清貧如故上有高堂下有諸孤俯仰無依益為傷痛勁表彰忠烈國有例典無待贅陳而袍澤情殷敢煩瑣瀆以懇俯念遺族優予撫卹藉慰英靈而昭激勸為禱李延年叩未參印

圖4-10
鄭作民陣亡於崑崙關戰役，他上有高堂下有諸孤，俯仰無依，益為傷痛。

抄電　第一七三師々長鍾毅於棗陽之役陣亡

衛男據李長官寒侯電第一七三師々長鍾毅奉命由棗陽向西突圍節々被敵截擊後隨行僅餘一營復在蒼苔鎮与敵步兵千餘遭遇結果該營亦被衝散僅餘四五十人行至蒼苔西北約十餘里地方又与敵騎兵数百襲擊雖經奮死抵抗終以彈盡全部壯烈犧牲鍾師長亦飲彈自戕等語查鍾師長毅見危授命壯烈殉國殊深悼惜希迅予從優議卹以彰忠藎為盼

中正哿酉令一元

圖4-11
第七十三師師長鍾毅，忠勇衛國壯烈犧牲以彰忠烈，鍾毅於棗陽會戰力竭犧牲。

抄電一 陳軍長安寶於二十八年五月六日在南昌蓮塘之役陣亡

衛罢密 預五師及六師之七八旅攻至南昌市東被敵猛烈反攻傷亡約三分之一魚夜撤回瑤湖附近安寶兩鄉率二十六師之七六旅及七九師之一團攻至蓮塘與敵激戰魚日被敵機整日轟炸掃射兵擊傷亡慘重安寶忠烈于是役陣亡兩卿亦同時負重傷軍參謀長侍從軍官等及其餘部魚夜退回市汊街收容中現飭肯巴令預五師七九師及廿六師之七八旅配置於武溪市謝埠市武陽渡東岸扶渡口預十師十六師一零二師任務照舊尤青仍繼續進攻等語查安寶南歸苦戰迭挫兇鋒今安寶忠烈殉國傷悼至深敬請重卹以慰英烈 職薛岳虞巳智

圖4-12
陳安寶於南昌會戰遭日機射擊殉職，讀其電報為之感傷與悲痛。

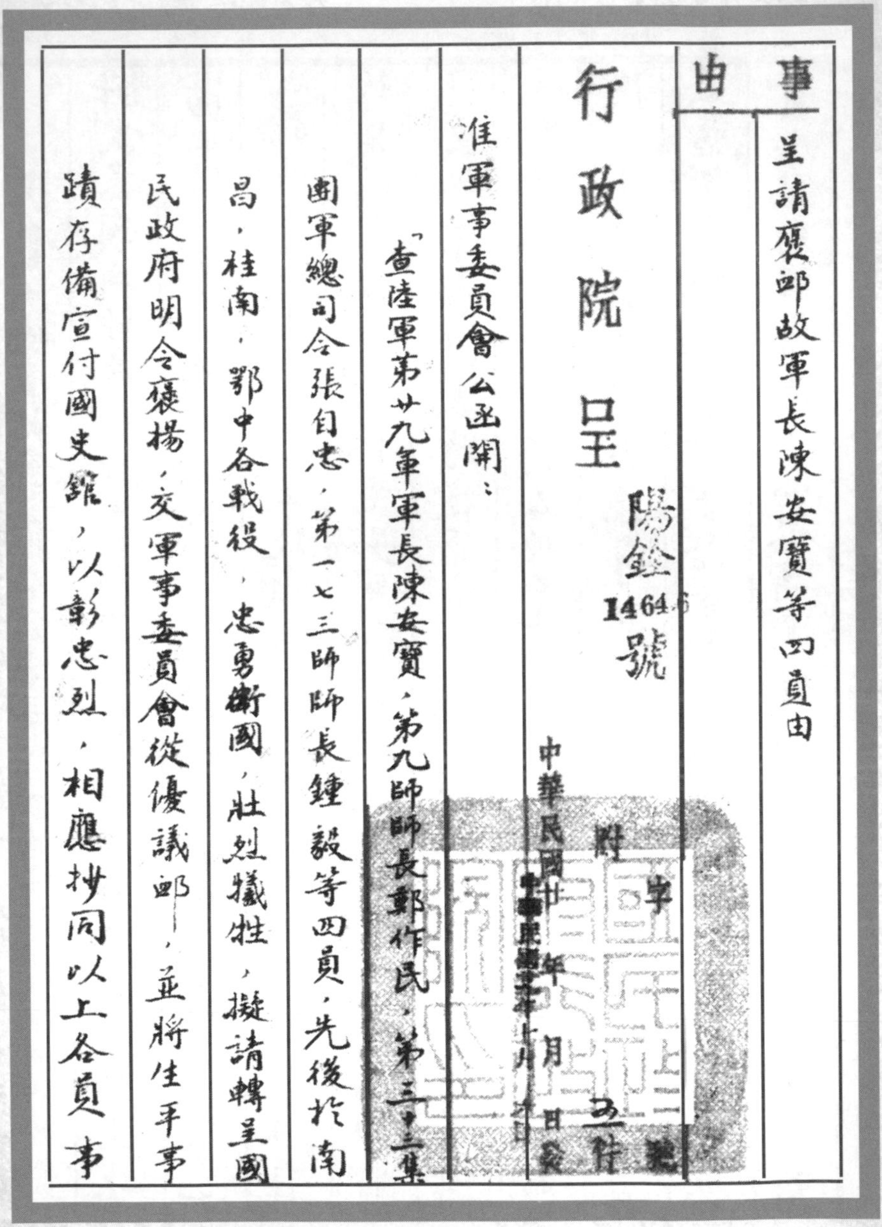

事由：呈請褒卹故軍長陳安寶等四員由

行政院呈

陽銓14646號

字 號

附 五 件

中華民國廿 年 月 日發

准軍事委員會公函開：

「查陸軍第廿九軍軍長陳安寶、第九師師長鄭作民、第三十三集團軍總司令張自忠、第一七三師師長鍾毅等四員，先後於南昌、桂南、鄂中各戰役，忠勇衛國，壯烈犧牲，擬請轉呈國民政府明令褒揚，交軍事委員會從優議卹，並將生平事蹟存備宣付國史館，以彰忠烈，相應抄同以上各員事

圖4-13

中華民國政府通令嘉獎，有份國府的褒揚令，引述四名將領的殉職，陸軍集團軍總司令張自忠、第二十九軍軍長陳安寶、第九師師長鄭作民、第七十三師師長鍾毅，褒揚他們四位忠勇衛國壯烈犧牲以彰忠烈。

蹟函請查照於明(七七)日發表為荷。

等由:理合檢附事蹟表,呈請

鑒核施行,於明(七七)日發表。謹呈

國民政府

、

計附事蹟表五份

行政院院長蔣中正

圖4-13

事由：褒揚故師長許國璋彭士量孫明瑾呈

行政院 呈

准軍事委員會函請轉呈褒揚故師長許國璋彭士量孫明瑾將生平事蹟存備宣付國史館並准入祀首都忠烈祠等由經提出本院第六四三次會議決議：「通過」理合抄同原函及附件呈請

明令褒揚將生平事蹟存備宣付國史館並准入祀首都忠烈祠謹呈

國民政府

附抄原函三件原代電二件。

中華民國

3.403

圖4-14

再看一份電報，是軍事委員會蔣委員長發給國民政府的請卹電報，要求褒揚故師長許國璋、彭士量、孫明瑾三人，許國璋是一五〇師師長，死守太浮山忠勇殉職，彭士量是暫編第五師代師長，也是在石門戰役死守陣亡，孫明瑾是預十師師長，在常德會戰身先士卒壯烈成仁，都是由戰區長官報請蔣介石向國府請求褒揚令、入祀忠烈祠、宣付史館，讀來倍感淒涼。

附抄孫代長官原電一件

即刻到重慶委員長侍從室呈委員長蔣總長何軍令部徐部長次
震光據王兼總司令戍有酉智電稱印密此次分由臨澧及兩水井向太
浮山兩翼包圍我守備太浮山之一五〇師之長許國璋率久戰殘破之
師猛勇衝殺節節抵抗事前曾向部屬宣示戰至一槍一彈亦在沅
全太浮山地區誓死奮鬥等語馬戍該師長率部於
水以北黑灰水口五陬市地區與敵激戰午刻督同四五〇團及四四九
團之殘部士兵重回太浮山達成死守任務該員身先士卒向敵猛衝
卒以眾寡懸殊戰鬥激烈竟於黃昏時在魚田坪附近忠勇殉國
經官兵將遺体搶運現已轉送沅陵我四五〇團則已突破敵陣轉
向太浮山查該員從戎有年以身許國抗戰以還常以成仁相勗

圖4-14

忠國勤勞至堪嘉尚擬懇從優撫卹以慰忠魂等情查該師長忠勇殉
國良深悼惜除由戰區特卹十萬元外謹電鑒核孫連仲戌肴奇印

原函（二）

案據第六戰區代司令長官孫連仲電呈陸軍暫編第五師代師
長彭士量於死守石門戰役陣亡請鑒核等情查此次敵犯湘鄂邊
區我守土將士英勇抵抗前有第一五〇師師長許國璋之壯烈殉國
曾經函請
貴院轉呈明令褒揚事蹟宣付國史館暨入祠首都忠烈祠在案
該代師長彭士量死守石門忠勇捐軀擬仍援許師長例予以褒卹
除由會准發特卹十萬元並另案追贈官位暨電復飭造詳細事蹟

圖4-14

原函(三)

案查陸軍預備第十師師長孫明瑾於此次常德會戰身先士卒於達成任務後壯烈殉職除由本會發給特䘏十萬元並另案呈請追贈及飭補呈事蹟以憑轉送外擬請

貴院先行轉呈

國民政府明令褒揚將生平事蹟宣付國史館並准入祀首都忠烈祠用彰勳勞而勵來茲相應函請

查照核辦爲荷此致

行政院

圖4-14

國民政府軍事委員會代電

侍參 一第 八〇二 號第 頁

國民政府文官處勛鑒二月二十四日未列號簽呈悉、所擬明令褒揚故師長許國璋彭士量孫明瑾、並准入祀首都忠烈祠、應准照辦、中正辰歌侍參、

中華民國卅三年五月五日發

圖4-15

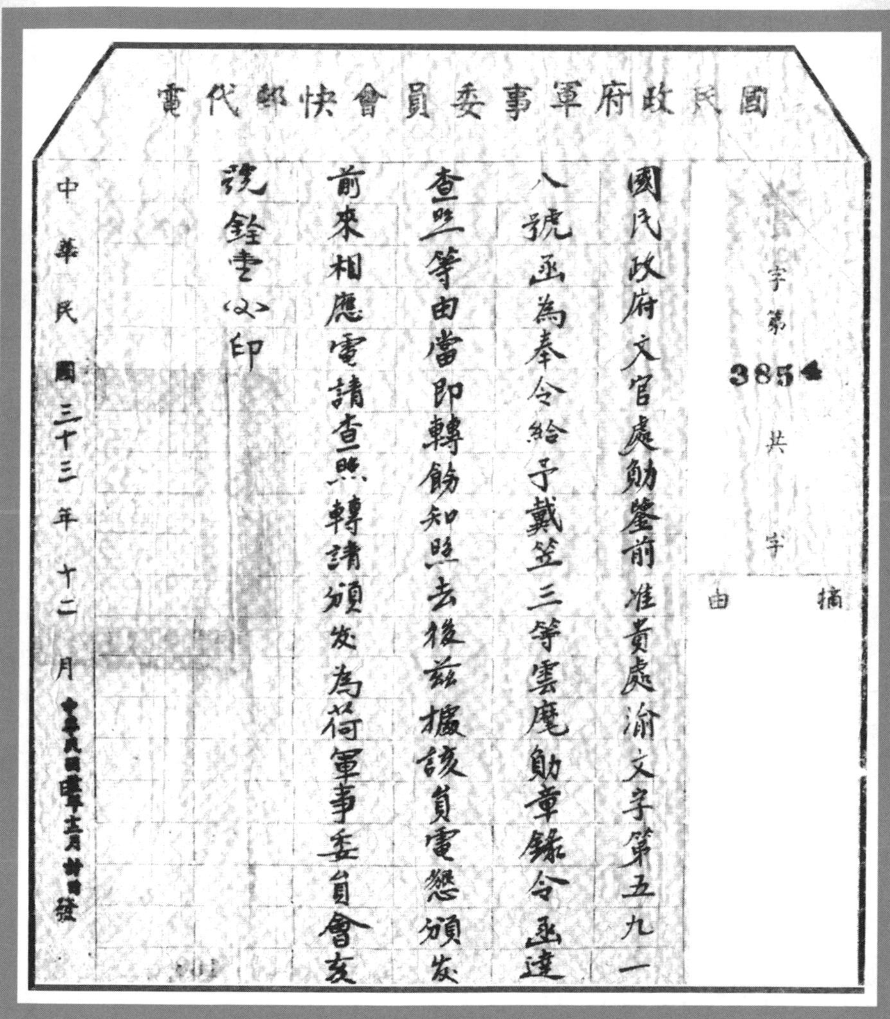

國民政府軍事委員會快郵代電

字第3854 共 字

摘由

國民政府文官處勛鑒前准貴處渝文字第五九一八號函為奉令給予戴笠三等雲麾勛章錄令函達查照等由當即轉飭知照去後茲據該員電懇頒發前來相應電請查照轉請頒發為荷軍事委員會亥諫銓壹(公)印

中華民國三十三年十二月

中華民國卅三年十二月廿日發

圖4-16

戴笠是一個極具爭議性的人物，在抗日戰爭中，戴笠和他領導的軍統局為中華民國立下卓著功勳，一九四六年，戴笠因飛機失事身亡，死後被國民政府追任為陸軍中將。戴笠雖求仁得仁，中國社會卻未給他公平的待遇，然而我們從國民政府當時的褒揚令及宣付史館的功勞來看，戴先生沒有遺憾地得到了應有的尊重。

戴故局長事蹟

番號級職姓名	死亡年月日	死亡地點	備攷
軍事委員會中將調查統計局局長戴笠	卅五年三月十七日	飛機南京板橋鎮上空觸山	家屬現住浙江江山保安鎮

事蹟紀要

戴故局長諱笠字雨農籍浙江江山保安鎮稟賦異常人少懷大志年甫弱冠奮身踵堂兄志南先烈奔走革命幾瀕於危民十五入黃埔軍校六期畢業後追隨革命歷二十餘年自九一八事變日人謀我益亟戴故局長奉命主持本局前第二處專負對敵在華間諜偵防工作任重事艱夙夜匪懈謹將其生平事蹟摘要列舉如次：

一、西安事變前戴故局長早燭機先但為仰體領袖用人不疑之旨

圖4-17

繞室私處猶冀狡謀可寢及既變起戴故局長在京策劃後即親
自飛秦赴難及抵西安隨諸前輩以大義面責張楊終使其覺悟。
二、自二十六年以後日本侵我變本加厲密使特務滲入內地活
動是年一月戴故局長親赴鄭州捕獲日本間諜三口勇男等三人並搜
出秘密文件多種其侵略陰謀暴露無遺。
三、二十三年六月日本製造其駐南京副領事藏本英明失踪事件以
為對我要挾之藉口戴故局長督飭在京人員漏夜偵查卒於三日內將
藏本尋獲揭破其陰謀。
四、自七七抗戰軍興戴故局長奉命主持本局工作在敵人之前後方各
重要戰略據點及國外各地擇要佈置偵查網控制敵偽軍事政治

圖4-17

經濟之策畧與措施呈供最高統帥部參攷凡歷次會戰均獲有重要之情報曾奉軍令部傳令嘉獎有案。

五、自二十九年以後因抗戰步入第二階段局勢益艱海陸交通先後阻絕後方物資奇缺物價上張民生凋敝人心惶然政府實施經濟作戰政策戴故局長先後奉命兼任財政部緝私署長運制局監察處長（後改為軍委會水陸交通統一檢查處）及財政部貨運管理局長等職對於監護軍品防緝走漏搶購物資得相互為用終能達成任務。

六、為適應全面戰局配合國際盟軍戰略共期一舉擊潰敵人之力量起見本局奉令與美方於三十二年五月成立中美特種技術合作所以中美雙方之情報與技術配合作戰其最著者如三十三年十二月獲悉敵

圖4-17

聯合艦隊自經台灣及菲島海戰遭受重創後敵酋豐田副武將殘餘海軍集中琉球一帶重行整編任清水光美為第一艦隊司令以澎湖列島之鎮海要港為基地任松本益吉為第二艦隊司令以琉球群島為基地三十四年一月七日美海軍即根據該項情報襲擊琉球共台灣擊沉大小敵艦八十三艘并燬敵機二百一十架事後美海軍作戰部曾來函致謝該所并策劃訓練裝備別働軍及忠義救國軍分別遣赴敵後地區作戰計於抗戰最後十三個月中擊斃敵官兵二三五四〇人傷敵官兵九一六六人俘敵二九一人燬橋樑二〇九座機車八四輛船隻一四一艘倉棧九七所此外該所分佈在各地及淪陷區之單位對美國海軍及陸軍航空隊航空人員之救護尤為盟邦所稱道計

圖4-17

自三十三年六月至三十四年七月一日止美國飛機被敵襲擊而降落之航空人員經中美合作所華方人員救護而得安全者計有駕駛員三〇人轟炸及航行人員四〇人與隨軍記者貝爾氏一人貝氏獲救後曾著文刊載詳細報告因有上述之成果而得杜魯門總統頒授總司令級勳章。

七、本局在抗戰八年中行動工作成果綜計對敵破壞二、一〇七次襲擊五八五次制截敵偽首要五一五次敵偽人員死亡者一七、八七三人負傷者四、九一六人俘獲者五六六人毀敵軍機車四九二輛車廂一六二七節汽車四七七輛汽油一〇〇三二箱電機一七九七部電線二六七五公尺機器一五部戰艦四四二艘砲台及碉堡五一座步馬機槍二三一八挺(枝)砲三三門各種彈藥四八九〇九箱飛機七一架兵營一五七八間軍糧八一四六二担電

圖4-17

綫桿一三一六根 軍服軍氈五五五〇件 毒瓦斯原料五〇五一箱 橋樑二五〇座 路軌一六五八公尺 鉄絲一九九二四丈 煤油五四七箱 綢布五六四一尺 棉布七六七包 其因獲戰利品未詳列。

八、抗戰勝利後本局奉命主持全國各動要城市逮捕漢奸工作 戴故局長認為此事如辦理不善匪僅無以平公憤抑有損國家之紀綱與民族氣節故常親赴收復區之各重要地區督飭認真辦理綜計逮捕漢奸三五四五人經分別移送各地司法或軍法機關審理至漢奸財產亦經會同有關機關予以查封清理後移交行政院在各地設立之敵偽產業處理局矣。

以上所述僅紀其概其生平事蹟尚有未盡縷陳其詳也 去年五十二歲

圖4-17

第五章　反法西斯聖戰

一、華北大地的血與淚

◎盧溝橋事變（七七事變，一九三七年七月）

一九三七年七月七日下午，駐在豐台的日軍一個中隊，開到盧溝橋以北龍王廟附近。廿二時許，龍王廟、大瓦窯一帶槍聲大作，宛平城（見圖5-1）內的中國守軍攀上城樓，發現日軍的實戰演習近在咫尺，遂嚴密監視這支演習部隊的動向。廿三時四十分，日本特務機關長松井給華北政務委員會的外交部門打來電話稱，日軍一個中隊在盧溝橋（見圖5-2）附近的演習中，駐盧溝橋之中國第二十九軍部隊向其開槍射擊，造成日軍慌亂，一名士兵走失。日本人宣稱該名士兵極有可能被挾入宛平縣城，日本軍官要求率隊進城檢查。

中國守軍司令部義正詞嚴地拒絕了這個無理要求：盧溝橋是中國領土，日本軍隊事前未徵得中國方面同意就在該地演習，已違背國際公法，妨害中國主權。我方不能負士兵走失之責，日方更不得進城檢查，以免引起誤會，但念及兩國友誼，可等天亮後，令當地軍警代為尋找，如查有日本士兵，即行送還。日本方面對這樣的答覆當然不能滿意，於是，大批的日軍開始向盧溝橋方向運動。

中國方面亦反應迅速，第二十九軍司令部緊急向駐紮在宛平城內的第一一〇旅吉星文團發出作戰指令：

「保衛領土是軍人天職，對外戰爭是我軍的榮譽，務即曉諭全團官兵，犧牲奮鬥，堅守陣地，即以宛平城與盧溝橋為吾軍墳墓，一尺一寸國土，不可輕易讓人。」

城內將士遂緊急出城，守衛盧溝橋。其時，曉月懸空，溫柔的亮色撫摸著這座有八百年歷史的獅子古橋，哀婉動人，悲涼無限。八日凌晨五時許，日軍向宛平縣城開炮，盧溝曉月之勝景刹那之間被粉碎，戰端驟然而現。

在盧溝橋事變後，蔣介石表示了堅決抗戰的態度。一九三七年七月十七日，蔣介石在盧山發表了著名的「最後關頭」演說：「我們既是一個弱國，如果臨到最後關頭，便只有拼全民族的生命，以救國家生存。最後關頭一到，我們只有犧牲到底，抗戰到底」。蔣介石的講話表明中國準備進行長期持久戰的戰略和決心。

◎太原會戰（一九三七年十月～一九三七年十一月）

這一年中國內地南北都發生了大戰，北邊是廣義的北戰場以平津晉綏為主，南面戰場則是規模最大的淞滬會戰。

爲了協助國民政府爭取由南京撤往武漢的時間，身爲第二戰區司令長官的閻錫山與副司令官衛立煌在華北組織了長達三個月之久的太原會戰，與由寺內壽一指揮的日軍北支那派遣軍進行決戰。

這場激烈的會戰光是在長達二十三天的忻口戰鬥中，晉綏軍的官兵就戰死了四萬人，日軍也被打死了三萬人，雙方都付出了非常慘痛的代價。

山西的地位十分重要，國軍若想要爲南京爭取到往內陸撤退的時間，想要保住西安就必須要守住山西，而且過了一條黃河就是洛陽了。

在《保衛黃河》的旋律之下，中央軍、晉綏軍、西北軍與八路軍的官兵，於這三個月內實現了空前絕後的團結與合作，將槍口指向日本軍國主義這個共同的敵人；儘管如此，擋在日軍主力最前方的部隊，還是由閻錫山指揮的晉綏軍與衛立煌指揮的中央軍，由紅軍所改編的八路軍由於缺乏足夠的武器裝備，在當時顯然只能夠扮演騷擾敵人補給線的角色而已，無法與日本人打硬碰硬的戰鬥。

尤其是在中國大陸廣泛受到中國共產黨宣傳的平型關大捷，學界就指出了當時真正在平型關與雁門關陣地上與日軍對抗的，分別是由楊愛源與傅作義指揮的晉綏軍第六與第七集團軍，八路軍的主要任務根本上只是打擊日軍的補給車隊而已，並沒有在整個平型關戰役上發揮主要的作用。

儘管如此，學界仍不失公允的指出八路軍的官兵曾經對日本陸軍航空隊位於陽明堡的飛行基地發動夜襲，當場炸毀了日軍十數架左右的飛機，對於整場太原會戰還是帶來了一定程度上的幫助。

雖然朱德曾經在閻錫山將軍的指揮下，擔任過第二戰區副司令長官；另外還有一至兩位副司令長官，可說朱德只是指揮八路軍在山西配合晉綏軍抗日，負責三分之一的防務，彭德懷始終擔任第十八集團軍副總司令，當時集團軍高達四十個，副總司令超過百人，因此八路軍的重要性的確被誇大了，也被高估了，可以參考閻錫山給朱德的電報，大都是指示朱德的作戰命令，也都是要求配合友軍支援側翼戰場，很少要求朱德獨立出擊，他指揮的三個師，也只有林彪的師打過幾場像樣的仗，另外兩師賀龍與劉伯誠的則很少有戰功。

因八路軍平型關大捷，蔣介石單獨召見八路軍的三位師長，因平型關大捷給林彪發過嘉獎電，稱讚他平型關打得好，但是閻錫山與重慶大本營都清楚，中共的部隊是游擊隊，從來就無心與日軍拼死戰鬥，哪怕是雙方關係最好的時候也不例外。

從三十八年二月起至三十九年四月止，短短一年兩個月是八路軍真正與日軍正面交過手的時間，之後就開始避免正面交鋒，改以游擊側擊偷襲等游擊戰法對付日軍，因為戰面迎擊傷亡太大，中共不願軍隊損失太甚，影響它日後的發展，在此之後，就開始與國軍因為搶地盤，搶糧餉，徵稅收等不斷發生所謂的「摩擦」事件。

以一九三七年底的太原會戰為例，當時站在前線與日軍硬碰硬對抗的，還是由晉綏軍將領楊愛源所指揮的國軍第六集團軍擔任主力，朱德的八路軍部隊也只不過是在戰場右翼騷擾一下日軍的交通線而已，談不上什麼華北抗戰的「中流砥柱」。

當時八路軍一個連的部隊都還不到一百人，每個連有槍的士兵都還不到一半，因此無論是武器裝備還是糧食都必須要由第二戰區供應，否則八路軍根本不可能取得所謂「平型關大捷」的勝利。

當時八路軍最主要的任務是在敵後騷擾，或者扒鐵路剪電線，或者偷襲崗哨，有時也伏襲日僞小股部隊，最值得稱道的並不是平型關戰鬥，而是晉南戰役。這是一個中型會戰，整個晉南部隊之調度一度無人負責，逼得蔣介石不得不指定朱德總其成歸其指揮。蔣介石把整個閻錫山在晉南的十萬部隊交給朱德指揮（見圖5-3），結果並不成功，只能草草收場。顯見蔣爲了大局，有時也必須拋開黨派之見，爲才是用。

◎平型關戰役（一九三七年九月）

平型關戰役，或稱平型關戰鬥，是對日抗戰期間，太原會戰（一九三七年九月十一日至十一月八日）中的一場戰役，由國民政府第二戰區司令官閻錫山所領導，歷時一個月（從當年九月三日制定作戰計劃到十月二日全線撤退），戰場範圍達數百里，中國方面投入兵力十一個軍，共計十餘萬，歷經大小戰鬥數十次，屬中等規模戰役。

在這次戰役中，第十八集團軍第一一五師林彪部九月廿四日在靈丘至平型關公路成功伏擊日軍，獲得抗日戰爭開始後中國軍隊對日軍的第一場戰鬥勝利，史稱平型關大捷。嚴格說來，這是一次出其不意的伏擊加襲擊，媒體都用「出奇兵」來形容八路軍林彪的伏擊戰。日本第五師團的一部兵力進攻平型關失敗後，關東軍從察哈爾派來的兵團就在九月二十九日突破茹越口，威脅平型關的華軍後方。三十日，平型關的中國軍隊向五臺山、代縣之線撤退。

戰況中期，日軍司令官板垣征四郎急令蔚縣、淶源的日軍向平型關增援，遭國軍外圍部隊阻擊於靈丘以北、以東。兩軍在此戰鬥互有傷亡，其中，日軍陣亡三百餘人。隨後，國軍集團軍隨後攻擊東跑池的日軍，但防守此線的第二戰區國軍作戰失利，且因突入太深而被日軍包圍，國軍團長程繼賢等千餘名官兵陣亡。東跑池的日軍於黃昏由團城口突圍。

根據中方資料，在平型關戰役中，中國軍隊斃傷日軍兩千九百五十二人，中國軍隊傷亡三萬九千零四十二人。

平型關戰鬥八路軍戰報：殲滅日軍一千餘人，但據軍統晉省諜報員康玉書電稱：日偽鈴木旅團輜重車隊遭林彪的伏擊，損失兩百餘人及輜重甚多。日軍戰報：日軍亡一六七人，傷九十四人（兒島襄著：《日中戰爭》，日本文藝春秋社一九八四年版），雖然只是小勝，閻錫山仍稱讚朱德所部作戰頗有斬獲。

中共一直偽造平型關戰役的真相，把它吹得神乎其神，主要是媒體的大篇幅報導。其實根據劉茂恩回憶錄，平型關戰役的主力根本不是八路軍，而是國軍劉茂恩將軍率領的第十五軍，整個平型關戰役是由劉茂恩將軍親自指揮的。劉茂恩將軍後來披露「平型關之役始末」，以正視聽。他指責中共宣傳的什麼「平型關大捷」，其實是「蔡家峪伏擊半徒手小股輜重日軍得手的小戰」，「平型關」及「大捷」都是中共故意將其誇大，且隱瞞擅自逃離主戰場的罪行後的欺世盜名。另外，這種欺世盜名之所以能夠實施，也是中共鑽了國府軍委會規定的漏洞。照國府軍委會規定，爲保守軍事秘密，戰況之報導不得公佈國軍番號，故國軍在淞滬及各地戰績，從未發表番號，劉茂恩將軍之十五軍的英勇作戰，亦復如此。只有八路軍則不顧國家機密，違反此項規定，故意發表自己番號與戰績向全國報導宣傳，以達到擴大影響欺世盜名之目的。

中共在抗戰中極其標榜的「平型關大捷」，原來裡面的水分竟這麼大，這麼小的一個戰鬥，就被中共誇大成這樣，這是因爲中共實在沒有什麼可標榜的了，才如此作文章的，也正好說明了中共根本沒有參與什麼抗戰。根據八路軍在平型關戰役中的表現來看，八路軍是害怕日軍的，極力避免與日軍主力作戰，把與日軍主力作戰的重擔全部交給了國軍。

至於由彭德懷將軍所領導的百團大戰，學界指出中共當時根本就沒有一百個團的兵力，主要參與的部隊恐怕只有一百個連的兵力，因此稱呼爲「百連小戰」其實更符合歷史真相。百團大戰八路戰報：斃傷日軍兩萬餘人、僞軍五千餘人，俘日軍兩百八十餘人、僞軍一萬八千餘人，日軍戰報：亡三〇二人，傷一七一九人，皇協軍傷亡失蹤一二〇二人（**《華北治安戰》**）。

學界指出，八路軍的連級單位不要說機關槍，就連步槍都沒有，所以他們所唯一能夠做的，就是扒一扒鐵路，或者拔斷電線杆而已，對日僞當局實際上所造成的損害是非常有限的，例如三十八年三月襲擊石河橋斃敵三十人，四月十七日沁原斃敵百餘人，在武鄉之役敵我各千人傷亡，並未討到好處，在襲擊井陘徵水南河頭與獲鹿車戰之一未能得手，四月二十八日各地檢討報告顯示，破壞鐵路多不徹底，日僞很快就修復通車了，戰區司令長官部要求朱德各部作業要徹底，還傳授各部隊破壞鐵路的方法，但效果仍有限，殺死及殺傷的敵僞據朱德呈給閻錫山的電報，幾個月來晉南戰役也只斃敵千人傷七百，實在算不上大功勞。

在長達八年的華北淪陷區，八路軍的拆電線、扒鐵路、打伏擊等等游擊戰，對日僞始終不能構成嚴重威脅，因此也稱不上對抗日戰場增加多少助力，但是卻仍舊無法避免無辜的老百姓遭到日軍屠殺洩恨，因此回想到「三光作戰」時的情況，外界不免感嘆道：「山西的老百姓，真是慘啊！」

平型關戰鬥被渲染爲大勝、大捷，主要還是中共自己說的，據史料記載，以及當時媒體，主要是報紙的報導，外界才知道這件事。以大公報與申報這兩份最知名的報紙中找到（見圖5-4），九月二十三日林彪那師打了個伏擊戰，位於延安當時叫膚施的八路軍總部，就聽信了林彪的報告，給全國致了一個通電報捷，說在平型關與敵萬人激戰，反覆衝鋒，將敵全部擊潰，陣地完全克取，敵兵屍橫遍野，獲戰利品無數，給閻錫山的報告說打死千餘人敵軍，繳獲敵汽車五十餘部，閻錫山據此向蔣介石報告，遠在上海的申報也全文照登，並配以一張朱德的照片（見圖5-5），主要也是八路軍參謀處的公電。

其實在同一時期最重要的新聞是淞滬會戰，占據媒體版面的比例最大，因爲這時淞滬戰場戰事最爲吃緊，雙方陷於膠著狀態，國際睜著大眼睛看，勝負得失也牽動著國人的心弦，因此也最吸引全國同胞的注意力，可以說是全國的焦點，政府對其重視度絕對高過北戰場這場小小的勝仗。

但是爲何政府發動宣傳機器大肆宣揚這場仗呢？因爲一則可以對內顯示八路軍也是抗日

的，以去除它不抗日、游而不擊的罵名，對外則告訴日本及國際，中國軍隊是團結一致抗日的，破除後者對中國軍隊不統一或內鬨的疑慮，同時因爲南戰場陷於膠著，需要北戰場這個小小的勝利刺激鼓勵一下，因此對八路軍的自吹自擂非但不加干涉，反而大肆宣傳，其目的就在此，誰知卻積非成是，成就了八路軍。

一九三七年九月廿六日，一一五師參謀處發出告捷電：九月二十五日，我八路軍在晉北平型關與敵萬餘人激戰，反覆衝鋒，我軍奮勉無前，將進攻之敵全部擊潰……敵軍被擊斃者屍橫山野。中共領袖毛澤東在大捷次日致電朱德、彭德懷：「慶祝我軍的第一個勝利」，「平型關的意義正是一場最好的政治動員」。國民政府領袖蔣介石致電祝賀嘉勉，平型關大捷，振奮全國，各地紛紛電賀。廿六日，蔣介石特電朱德、彭德懷，稱：「二十五日一戰，殲敵如麻，足證官兵用命，深堪嘉慰。」蔣介石在十月十七日，一天連發出兩次電報表示嘉獎。第二封電報是發給總司令朱德和副總司令彭德懷的，電報說：「貴部林師及張旅屢建奇功，強寇迭遭重創，深堪嘉慰。仍希繼續努力，以竟全功爲要。」

此外尚有一些小的零星戰鬥，如一九三九年二月，香城固戰鬥。蔣介石致朱德賀電：「劉師陳旅努力殺敵，斬獲頗重，殊堪嘉許，即希傳諭嘉勉。」

一九三九年四月，齊會戰鬥。蔣介石致朱德賀電：「儉申電悉，賀師長殺敵致果，奮不顧身，殊堪嘉獎！除宣戰績外，希轉電慰勉爲要。」

一九三九年八月，梁山戰鬥。蔣介石賀電：「魯西殲敵，斬獲甚多，深堪嘉慰。」

一九三九年十一月，黃土嶺戰鬥。蔣介石致朱德賀電：「據敵皓日（十九日）播音，敵遷村部隊本月江日（三日）向冀西淶源進犯……支日（四日）阿部中將率部馳援，復陷我重圍，阿部中將當場斃命。足見我官兵殺敵英勇，殊堪獎慰。希飭將上項戰鬥經過及出力官兵詳查具報，以憑獎賞，為要。」但事後卻無法證明阿部是否陣亡，更無法證實是被八路軍擊斃的。

國內各黨派團體紛紛致電祝賀，歐美、東南亞媒體也報導了第十八集團軍一一五師勝利的消息，國內媒體也轉述了不少外電，以致外界認為這是中國軍隊第一個勝仗。閻錫山也呈請重慶優於敘獎，其實目的無非鼓勵重於指責，希望共軍能真正抗戰而非口惠而實不至。

同時，當時國際環境與國內情勢也是蔣介石大力獎勵八路軍的原因，之前，中國才獲得國際聯盟大會通知，已通過「譴責日本在華暴行案」，中國在講理上占了上風，需要向國際廣為宣傳，同時中共於二十二日，也就是幾天前才發表共赴國難宣言，蔣介石也發表談話，盼共黨真誠一致為禦辱救亡而戰，此時南邊上海正進行慘烈的淞滬戰役，日機天天轟炸首都南京，領導中樞似有動搖，人心慌慌，蔣介石多次前往前線督戰，希望激勵逐漸低落的士氣，不意八路軍竟然打了個勝仗，至少報來的是一場勝戰，也剛好拿來鼓勵士氣，也間接激勵國軍嫡系與各地方部隊，以八路軍為榜樣，也好好打個勝仗，大公報社論就以平型關戰役為內容，一篇「瞻望北方勝利」為題的社論，強調八路軍的出擊是對敵人謠言的有力反擊，強調國共槍口都是一致對外的，是敵人分化不了的，政治意味濃厚。至於到底勝仗有多少水分，也就不太講求實情了。

學界指出，在賀龍指揮的八路軍第一二〇師配合之下，晉綏軍的兵力成功阻止了日軍度過黃河，對中共根據地延安以及由胡宗南將軍所指揮，設立於陝西省西安的第一戰區司令部發動攻勢的計畫，這是閻錫山對抗戰所付出的又一大貢獻。

不過，學界也不否認，當時如果日軍真的有意要對黃河以北發動大規模攻勢，無論是宜川還是延安都守不住的，所以不失客觀的指出，自從一九四〇年開始，日本人就已經把主要的力量用於迫使重慶的國民政府投降，還有太平洋戰爭的準備上，對於華北的局勢已經不如抗戰初期來得那麼重視。

根據閻錫山當時的判斷，指出中國軍隊當時並沒有本錢與「武裝到牙齒」的日本軍打正規戰，光是在平型關戰役中，晉綏軍的傷亡數目就高達三萬九千四十二人，而八路軍卻僅損失五百人而已，因此在確定中央政府已經爭取到往內陸撤退的時間後，第二戰區就按照計畫由太原撤往臨汾。

善於守城的晉綏軍，在山西省省會太原雖也組織了抵抗，但是其程度與日軍先前在忻口戰場上所遭遇到的慘烈狀況比起來，實在是非常的輕微，只打了十天左右就以日軍的勝利劃下句點。

第二戰區長官司令部在臨汾一直堅持到了一九三八年，終於因爲無法承受來自於日軍的猛烈攻勢，而撤退到呂梁山內從事機動運動戰，繼續命令晉綏軍對向正面場上進攻的敵人實施戰術上的騷擾。

蔣介石要求閻錫山不可過黃河往西撤至陝西，要求將領們與官兵共生死立下決心誓部過河，曾電勉李默庵軍長誓死奮鬥不要西撤（見圖5-6），這位在北伐時就曾經表現不俗的黃埔一期將領，一九三七年抗日戰爭爆發後，任陸軍第十四軍軍長，在山西忻口會戰中任左翼兵團指揮官，指揮五個師與日本侵略軍激戰兩周，表現卻不盡人意，後轉戰中條山游擊根據地，與日本侵略軍長期作戰。

抗戰期間，國民黨一直在攻擊中共「游而不擊」，而中共確實很難反駁這種說法。八年抗戰中，八路軍和新四軍組織的最大的戰役行動是一九四〇年的「百團大戰」，此次戰役的大多數時間裏也不過是扒扒破路、炸炸礦山、打一些數十人守備的小據點，並非是以消滅日軍有生力量爲主要的戰役企圖。

戰役的後期，因爲日軍以大隊（營）爲單位，在根據地瘋狂報復，橫衝直撞，老彭氣憤不過，組織了陳賡旅等幾支主力部隊上萬人，在關家垴合圍了五百人左右的崗崎大隊，打了幾個晝夜，居然沒有全殲！其後，日軍對八路軍在太行山總部的報復行動中，仍然是以大隊爲單位進行長途穿插和奇襲，八路軍依然是難以正面抵擋日軍的進攻，最後導致副總參謀長左權戰死疆場。

這就是中日雙方軍隊的實力差距，不是單純依靠戰鬥意志能夠彌補的。然而宣傳起了作用，國軍低迷的士氣被激勵起來，當時敵機每天輪番轟炸首都南京，民心士氣低靡，隨後果然在後來的戰鬥，國軍第九軍軍長郝夢齡、五十四師師長劉家麒、旅長鄭廷珍三位將領在戰場壯烈成仁，加上先前的姜玉貞與梁鑑堂兩位旅長，的確激勵了士氣，終於獲得月底雁門關與忻口戰役的大捷，同時也讓國民政府加速收編了新四軍，於當月中同意以葉挺爲軍長、項英爲副軍長，開往皖南與日軍作戰。

由於八路軍一出手就不俗，給予舉國上下極佳的印象，於兩個月後就被蔣介石提升為十八集團軍，由一軍三師的路擴編為兩軍六師的集團軍，當時的新聞界為此還作了很多報導，連國民黨營的中央社也不例外。說明了八路軍當時的確是積極抗戰的，而八路軍也不負國人期盼，在隨後的一年裡表現十分傑出，締造了不少的戰績，然而由於大多是小型的游擊戰，因此並不能對整個戰局發生多大的影響，始終處於協同作戰或敵後騷擾性質的游擊隊，自然不被國民政府重視，連對手日軍也沒正眼瞧下八路軍，仍追著國軍打正面戰，因此八路軍與新四軍在國人印象中並不深刻，日軍戰史也甚少提及。

然而八路軍將領的平民作風與軍隊上下一體的特色，加上對於軍民關係有著特殊的辦法，卻深深吸引了媒體的注意，它象徵著中國軍隊的刻苦耐勞，也象徵著中國人的忍辱負重，對抗戰有著無比的激勵作用，同時一篇特稿，以「平型關勝利之光榮回憶」為題（見圖5-7），詳述了肯定了這是北方戰場的第一個大勝利，還有一篇由中央通訊社發稿的名為「晉北前線朱彭會見記」（見圖5-8），對兩人樸實無華的平民作風給於極高的評價，這是當時代表國民黨、國民政府的最高級別通訊社，所給於八路軍將領最正面的評價，同時也對改編後的紅軍有著正面的描述，讚賞八路軍屢屢建功、打出國威，國人對它充滿了敬佩與期望。

相對於八路軍的朝氣蓬勃，處在同一戰場的由閻錫山統領的晉綏軍似乎士氣就低得多了，雖說經過長時期的戰鬥消耗太大，但是舊軍閥的習氣與作風的確無法完全禁止，時時流露出與八路軍不同的軍容，媒體也希望藉八路軍諷譴晉綏軍，因此就出現了不少隨軍報導，肯定八路軍，使得國人對八路軍有更多的期待，這都是不爭的事實。

平型關大捷是八路軍第一次與日軍作戰，戰鬥結束後，毛澤東和林彪對八路軍作戰方針的觀點都有所變化。戰前，毛澤東在中共中央洛川會議上，提出八路軍的作戰方針是「獨立自主的山地游擊戰爭」，應分散部隊發動群眾，進行游擊戰爭，林彪在會議上則認為應集中部隊打運動戰為主的正規戰。

平型關與日軍一戰後，林彪認識到日軍是遠遠強於內戰對手的敵人，不再堅持正規戰，他認為以八路軍的條件，「經常集中大的兵力與敵作運動戰，是不適宜的」。因而朱德的另外兩師賀龍與劉伯誠師因傷亡過重，不久就撤到晉西，甚至過河到陝西整補去了，當時由於擔任正面戰場的國軍以重大的傷亡還未能守住陣地，曾遭致國人的不諒解，媒體也呼籲學習八路軍打游擊，但是國軍守土有責，只有正面迎敵，以致損失頗大而未能保住城池，其中也有想到改變戰法，然都是打到最後已無法守住陣地，損失也過於巨大無力再戰，不得不也打起了游擊，例如位於華北的一戰區二戰區，就是最先開始打游擊的，也因為國共軍隊都開始打游擊了，國民黨軍在華北敵後的游擊戰，終於在河北、山東、河南、山西等省的一些地區不同程度地展開起來了。

毛澤東在平型關大捷的第二天，即對八路軍作戰方針作了新的表述：「根本方針是爭取群眾，組織群眾的游擊戰。在這個總方針下，實行有條件的集中作戰。」毛澤東在《論持久戰》中，將八路軍的作戰原則修改為「基本上是游擊戰，但不放鬆有利條件下的運動戰。」

◎忻口戰役（一九三七年十月）

一九三七年九月十三日，日軍佔領大同後向太原進攻，此時中國守軍英勇抵抗，付出了重大犧牲。日軍參戰總兵力約合四個半師，共十四萬人，傷亡近三萬人；中國軍隊參戰總兵力六個集團軍，計五十二個師（旅），共廿八萬餘人，傷亡十萬人以上。

忻口戰鬥又稱忻口戰役。發生於一九三七年十月十一日至十一月二日，地點則是在中國山西北部雁門關內的軍事重鎮，太原的北部屏障。該戰役是抗日戰爭主要戰鬥之一。戰鬥起始時間爲十月二日，總攻擊則發動於十月十一日。該戰鬥攻擊部隊爲日軍板垣征四郎率領的第五師團和日軍察哈爾派遣兵團等。守軍爲衛立煌等國民革命軍將領率領的十個師以上兵力，人數達十八萬以上。

陣亡將軍：經過將近一個月會戰，第九軍上將軍長郝夢齡，第廿六路軍少將旅長鄭廷珍和第八十五師少將團長劉眉生陣亡，第五十四師中將師長劉家麒率部苦戰七晝夜，全師最後不剩一百人，最後陣亡。中方守軍隨即於十一月二日退守太原。該戰役是太原會戰系列戰役之一。另外，該戰鬥也是閻錫山所屬軍隊實力大受挫敗的戰鬥。

中國共產黨宣稱也參與了此戰役，派出了三個主力師配合國軍作戰，是閻錫山要求側擊日僞的呼應部隊，屬於二線的支援部隊，爲的是夾擊或打伏日僞小股部隊，在此之前，主力部隊傅作義與楊愛源的晉綏軍早已將日僞軍阻於陣地前，並且也殲滅了部分入侵的敵僞部隊。但是卻也殲敵數千，擊毀敵機廿四架，汽車和坦克六百多輛，其八路軍宣稱在雁門關以南伏擊日軍，八路軍還以一營兵力夜襲陽明堡日軍機場，毀傷敵機廿四多架。但真實性受到何應欽、蔣中正的質疑，故八路軍戰報成果很不可靠，然而重慶大本營為了鼓舞士氣，何應欽與蔣中正最初都沒有質疑中共的戰報成果，反而加以肯定和表彰。

朱德率領第十八集團軍雖曾配備參戰，但一一五師林彪部為預備隊，第一二九師劉伯承部在陝北尚未到來，楊支隊、劉支隊在晉冀察邊區建立根據地。何應欽日後的對一九三七年對日作戰的總結中，也對忻口會戰給予了很好的評價：「陣線穩固，且迭次出擊，殲敵三四萬人，造成華北各戰鬥中最有利的戰局……我朱德部在敵後方襲擊，迭次予敵重創。」此外，蔣介石在一九三七年十月十七日也致電朱德、彭德懷：「貴部林師及張旅，屢建奇功，強寇迭遭重創，深堪嘉慰。」

然而，朱德與林彪甚至其他賀龍、劉伯誠等師長以及更多的旅長，為何未能得到青天白日獎章？甚至再低檔次的勳章？理由安在？

八路軍趕赴戰場前兩月直如出閘猛虎，的確曾締造過不差戰果，但是隨即就遭到日偽的重擊，讓八路軍損失慘重，不得不改陣地戰為游擊戰，以免更多的損失，但也因此無法取得大型戰役的勝利，比起其他由國軍擔任正面戰場的大型戰役，所呈現出來的軍人效死沙場的悲壯情境，顯然就差得多了！

例如在平型關戰役晉北反擊戰一役，國軍損失慘重，團長程繼賢殉職，鐵角嶺失守旅長梁鑑堂殉國，原平保衛戰姜玉貞旅長殉職，八路軍採取游擊戰，陣地無法保有，所以沒有團長以上軍官陣亡，所以只有口頭嘉獎，無法獲取勳章。

整個忻口戰役算是失敗的，國軍爲了捍衛疆土，一共陣亡多個將領，如郝夢麟軍長、少將旅長鄭廷珍、少將團長劉眉生，第五十四師中將師長劉家麒，，從最高指揮官閻錫山自請處分，到以朱德與衛立煌、傅作義、楊愛源、王靖國等高階將領應該都受處分，但蔣介石爲了大局著想，不想處分晉軍只有鼓勵士氣，一致抗日，所以並無獎勵，但對個別的小勝如平型關戰鬥，仍爲了鼓勵八路軍抗日而給予口頭獎勵，並給予獎金激勵士氣。

◎南口戰役（一九三七年九月）

南口戰役爲中日戰爭早期的平綏鐵路沿線作戰之一，地點是在中國的南口與張家口一帶。發生於一九三七年八月八日至八月廿六日，據官方消息，南口方面的戰爭甚爲激烈，敵竟日以重炮轟擊，至五千發左右，同時用重坦克車三十餘輛，向我陣地猛衝，我內外壕工事均被沖毀，我王仲廉師第五二九團羅芳珪部，流血奮戰，死守不退，以致全團殉國，團長以下無一生存，南口戰役嚴重地挫傷了日寇，打亂了日寇的作戰計畫，使「三月亡華」的神話破滅。南口戰役極大地鼓舞了全國人民的抗戰熱情和鬥志，從此，「中國不會亡！」「築成我們民族新的長城！」「打倒日本帝國主義！」等等抗戰口號，深入人心，傳遍祖國大地。南口戰役與長城各口抗戰、淞滬兩次戰役鼎足而三，長久活在每一個中華兒女的心中。

◎台兒莊大戰（一九三八年三月～一九三八年四月）

台兒莊大捷，是中國軍隊在正面戰場取得的第一次大規模勝利，它的前序戰臨沂戰鬥是第一場勝仗（見圖5-9）。在這次戰鬥中，中國軍隊第二集團軍堅守陣地不退，以慘重的損失給第二十軍團等部包抄日軍爭取了時間。戰役的結果是日軍兩個旅團級支隊敗退，並被中國軍隊包圍在嶧縣地區。政府爲表彰有功將領，先後分批頒發給第二集團軍總司令孫連仲等十一位勳章。

台兒莊大戰重傷了日軍的兩個王牌部隊軍。李宗仁搞的空城計，讓日軍想在徐州殲滅國軍七十萬主力的計畫落空，日軍未能消滅中國軍隊主力。

國軍的防禦作戰和主動轉移，爲此後的武漢保衛戰贏得了四至五個月的時間。其中台兒莊大捷消滅日軍一萬餘人，極大地鼓舞了全國人民的抗戰意志。徐州大突圍是我國抗戰史上光輝的一筆。它使敵人的戰略企圖徹底破滅，爲我國後來長江方面的抗戰保存了精銳力量，對持久戰和最後勝利的取得，都具有不可估量的重大意義。可以說，從台兒莊大捷到徐州的大突圍，是蔣介石整飭軍紀、紮穩陣腳之後，砍出的漂亮的兩板斧。

但是，蔣介石並未被勝利沖昏了頭，他有特殊管道知道國軍以非常慘烈的代價取得的慘勝，甚至可以說戰場上並未勝，勝的只是沒讓日軍實現大進軍，拖延了她的腳步而已，同時國軍犧牲慘重，需要整補休息才能再戰，他擔心日軍捲土重來，捕捉到國軍主力就非敗潰不可。

因此他告誡部屬勿作過度的宣傳，令中宣部勿事鋪張，同時手諭各部嚴禁軍人對外發表言論，並指明徐培根等軍事理論家絕對禁止在報上發表言論，因爲他知道對手的強大，這場戰爭將是長期抗戰，他心裡是緊張無比的，對有人倡議慶祝時他反對，認爲小小的初勝不足以言慶，不過是抗戰以來八個月全國人民稍稍出了口氣罷了，人民的期望甚殷，他覺得仍不足以稍彌民族所受之憂患與痛（見圖5-10）。

一九三八年台兒莊戰役有功人員：孫連仲，湯恩伯，田鎭南，馮安邦，黃樵松，張金照，池峰城，吳鵬舉，張廣厚，王仲廉，陳林達，龐炳勛。

二、長江兩岸的悲歌

◎淞滬第二次會戰（一九三七年八月～一九三七年十一月）

導致全面戰爭的上海戰役八一三淞滬會戰，中日雙方投入了將近一百萬的兵力，這次戰役迫使日軍三易主帥，戰前日本曾囂張的說，三個月可以滅亡中國，結果光在上海戰場就打了三個月，付出了慘重的代價，此戰日軍傷亡五萬餘人。中國軍民浴血苦戰，粉碎了日本「三個月滅亡中國」的狂妄計畫，並爭取了時間，從上海等地遷出大批廠礦機器及戰略物資，爲堅持長期抗戰起了重大作用。

蔣介石無視第一次上海事變時達成的中國不在租界附近駐軍之協議，主動將他的嫡係部隊部署到共同租界附近的非武裝地帶。上海共同租界的國際委員會向中國政府抗議中國軍隊違反協議，被蔣介石置之不理。日本人沒料想到蔣介石一改以往忍辱負重的態度，會主動在上海開闢新戰場。當時日本在上海只有幾千人的海軍陸戰隊，沒有什麼準備。八月十三日，中國軍隊主動向上海的日海軍陸戰隊發起進攻，日軍倉促應戰，並緊急從國內派兵增援，揭開了第二次上海事變的序幕。

日本軍部的「事變擴大派」當初只是設想把盧溝橋事變擴大到華北地區，並沒有在中國全土展開全面戰爭的計劃。可是蔣介石的上海攻勢，使日本軍部對戰爭的指導發生了混亂。日本軍部剛開始還不想擴大上海戰線，八月十五日只派出了最低限的兩個師團（三萬餘人）的增援部隊，但蔣介石將其精銳部隊七十萬投入上海，使用人海戰術給日軍造成極大的傷亡，迫使日本不斷增兵。

由於現役部隊的人數不夠，日軍不得不臨時召集預備役部隊參戰，最後日本投入上海的兵力達三十餘萬人。十一月五日日軍在杭州灣登陸後，國軍主動撤退。在兩個半月的上海戰役中，日軍戰死兩萬四千餘人，戰傷三萬餘人，幾乎可以與日軍歷史上最慘烈的日俄戰爭旅順戰役（死傷六萬餘人）相比。

中國軍隊在上海戰役中雖然沒有取得直接的軍事勝利，但上海戰役迫使日本把局部戰爭升級爲全面戰爭，使日本陷入了全面戰爭的泥潭。所以說上海戰役在戰略上是相當成功的。

◎南京戰役（一九三七年十二月）

淞滬會戰後，日軍迅速進攻國民政府首都南京。由於國軍此時兵力凋零，退守絕地，被迫在十二月十二日匆忙突圍撤退。

在此戰役中，有一位國軍將領易安華將軍作出了典範，他出生於江西宜春，黃埔軍校第三期畢業。一九三七年上海淞滬會戰後，升任第八十七師二五九旅少將旅長。一九三七年十二月，從淞滬戰場撤下來的易安華參加南京保衛戰，奉命守衛光華門一帶。出征前，他把妻兒送回老家。告別妻子前寫下「告妻兒書」，抱著赴死的決心上戰場（**見圖5-11**）。

光華門阻擊戰是南京保衛戰中最慘烈的戰鬥之一。十二月九日，日軍以優勢兵力向光華門、通濟門、雨花臺猛攻。次日，日寇在炮火掩護下衝入光華門。易安華率部殊死抵抗，但部分城牆在炮火中傾頹，數百名日軍突入城內，情勢危急。易安華接到「死命令」，二五九旅和二六一旅必須全殲入城之敵。

儘管部隊元氣大傷，但易安華沒半點猶豫，與二六一旅旅長陳頤鼎商定黃昏反擊。暮色中硝煙滾滾，攻擊的信號升空了，易安華率領一個加強團向東北方向的敵陣攻擊，與穿插的二六一旅配合，卻被夾在突入的日軍與後援之間。血戰到深夜，突入的數百名日軍被全殲。

光華門反擊戰是中國守軍在南京保衛戰中打出的少有的漂亮仗。然而，這並不能阻止整條戰線的潰退。兩日後，日軍攻陷雨花臺陣地，從雨花臺、通濟門一帶包抄中華門。

易安華身中三彈不下火線。部下要把他抬下，都被拒絕，一定要與官兵們同生死。易安華始終在城牆上指揮，又被兩顆子彈擊中腹部，支撐不住而墜落城牆，連屍體都沒找到，那一年他才三十八歲。

易安華成爲國民政府勝利後，正式隆重褒揚與追贈功勳及入祀忠烈祠的國軍將領，跟他一起入祀的還有旅長李紹嘉（見圖5-12）、師參謀長姚中英（見圖5-13）數位，以及在淞滬戰役殉職的將領黃梅興（見圖5-14）、蔡炳炎（見圖5-15）、蔣志英（見圖5-16）、陳學武，由於陣亡的將領太多，當時也沒有專門單位辦理此事，許多將領是在戰後才由上級陸續呈報得知，這些烈士才得到了應有的尊敬（見圖5-17至5-20）。

同月十六日，南京失守後的第三日，蔣介石發表《告全國國民書》稱：

「中國持久抗戰，其最後決勝之中心，不但不在南京，抑且不在各大都市，而實寄於全國之鄉村與廣大強固之民心；我全國同胞誠能曉然於敵人之鯨吞無可倖免，父告其子，兄勉其弟，人人敵愾，步步設防，則四千萬方里國土以內，到處皆可造成有形、無形之堅強堡壘，以制敵之死命。」

日軍進入南京後開始了長達數月的南京大屠殺。殘酷殺害中國軍民三十萬餘人，至民國二十七年二月二十三日，林偉儔（第一五九師四七五旅旅長），因參與南京及廣福間戰役，獲頒青天白日勳章。

◎武漢會戰（一九三八年八月～一九三八年十月）

武漢會戰（中國：武漢保衛戰；日本：武漢攻略戰），是抗日戰爭中一場橫跨安徽省、江西省、河南省、浙江省及湖北省等廣闊地域的大規模戰役，國民政府軍事委員會委員長蔣中正領導中國第五、第九戰區部隊以湖北武漢地區爲中心，以抗擊由華中方面軍總司令畑俊六指揮的日本帝國陸軍，該戰役共進行了四個半月，是抗日戰爭初期中，時間最長、規模最龐大和最出名的戰役。日加列夫、特霍爾率領蘇聯航空志願隊支援。

經過四個月激戰，國府空軍耗損極大，海軍基本被消滅，日軍成功攻佔武漢，但是國軍大部分主力仍在，日軍被削弱。日本戰前目的是在武漢作最後決戰、以消滅國軍主力及結束戰爭目的未能達到；戰爭爭取到時間，成功讓轉移至華中設備以及人員遷移至西南地區，爲以後能長期堅持抗戰奠定基礎。日軍在華中發起數次戰役皆無重大斬獲，中國戰場陷入僵持。

在武漢會戰前，中國有一百萬正規軍隊加上兩百萬地方軍，但是武漢會戰後還有三百萬正規軍隊，不包含地方軍。而日本已經用盡全力，國內只剩一個師團了。人口數大幅度降低，無法支應戰事。戰局不可避免的走向日本最感痛苦的長期消耗戰。

武漢會戰——萬家嶺薛岳倒八字陣斃敵一萬餘人（有人將此役與台兒莊大捷、平型關之戰列為三大戰役），「萬家嶺大捷，挽洪都於垂危，作江漢之保障，並與平型關、台兒莊鼎足而三，盛名當垂不朽。」而現今在當地，甚至仍流傳著「山不在高，殲敵則名」的抗日佳話。

武漢會戰包括有：馬當戰役、九江戰役、黃梅戰役、廣濟戰役、田家鎮戰役、瑞昌戰役、馬頭鎮戰役、星子戰役、萬家嶺戰役、富金山戰役、信陽戰役。

那麼有沒有士兵獲此殊榮呢？確實有，但只有兩位。他們分別是在武漢會戰中立功的第五十八師戰車防禦炮連中士班長安德成和下士炮手張綸林。安德成，一九三八年武漢會戰砲擊敵艦有功，官階爲中士。張綸林，一九三八年武漢會戰獲青天白日獎章，官階爲下士。

一九三八年八月下旬，配屬給第廿三軍的第五十八師戰車防禦炮連在烏沙閘駐防時，遭到了日軍飛機的猛烈轟炸，該連官兵損失慘重，在陣地上的倖存者紛紛逃散。但有中士班長安德成堅守崗位，獨自操作戰防炮，擊中數艘行駛在江面上的日軍艦艇，又有下士炮手張綸林雖然頭部負傷，也獨自操炮射擊江面日軍艦艇。安、張的英勇事蹟被層層上報，終於驚動了軍事委員會高層，被授予勳章並各升一級，同時也創下了非軍官獲勳的先例。

◎廣州戰役（一九三八年十月）

民國二十七年六月十四日，李福林（軍事參議院上將參議）因利用反間諜，破獲敵人陰謀，功勳卓著，獲頒青天白日勳章。

門炳岳，一九三八在商都天成梁抗戰有功。民國二十七年七月九日，門炳岳（騎兵第七師師長）因在商都天成梁一帶與敵激戰三日夜，斃敵甚多，而該師損傷甚少，足見有勇知方，獲頒青天白日勳章。

張定世，一九三九年搶修鐵路橋梁有功。民國二十八年二月七日，張定世（粵漢鐵路管理局銀盞車站司令），於修復銀盞坳橋，著有勛績，獲頒青天白日勳章。

民國二十九年四月十七日，傅作義（第八戰區副司令長官），因五原戰役督部血戰三失三得，最後卒能摧破強寇，獲頒青天白日勳章。

耿志介，一九三九年娘子關抗戰有功。民國二十八年八月二十一日，耿志介（第十七師五十一旅旅長），因娘子關部隊傷亡殆盡，率殘餘數十，卒保陣地有功，獲頒青天白日勳章。

三、新四軍參戰

新四軍的成軍在三十八年八月二十五日，軍長葉挺呈給蔣介石的呈文中定案，按照一般國軍整編完畢，但一直到隔年五月還未出擊，一直在爲內部事務忙碌，戰區長官顧祝同、福建省主席劉建緒，大本營白崇禧等軍政長官曾多次詢問何時可上戰場，葉挺也曾因爲內部事務兩度辭職（見圖5-21），直至九月才正式開上戰場與敵僞戰鬥，一九四二年後又不抗擊日軍卻開始專打內戰，真正抗日時間只得三年多。

新四軍葉挺軍長、項英副軍長署名的第一個戰報直接報給蔣介石，稱伏擊了日僞開往桐

城的八十輛軍車，繳獲三十輛，斃敵三十人，並在洑水與銅陵間廣置地雷，

韋崗戰鬥，是新四軍在長江以南對日軍的首次戰鬥。日軍野戰重炮兵第五旅團司令部和所屬部隊人員乘汽車自鎮江南駛，進入伏擊圈後，新四軍突然發起攻擊，擊傷敵駕駛員，敵車傾覆，新四軍發起衝鋒，激戰半小時，擊斃日軍少佐井及大尉梅澤武四郎等官兵一二一三名，擊傷近十名，擊毀汽車四輛，繳獲長短槍二十餘支、軍用品四車、日鈔七千餘元。新四軍傷亡五人。

蘇北根據地一九四四年夏秋季攻勢。一九四四年六月下旬，蘇北新四軍發動攻勢，攻佔合德、大興鎮、通洋港、青龍港等地區，史料清楚記載的，明確寫明新四軍殲滅日軍的匯總，共計二千餘人，這只能算是國軍數百個中型戰役之一罷了。

由於戰況不佳，葉項二人多次向蔣保證效忠與認真作戰，但事後證諸戰役打得都不好，兩人承認游擊戰還不十分成熟，要再多磨練並保證盡快拿出成績，電報中說：「今後當飭所屬多予日軍打擊，以符鈞座（蔣介石）的期望。」蔣爲了激勵士氣，對一些小勝仗也頒發了獎金，並電慰新四軍全體將士。

然而總的來說，新四軍抗戰表現並不如八路軍出色，軍長葉挺受制於副軍長項英，有志難伸，數度求去，如果參考史實記錄就可一目了然，新四軍軍長葉挺曾有三次離開隊伍辭職不幹的記錄，爲何如此，主要還是中共不讓他真正抗日，專打內戰、自亂陣線、襲攻友軍的行動，讓葉挺身爲一個真正的軍人感到無奈與失望，葉挺戰功赫赫，從北伐起就是一員猛將，對日作戰卻無法指揮部隊情何以堪？

葉挺離開新四軍後，他的老友，時任廣東綏靖主任的余漢謀，曾電請蔣介石任命葉當他的副手，給以廣東游擊副總指揮名義以收散兵、指揮部隊、發動自衛游擊等任務，當時軍政部長陳誠也建議任命葉為閩浙邊區抗日游擊隊總指揮，然都因周恩來的介入讓葉挺打消了辭意，原因為何？推論周的確對葉保證讓他主導新四軍軍務，但致終未能實現。

參考史料可知，中共堅持葉挺出任軍長卻不給指揮權，原因只是希望葉向蔣介石爭取軍餉武器及物資，成為最好的後勤補給官而非勇猛的作戰官，而將作戰任務交給只會打游擊的政委項英，這對葉來說，與他答應出任軍長的初衷背道而馳，覺得在新四軍無法發揮所長，因而屢屢求去也就不足為奇了。

在顧祝同呈給大本營的報告中看出，新四軍在皖參戰部隊成果表，以及傷亡表中顯示，參戰地點都不在前線，戰鬥方式也屬打伏擊及炸鐵軌等小型戰鬥，雖然曾經顛履過火車，獲得獎金，但總的來說，新四軍自己的軍報也只擊斃傷數千人，表現不佳，新四軍官兵無法像國軍犧牲沙場報效國家，獲得國家的最高榮譽與褒揚，也就不足為奇了，至於之後的新四軍皖南事變又是另外一件與軍紀有關的事了。

◎第一次長沙會戰（一九三九年九月～一九三九年十月）

一九三九年十一月第一次長沙會戰後，岡村寧次向日軍大本營提出《關於迅速解決日華事變作戰方面的意見》。報告中這樣說道：「看來敵軍抗日力量的中心不在於四億中國民眾，也不是以各類雜牌軍混合而成的二百萬軍隊，乃是以蔣介石爲核心、以黃埔軍校青年軍官階層爲主體的中央軍。在歷次會戰中，它不僅是主要的戰鬥原動力，同時還嚴厲監督著逐漸喪失戰鬥力意志而徘徊猶豫的地方雜牌軍，使之不致離去而步調一致，因此不可忽視其威力。黃埔軍校教育之徹底，由此可見，只要該軍存在，迅速和平解決有如緣木求魚。」

此役，日軍集中十萬兵力，勞師南征，未能達到殲滅第九戰區主力的作戰目的，相反，各路均遭到有力的阻擊、側擊，部分日軍陷於包圍，損失慘重。日軍承認「此次會戰與南昌、襄東（即隨棗會戰）兩次會戰，頗有決戰之勢。在部分戰場上，部分戰況之激烈超過了諾門坎。」日軍在會戰前期，攻勢行動艱苦，在會戰後期，於中方反擊下匆匆撤退，士氣大受影響。此次會戰，日軍傷亡達兩萬餘人。

◎棗宜會戰（一九四〇年五月～一九四〇年六月）

◎隨棗會戰（一九三九年五月一日～二十日）

武漢會戰之後，日軍爲了消除鄂北、豫南方面中國軍隊對武漢的威脅，向湖北隨棗縣棗陽地區發動進攻。國民黨軍隊擊斃敵軍一萬三千人，第五戰區也付出了較大的犧牲，日軍未能達到預定的戰略目標。此次會戰，日軍雖佔領了宜昌，但未能擊潰第五戰區的主力，而且遭到重創，傷亡一萬一千餘人。張自忠上將殉國於南瓜店。

◎豫南會戰（一九四一年一月廿五日～二月七日）

豫南會戰是武漢周圍地區防禦作戰中的一次戰役。日軍一度攻佔安徽界首和太和，但在傷亡九千餘人後，日軍最終撤退。

◎上高會戰（一九四一年三月十五日～四月九日）

爲保證南昌及其附近佔領地的安全，日軍發動企圖消滅贛北中國軍隊主力的上高會戰。日軍在三路進攻其中兩路受阻的情況下，形成一路孤軍深入，被中國軍隊包圍的日軍倉皇撤退，予日軍以重創，日軍傷亡高達一萬五千人。

民國三十年六月四日，羅卓英（第十九集團軍總司令）、王耀武（第七十四軍軍長），因上高會戰，著有功勳，獲頒青天白日勳章。上高會戰期間，第七十四軍軍長王耀武指揮所部重創日軍第三十四師團。

◎晉南會戰（中條山之戰）（一九四一年五月）

此次戰役日軍的目的是「在華北要殲滅山西南部的中央軍」。由於中國軍隊疏於防守，臨戰又缺乏物質和精神準備，因此遭到慘敗，傷亡慘重，退出中條山。此戰日軍傷亡九千九百人。

一九四一年春天，日軍集中七個師團的兵力，向國軍駐守的位於黃河以北的中條山大舉進攻。中條山背臨黃河，橫亙於山西南部，東接莽莽太行山脈，西連巍巍稷山，長三百餘里，寬一百餘里，爲屏障豫、陝，保障西北的戰略要地。中條山的東段由劉茂恩的第十四集團軍駐守，國軍與日軍展開激戰，情形極爲慘烈：

五月九日，新編第八十軍第廿七師師長王竣將軍和參謀長陳文杞，率部已在張店鎮與強敵血戰了兩天。敵集中炮火向守軍陣地猛轟，數十架敵機輪番投彈轟炸，並施放毒氣。王師長、陳參謀長及以下官兵全部戰死。

同日，第廿七師副師長梁希賢率領的部隊，在台紫村與日軍苦戰，官兵陣亡殆盡。日軍蜂湧而來，梁希賢縱身投進洶湧咆哮的黃河，壯烈殉國！

五月十三日，第三軍軍長唐淮源身邊只剩下一名衛士，餘皆全部戰死。唐軍長望著成堆的將士的屍體和血染的陣地，悲憤萬分，舉槍自斃殉國！衛士見軍長壯烈殉難倒下，伏在將軍的屍體上失聲痛苦，然後舉起手槍。在唐軍長屍體旁飲彈身亡！

五月十三日晚，第三軍第十二師師長寸性奇將軍所部，在縣山地區陷入日軍重圍。經數日血戰，終未能脫離險境，官兵紛紛戰死。五月十二日，寸性奇師長親率部隊衝鋒時，胸部中彈受傷，十三日晚，寸性奇在組織部隊突圍時，被敵炮彈炸斷右股骨。爲了不當日軍俘虜，寸師長毅然拔刀自殺！

晉南作戰的第十師三十旅。該旅在旅長劉嘉樹的指揮下堅守霍口村，屢次擊退數倍於己的日軍進攻，爲衛立煌調集第二戰區主力反攻晉南創造了有利條件。戰後，劉嘉樹被授予青天白日勳章。

◎桂南會戰（一九三九年十一月十五日～一九四〇年十一月三十日）

◎崑崙關戰役（一九三九年十二月～一九四〇年一月）

日軍侵佔南寧和崑崙關之後，國軍從數百公里外急調十個精銳師，對日軍發動立體化進攻，取得崑崙關大捷，迫使日軍改變對廣東的作戰計畫，造成日軍在戰略上的部分被動。

冬季攻勢是指一九三九年十一月廿六日至一九四〇年四月一日，由南嶽會議策定反攻作戰計畫，發動北起包頭，南迄北海的冬季攻勢，以二、三、九戰區擔任主攻，配合一九三九年十月完成之第二期整訓部隊，國軍總計在冬季攻勢中斃傷日軍七萬七三八六人，俘虜日軍四百餘，繳獲步槍二七四三支。各戰區雖未能按計劃獲得預期效果，但已達成牽制消耗之目的。中共在作戰初期發動晉西事變，針對國軍第二戰區與冀察、魯蘇戰區，併吞地方抗日團隊，擴張根據地，其中朱懷冰、石友三、喬民禮、侯如墉及鹿鍾麟等部均遭共軍主動襲擊，八路軍隨後在晉東南一帶搜括抗戰公糧，造成國軍給養困難，成爲國民政府冬季攻勢之最大損失。

南京汪僞國民政府，是中國抗日戰爭期間由汪精衛（本名汪兆銘）等投靠日本的國民黨員爲主所建立的政權，以中華民國國民政府爲名，實際上爲日本在戰爭期間扶持的傀儡政權之一。一九四〇年三月三十日在日本支那派遣軍的扶持下成立於南京，汪精衛擔任該政權的國民政府代主席及行政院院長，周佛海和李士群爲主要成員；於一九四五年抗戰結束後瓦解。

當時因爲戰爭而遷都重慶的國民政府，非但不承認汪精衛的僞國民政府，蔣介石更嚴正駁斥，明令通緝，通緝名單一大串（見圖5-22），並以蔣介石具名通緝令上，說明蔣對那些國家民族沒有信心的無恥敗類漢奸（見圖5-23）是多麼的看不起。國府以蔣的名義，於該年三月二十九早於汪僞成立僞政權一日，通緝了一大批所謂汪僞政權的中央與地方僞官員，因而被國民政府稱之爲「汪僞政府」，也因此激起了舉國一致的憤慨，紛紛發電聲討，斥責汪精衛的賣國行爲，也再次重申了擁護國府中央與蔣委員長的領導抗戰。連中共都不例外。中共於延安也以「延安民眾討汪擁蔣大會」主席團毛澤東等名義（見圖5-24），一致決議討汪擁蔣（見圖5-25至5-27）。在華北抗日的十八集團軍也以參謀長葉劍英的名義，率領地方官員通電擁蔣討汪（見圖5-28、5-29）。

國民政府所轄敵後特工組織，並秘密進行鼓動敵後僞軍僞職員使其成員倒戈，轉而爲我方服務（見圖5-30至5-32）。讓其明瞭在國家利益與民族大義的大是大非標準下，國共兩黨都展示了團結一致共同抗日的氣節與國家民族的大義。

◎百團大戰（一九四〇年八月～一九四〇年十二月）

抗戰八年，中共對日軍作戰規模較大，且引以爲榮的有二：一、平型關戰役；二、「百團大戰」。

「百團大戰」，是中共部份軍人——朱德、彭德懷、左權的個人行動，無國民政府軍事委員會或第二戰區的作戰命令，故不載於《抗日戰史》內。朱、彭等雖呈報中共中央軍事委員會，但未經批准即開始行動，因對日僞軍傷害不大，共軍損失不小，且引起日軍的多次大力「掃蕩」，使中共二、三年來艱苦建立的所謂「抗戰根據地」幾被掃平，在中共黨內早已毀譽參半。但中共當時又不得不藉它向外號召宣傳。

中共宣布戰役成果，據統計，包括當地民兵在內，共進行戰鬥一千八百多次，日軍死傷兩萬多人；僞軍五千多人；俘獲日軍兩百八十多人、僞軍一萬八千多人；破壞鐵路九百多里、公路三千里；破壞橋梁、車站二百五十八處；並繳獲了大批武器和軍用物資。共產黨所控制的華北抗日根據地也隨之大幅度擴大爲華北四百三十七個縣中的十個縣。中共傷亡約一萬七千人。

中共投入四十萬部隊，歷時三個半月，戰場遍及蘇、魯、皖、晉、陝等省，但事後證明宣傳大於實利。戰後日軍進行反掃蕩，中共控制區不增反減，再加上與國民黨關係惡化，中共被迫自力更生，削減軍隊投入生產，華北共軍由五十五萬人一度下降至三十五至四十萬人。

不過好景不長，當民國五十六年二月「文化大革命」爆發時，毛澤東即據此「戰」向朱、彭開刀，指彼等「違反黨的組織紀律，擅自搞百團大戰」，是「執行投降主義路線的一大罪惡」。自此中共軍中黨內，很少再有人敢提「百團大戰」的功績，多數異口同聲指摘它的過錯。

至四人幫垮臺，經中共第十一屆三中全會給彭德懷「平反昭雪」後，又有一些人大作文章，談「百團大戰」，以「撥亂反正」的筆法予以「肯定與讚美」。此點除證明在中共統治下，無正確的史實（真史）與客觀的解釋（合理的說明）外，更可知他們的一切說法，皆因人、時、地的需要而隨意發揮，絕不顧及學術的尊嚴與歷史的真相。

中共向國軍輸誠後，理論與名義上是國軍的一個集團軍（第十八集團軍），經常公文往返，爭取擴編、名額、薪餉、武器、彈藥、被服的補充等等。此次發動「百團大戰」，是在抗日戰爭低迷之時，又是共軍主動進攻，故迭電向軍事委員會報告邀功，以利共軍將來向中央之祈求。

蔣委員長為全國最高軍事統帥，故於九月十一日第一階段結束時，回電嘉獎：「朱、彭總副總司令，迭電均悉，貴部窺此良機，斷然出擊，予敵甚大打擊，特電嘉獎。除電飭其他奮戰區積極出擊以策應貴部作戰外，仍希遠飭所部積極行動，勿予敵喘息機會，徹底斷其交通為要。」第一戰區司令長官衛立煌亦有賀電：「貴部發動百團大戰不惟予敵寇以致命之打擊，且予友軍以精神之鼓舞。」

這一普通嘉獎電報，也成為共產黨人反對「百團大戰」羅致的罪名之一，被指為是「右傾機會主義」的鐵證。然支持者反駁，認爲這是表面文章，民國二十九年五月，蔣委員長曾對第十八集團軍有過「傳諭嘉獎」。賀龍在冀中作戰，領導晉西北軍民粉碎了日軍多次掃盪，身中日軍毒氣，仍堅持指揮，也有過同樣的嘉獎電報。林彪負傷，蔣委員長亦有「奮勇殺敵，竟致負傷，眷懷忠勇，軫念良深」的慰問電。

共軍（第十八集團軍）爲擴軍工作及消化吸收，三年多來，由三萬人擴展至二十多萬人的軍隊，並測驗其作戰能力，而發動此次攻擊作戰。在中共本身是得失參半。然而在抗戰宣傳方面，得到頗大的收穫。

其次，共軍在「百團大戰」中，晉、察、冀地區共軍傾巢而出，超出敵後戰略防禦的限度，故損失相當慘重，且多爲其主力部隊。其破壞的鐵路，攻克的據點，大多數很快的又被日軍恢復。而且日軍要保持華北佔領區，定要消滅中共而後止，所以戰後中共在此一地區發展，出現極端困難的局面。在日軍有計畫的「武力掃蕩」與「強化治安運動」雙重政策下，使中共幾乎無法立足，這是中共所預料不到的。

然而，撇開共軍的動機與目的不談，純在抗戰低迷時期，能發動如此大規模的破壞戰與運動戰，又斷斷續續打了三個半月之久，使華北近三十六萬日軍緊張防備，且抽出部分日軍反擊掃蕩，在整個戰局方面有牽制日軍兵力之效，應予肯定的評價。

據大公報當年八月二十四的報導，河北平原游擊戰（百團大戰）敵方承認鐵路交通被破壞，報導稱：自八月二十日以來，華軍集中大批兵力破壞平漢同蒲正太等鐵路，路基電報交通俱遭毀壞，承認此次華軍出動情形，實有精密之組織，同時整個華北地區許多鐵公路上也發生同樣事件，日軍對此十分重視，也因此遭到不同程度的損失，但這並未影響日軍對整個華北地區的有效控制。

對於抗戰方面：百團大戰後，日軍動員相當於九個師團二十萬的兵力進行掃蕩，結果共軍幾乎全面撤出山西，日軍在找不到人決戰的情況下，遂將目標轉向在太行山區（晉南）的十七萬國府軍，太行山區因之失守，日後日軍以此爲基礎發動一號作戰，一路由河南打到貴州，重慶國民政府險些覆末瓦解。但中共當時又不得不藉它向外號召宣傳。

然而，近年來解放軍的一些軍史專家們發現，如果說八路軍還勉強配合國軍打了一場平型關戰鬥的話，還在彭德懷的指揮下勉強打過一場所謂的百團大戰的話，那末，新四軍非但沒有與日本侵略者打過一仗，而且純粹是打內戰的先鋒、主力與禍水，甚至是中共通敵賣國的主要執行者。

新四軍對日抗戰時間很短，直到一九三九年（民國二十八年）初才正式開上戰場，至皖南事變只有兩年左右，以葉挺、項英兩人具名呈給軍委會的每月戰報乏善可陳，只是些小型的戰鬥，在給蔣介石的效忠電自承游擊戰未能發揮效果，日後當分飭所屬多於日軍打擊以符軍座期望，而第三戰區長官顧祝同電蔣的新四軍在皖參戰部隊及作戰情形報告，也給予極不好的考評，如專打內戰、自亂陣線、襲攻友軍、不聽調度等，依軍紀，本應予以制裁，而統帥部初未採取斷然處置，可謂已極寬大忍恕，若在一般軍隊必不能邀此寬典。統帥部之所以如此，據我們揣想，當然是爲了顧念團結之局，不願以小不忍而亂大謀。

新四軍北移之命，曾經延展一個月，迄最近展延之期亦已逾過，在中央規定的路線上曾有該部的輜重及政治工作人員渡江北移，而該部大隊則不北而南，更於途中襲擊四十師，因此乃有解散編遣的緊急處置。以上所述，是此次新四軍事件的綜合經過。這事實，至爲不幸，而就軍紀軍令而言，統帥部的處置是無可置議的。

蔣經國與戴笠等特工部門都對共軍有所撻伐（見圖5-33、5-34），認爲共軍游而不擊，只圖擴充地盤，新四軍在抗戰時期表現的乏善可陳，雖然有一些小型組擊戰的成功，像伏擊日僞火車顛覆了數輛車皮，三戰區長官顧祝同爲了激勵士氣，特向重慶請獎，獲得給予葉二支隊盧團獎金，蔣介石也發來電令，並獎給八路軍將士們每人一枚銀元，但顯然新四軍的表現較八路軍要差很多，所以在抗戰勝利後只有八路軍將領受贈勝利獎章，新四軍將領非但一個都沒，反而死的死被抓的抓，就是因爲不聽命令。

由於共軍不聽調度，曾令八路軍的上司閻錫山指揮不了朱德，一氣之下曾呈軍委會皓電要求辭職。閻錫山電文說「奉命指揮十八集團軍，力薄能鮮，二年前，曾托徐部長呈辭在案。該部不只不服命令，向來敵攻在前，該軍襲擾在後，擊斃我師長，繳收我槍枝，今更對我奉命東渡之六十一軍，在浮山境內阻擊我軍，大小戰役九十餘次，自申庚亥起，以三五八、三八六、獨立一旅等旅，平遙、介休等游擊支隊，共卅餘團之兵力，攻擊我軍。該軍在汾東開始攻擊時，敵人即在汾西調集重兵，攻我雨壁峪黃花峪，向我三十三軍攻擊。今則該軍在浮山由北向南，敵人在曲沃由南向北，夾擊我軍，不只不能指揮其殺敵，反成爲與敵人夾擊我軍。山指揮該軍，實無面目以對國家，准予辭去指揮該軍之職，自發電之日起，所有中央飭令轉致該軍命令，山亦不再轉達。」

另一位直屬上司衛立煌非常惱怒，一度想要剿滅這股力量，但蔣介石以共同抗戰的大局爲念，不同意衛的建議，可見蔣介石的立場非常中立超然，只要抗戰絕對一視同仁，但是如不抗戰，游而不擊，專事攻擊友軍，占領地盤，像陝北原來國府派的地方官員，很多都被共軍取代，共軍的專橫則早晚要整飭糾正，日後的新四軍皖南事件就是一例。

中共在抗戰後期只圖擴張地盤，如朱德的一份致行政院及軍委會的電文（見圖5-35），就硬稱陝北（陝甘寧邊區）的二十三縣是歸邊區政府治理，但事實上應歸國府派官治理。但朱德卻推說蔣委員長於西安事變後已承認，連低階將領邊防司令蕭勁光也強硬要求國府勢力撤出邊區（見圖5-36），完全無視軍紀。

國府爲共同抗日，不得不於一九四〇年七月十六日，作成「中央提示案」，除將中共黨的地位及陝甘寧邊區問題作寬大解決外（見圖5-37至5-39），對於十八集團軍及新四軍之作戰地境與編制，均重新予以擴充調整，交周恩來（時升任中央政府戰地黨政委員會之副主任委員）、葉劍英帶回延安（見圖5-40）。其內容如下：

「中央乃於一九四〇年十月十九日由何總長白副總長，以皓代電致朱德、葉挺，申述軍紀與抗戰成敗之關係，並略舉該軍不守戰區範圍，不遵編制數量，不服從中央命令，破壞行政系統，不打敵人，專事吞併友軍的事實，請其自行糾正，接受中央提示案。」

但對共軍這都是耳邊風，最終受到處分，哪怕有如戰後敘獎，連毛澤東都獲得中央的獎勵，但是一旦叛國，以毛爲首的八個參政員都遭除名（見圖5-41），原因還不都是不聽節制犯上作亂所致。

四、冬季大反攻

◎五原大捷（一九三六年十二月～一九四〇年三月）

傅作義（陸軍二級上將）：戰區副司令長官，一九四〇年五原戰役。山西人。基於一九四〇三月廿三日三進三出「綏西五原保衛戰」大捷，一九四〇年四月五日，國民政府軍事委員會致電傅作義嘉勉並爲請勳。四月十七日，國民政府繼蔣介石之後，將第二枚最高榮譽獎章「青天白日勳章」授予傅作義。

一九四〇年春，日軍狂言「膺懲傅作義」，從平綏、同蒲沿線抽調三萬餘人，汽車千餘輛，由黑田重德師團長指揮，向綏西河套地區瘋狂進犯。二月三日，侵佔五原。傅作義又趁敵主力東撤後，於三月二十日夜率部對盤踞五原之敵發起猛攻，血戰兩晝夜，收復五原。此役擊斃水川一夫中將，大橋大佐等日軍三百餘，全殲以桑原爲首的特務機關，俘淺治慶太郎等五十餘人，殲滅王英僞軍兩個師，獲戰利品甚多。血戰中，傅部也遭到重大犧牲，有的連剩下不到十人，營、連、排長傷亡過半。至此，連續一百五十餘天的奇襲包頭、會戰綏西、收復五原三戰役，以五原大捷告終。

五原大捷肅清了日僞軍在河套的勢力，鞏固了西北屏障，是綏遠各族人民全力支持抗戰的又一貢獻，使日寇進窺我大西北的野心破滅。專家們評價：「五原戰役的勝利，開全國抗戰最後勝利之先路。在全面抗戰的意義上，發生了決定性的偉大作用。」由於五原戰役給日寇以毀滅性打擊，因此到一九四五年日本投降為止，五年多的時間裏，日軍不敢再向我河套地區越雷池一步。

◎第二次長沙會戰（一九四一年九月～十月一日）

日軍為打擊中國第九戰區主力，摧毀中國軍民的抗戰意志，第十一軍在湘北岳陽以南地區集結了第三、第四、第六、第四十師團和四個旅團，總兵力達十二萬餘人。此次會戰歷時月餘，中國軍隊共殲滅日軍三萬餘人，擊落飛機六架，擊沉汽艇九艘，使日軍妄圖一舉殲滅第九戰區主力的計畫遭到失敗。

◎第三次長沙會戰（一九四一年十二月廿三日～一九四二年一月六日）

這次長沙會戰，是太平洋戰爭爆發後，日軍在中國正面戰場發動的第一次大規模進攻作戰。薛岳將軍負責的第九戰區一線兵團依託各陣地逐次抵抗，給日軍相當的損耗和遲滯。待敵深入長沙預定決戰地區，中國長沙守軍頑強堅守核心陣地，連續挫敗日軍進攻。同時，第二線反擊兵團周密協同，對日軍進行合圍。

日軍屢攻長沙不下，周圍中國軍隊又不斷壓縮包圍圈。日軍彈藥將盡而補給線已被切斷，只能空投補給。日軍見勢不妙立即展開退卻。我軍合圍部隊立即轉為向敵阻擊、截擊、尾擊作戰，窮追不捨，在多處予敵重大打擊，擴大戰果，敵狼狽逃竄，至一九四二年一月十五日，日軍退過新牆河，恢復戰前態勢。由於第九戰區部署得當、協同密切，作戰得力，從而取得了此次會戰的勝利。此役共斃傷俘日軍五萬餘人，成為十二月七日（日軍偷襲珍珠港）以來，同盟國隊軍唯一決定性之勝利。

薛岳（第九戰區司令長官）、李玉堂（第十軍軍長），因第三次長沙會戰大捷，獲頒青天白日勳章（見圖5-42）。第三次長沙會戰期間，第十軍軍長李玉堂指揮所部堅守長沙，這是勝利的關鍵所在，蔣介石非常肯定李玉堂的作戰能力與毅力，尤其是置死生於度外，充分發揮革命軍人捨生取義的精神，因此在諸多的軍師長間獨蒙蔣的厚愛而獲獎。

第十軍李玉堂布下巷戰陣勢，守衛長沙市區。雙方在長沙東南郊展開激戰，拼死爭奪，幾乎所有據點都反覆易手。敵軍的攻勢受挫。為了加強長沙防守和反擊力量，薛岳又調第七十七師進入長沙預備作戰。與此同時，他部署外圍的中國各軍由遠處向長沙逼近。當敵軍看到被中國內外線兵團包圍的危險準備撤退時，薛岳即命令各部隊從不同方向對敵軍展開圍追堵截。日軍且戰且退，損失慘重。

此次戰役恰逢日軍偷襲珍珠港，盟軍在太平洋戰場節節敗退，中華民國軍隊卻在長沙取得了對日軍作戰的勝利，因而引起了當時世界媒體的廣泛關注，美國總統羅斯福稱：「盟軍的勝利，全賴華軍長沙大捷」，英國媒體也用「在此遠東陰雲密佈之際，唯有長沙上空之雲彩確切光輝奪目」的標題進行報導。蘇聯和西方同盟國也有大批記者和參觀團來到長沙進行訪問。

由於李玉堂等將領指揮第十軍成功防守長沙，在戰役結束後，原本屬「待罪留任」的軍長李玉堂，升任廿七集團軍副司令，原預十師師長方先覺也榮獲四等寶鼎勳章，並升任第十軍軍長，原廿八團少將團長葛先才升任預十師副師長，其他戰鬥中獲得戰功的將領也得到了國軍統帥部的獎勵。

◎浙贛會戰（一九四二年四月～七月廿八日）

日軍大本營決定摧毀浙贛兩省中國軍隊機場，打通浙贛鐵路，最後基本實現預定目標，曾經佔領衢州機場，但遭到嚴重損失，第十五師團師團長陣亡，日軍戰史記載傷亡一萬七千人。

◎鄂西會戰（一九四三年五月～六月）

鄂西會戰發生於一九四三年五月至六月，是日軍爲打通長江上游航線並摧破重慶門戶而向湖北西部國民革命軍守軍進攻的戰役。日軍先以約三個師團近五萬人兵力，攻擊第二十六集團軍兩個軍的四萬人，爾後以約六萬人攻擊第十集團軍兩個軍，最後再以七萬人攻擊長江上游江防軍兩個軍，將早已擄掠到的船隻沿江運到漢口。

由於各線國軍失利轉進，日軍逐漸逼近石牌，第十一師處於孤軍奮戰境地，浴血苦戰，從五月廿六日起，一直打到五月三十一日。日軍後衛部隊被國軍包圍，主力經過戰鬥，解救被圍部隊。日軍屍滿山谷，乃於五月三十一日夜間，曳尾而退。日軍獨立十七旅團、第十三師團第一〇四聯隊、日軍長野部隊（**日軍第三十四師團第二一七聯隊及其附屬部隊，約四千人**）等均遭國軍重創。國軍包括第十八軍在內的三個精銳野戰軍基本完好無損。

鄂西會戰歷時月餘，第六戰區以十個軍的兵力抗擊了日軍約五個師團兵力的進攻。日軍沿長江向上游進攻，第六戰區及友鄰部隊夾擊日軍，殲滅敵軍四千人。在這次大戰中，國軍將參與南京大屠殺，在中國戰場驕橫不可一世的日軍第十三師團，打得徹底失去戰鬥意志及機動作戰能力。

同時，國軍在鄂西保衛戰中的傑出表現（**見圖5-43**），使盟軍高級將領對國軍的戰力有了全新的認識。蔣介石委員長說：「鄂西大捷是中國抗戰以來一次決定性的勝利，對中國抗戰前途固然多了一層勝利的保障，而尤其當此國際戰場同盟國家準備總反攻的前夕，具有更重大的意義。」

鄂西大戰之後，日軍再也沒有向大西南大舉進攻的機動軍事力量，直至一九四五年八月戰敗投降。

周志開，一九四三梁山空戰擊落敵機三架有功。同年陣亡。民國三十二年七月廿日，周志開（**空軍第四大隊二十三中隊上尉中隊長，空軍第一位獲頒青天白日勳章**）因梁山空戰，擊落敵機三架，獲頒青天白日勳章。

鄂西會戰期間，第十八軍軍長方天指揮所部堅守石牌要塞。

陳誠，一九四三鄂西會戰有功。吳奇偉，方天，羅廣文，胡璉，也因戰功獲青天白日獎章。

一九四三年廢約是抗日戰爭的偉大貢獻，對這一事件共黨曾給予極高評價。《新華日報》如此評論，「簽訂了這兩個條約，才把我國百年來在國際不平等的地位廢除！」《解放日報》在評述廢約的意義時指出，百年來我國由於南京條約、辛丑條約之締結而受到的桎梏，已一掃而空。

一九四三國慶日授勳：閻錫山，李宗仁，何應欽，程潛，白崇禧，徐永昌，陳紹寬，俞飛鵬。

蔣宋美齡，一九四三因功在黨國授勳。

衛立煌，一九四三中國遠征軍有功（見圖5-44）。

五、兩湖盆地的苦難

◎常德會戰（一九四三年十一月～一九四三年十二月）

常德會戰讓當時在埃及與美英領導人會面的蔣介石為中國爭取到相當大的政治利益；除了前面所述戰役，國軍在衡陽保衛戰、崑崙關大捷、鄂西大戰中亦表現的極為出色，豈能以「屢戰屢敗」簡單四個字即輕易抹殺掉國軍在抗日戰場上以鮮血和生命所交織而成的事實！

民國三十二年十月，國軍為配合盟軍反攻緬甸，打通中印緬交通線，先後抽調部隊轉用於緬北、滇西。日軍為了牽制國軍繼續向緬北、滇西轉用，遂發動常德會戰。常德會戰自十一月二日至十二月二十四日結束，是役敵我傷亡慘重，國軍陣亡殉職師長計有預備第十師師長孫明瑾、暫編第五師師長彭士量及第一五〇師師長許國璋等三人，參考三人的上級長官孫連仲所作的殉職報告，可清晰看出三位將領大無畏的視死如歸之精神，國府給於褒揚撫卹及入祀忠烈祠絕對是必須的。

在此次會戰中，中國空軍以及美國駐中國基地空軍也參戰並取得重大戰績。集結轟炸機和驅逐機約兩百架，對日軍飛機、艦船、地面部隊展開作戰，有力支援了地面作戰。中國軍隊依託陣地節節頑強阻擊，遲滯日軍進攻，給敵重大消耗，擊斃日軍一萬餘人。

◎豫中會戰（一九四四年四月～五月廿五日）

豫中會戰是豫湘桂會戰的第一部分，一九四四年春，中國人民抗日戰爭就要看到勝利的曙光，日本軍國主義妄圖挽救因太平洋戰爭慘敗而導致即將覆滅的命運，根據「一號作戰計畫」，發動了以打通平漢鐵路南段，消滅中國軍隊湯恩伯部主力為目的的「河南會戰」，史稱「豫中會戰」。其中「許昌保衛戰」成了當時這場戰役最爲慘烈的戰鬥之一。

這次會戰是侵華日軍發動的最大規模的戰役，日軍勢在必得打通大陸橫貫南北的交通線。

◎長衡會戰（第四次長沙會戰，又稱「湖南會戰」）（一九四四年五月至八月）

長衡會戰是豫湘桂會戰的第二部分，豫中會戰的同時，日軍開始進攻湖南，打通粵漢鐵路。國民黨第十軍隊在衡陽進行了不可思議的長達四十八天的抵抗。最後因寡不敵眾，衡陽失守。在這裡要強調的是中日雙方公佈的日軍在長衡會戰中傷亡人數均是六萬人，驚人的一致，這是八年抗戰唯一的一次。

◎衡陽保衛戰（一九四四年六月～一九四四年八月）

葛先才，周慶祥，方先覺，饒少偉，容有略五人獲得青天白日勳章。

一九四四年八月十四日空軍節授勳：周至柔、張廷孟、王叔銘、毛邦初、高又新。

◎桂柳會戰（一九四四年八月～一九四四年十二月）

張雪中，一九四六年因抗戰時獨山戰役有功。
孫元良，一九四六年因抗戰時獨山戰役有功。

六、異域悲戚、烈士輓歌

◎緬北滇西戰役（一九四三年十月～一九四五年三月）

◎密支那戰役（一九四三年十月～一九四四年八月）

◎強渡怒江戰役（一九四四年六月～一九四四年七月）

同年春月，在中國遠征軍和駐印軍向滇緬邊境及緬甸北部反攻的戰鬥中，其翻越崇山峻嶺，強渡怒江，迭克敵軍堅固據點龍陵、騰衝，直搗畹町之艱苦作戰，及其「穿越山野，沿途給養不繼，所受饑渴不是筆墨所能描述的。」對此，美國聯絡參謀組組長吳德讚揚說：「中國軍隊耐受困苦的精神和作戰的勇敢，都是世界上少有的。」

一個曾親眼觀察一九四四年四月雲南西部怒江戰役的美國人，亦在描述國民革命軍之勇敢作戰精神的報導中寫道：「在以一個班一個班的對敵軍碉堡的自殺性衝鋒中……絕大部分傷亡皆產生於企圖衝過，或更準確地說是爬過機關槍火力網的封鎖地帶。作爲一種純粹的勇敢的顯示來說，進攻是壯烈動人的……一些排長被打死在距敵人槍眼的一兩米距離內，一些優秀的連長、營長在親自帶隊作戰中死去或受傷……」史迪威則評論說：「如果得到好的訓練、裝備和領導，中國軍隊能夠與任何國家的勇敢軍隊相匹敵。」

◎豫西鄂北會戰（一九四五年三月～一九四五年五月）

汪亘峰，一九四六年因抗戰時豫西會戰有功。

◎湘西會戰（一九四五年四月～一九四五年六月）

◎桂柳反攻戰役（一九四五年四月～一九四五年八月）

各次重要會戰，計將級官佐一五三員，校級官佐五七〇員，尉級官佐一二一七員，士兵一四二〇員，共計三三六〇員，可見戰事依舊很緊，官兵仍浴血奮戰，直至抗戰勝利的十月，政府才又公布了敘獎的名單，從名單上可知獎勵的對象絕大部分是中低級軍官軍士與士兵，印證了八年的艱難抗戰，能起著決定性作用的，絕大多數是中下級軍人，真可謂是場全軍全民的抗戰。

戰後敘獎名單陸續出爐（見圖5-45、5-46）。

商震，委員長侍從室主任有功。

馬占山，因抗戰時任第十二戰區副司令長官有功。

徐堪，因抗戰時任糧食部部長有功。

端木傑，因抗戰時任軍政部後勤副總司令有功。

龐松舟，因抗戰時任糧食部次長有功。

陳良，因抗戰時任軍需署署長有功。

黃鎮球，因抗戰時任防空總監有功。

李仙洲，因抗戰時任廿八集團軍總司令有功。

張發奎，因抗戰時任第四戰區司令長官有功。

胡宗南，因抗戰時任第一戰區司令長官有功。

顧祝同，因抗戰時任第三戰區司令長官有功。

劉峙，因抗戰時任第五戰區司令長官有功。

孫蔚如，因抗戰時任第六戰區司令長官有功。

余漢謀，因抗戰時任第七戰區司令長官有功。

朱紹良，因抗戰時任第八戰區司令長官有功。

李品仙，因抗戰時任第十戰區司令長官有功。

劉斐，因抗戰時任軍令部次長有功。

林蔚，因抗戰時任軍令部次長有功。

馮玉祥，因抗戰時任軍委會委員有功。
何成濬，因抗戰時任軍委會委員有功。
鹿鍾麟，因抗戰時任軍委會委員有功。
俞大維，因抗戰時任軍政部常務次長有功。
錢大鈞，因抗戰時任上海市長有功。
蔣鼎文，因抗戰時任第一戰區司令長官有功。
郭寄嶠，因抗戰時任第八戰區代理司令長官有功。
張群，因抗戰時任四川省主席有功。
鄧寶珊，因抗戰時任第十二戰區副司令長官有功。
史迪威：美國人，中國戰區參謀長。
陳納德：美國人，第十四航空隊司令。
魏德邁：美國人，中國戰區參謀長。

國民政府文電摘由紙

姓名或機關	國大代表 吳延環 廿
文別	呈
附件	
收文	卅六年一月六日 時
摘由	建議宛平為第一抗戰紀念城等六項款乞 鈞裁
擬辦	擬交行政院
批示	府 如擬
收文	府字第149號

監印 陳光遠　校對 姚輒發

摘由者姓名

圖5-1
抗戰勝利後盧溝橋所在的宛平縣，曾被國大代表吳延環提議為「第一抗戰紀念城」，然因內戰而無下文。

國民政府文電摘由紙

姓名或機關	摘	由	擬	辦	批	示
河北省參議會	電請指定於盧溝橋為抗戰紀念地		擬交行政院		如擬 吳鼎昌 陳布雷 四月十七	府
文別	代電					
附件						
收文	卅六年四月十日 時					
總收文 府字第7071號						

保密

摘由者姓名 高桂楠

送字二七五○號

校對 周冀廿二

許靜芝

監印 陳光達

圖5-2
當時的河北省參議會也提議將盧溝橋指定為抗戰紀念地，也經同意但內戰而落空。

良方此後作戰方針必須化整為零避實擊虛尤在不求一次之大勝而在積多次之小勝而成大勝只要行動迅速偵探確實則未有不百戰百勝也萬一晉南不能立足則應向晉東晉北發展總使敵疲於奔命防不勝防戰無可戰革命成敗民族存亡全在此舉望告麟書杰如與各旅團營長務希發揮我黃埔之革命精神以慰 總理與陣亡將士之靈

下午會報晉南部隊之調度無人總其成決派歸朱德指揮。

圖5-3

晉南戰役，蔣介石不得不指定朱德總其成晉南部隊，歸其指揮。蔣介石把整個閻錫山在晉南的十萬部隊交給朱德指揮，結果並不成功，只能草草收場。然而顯見蔣為了大局，有時也必須拋開黨派之見，唯才是用。

中華民國貳拾陸年玖月貳拾捌日 ）

晉北我軍大捷

平型關敵全部擊潰

靈邱歸路被我截斷

我軍進入靈廣大道

【太原】二十三晨我軍大勝後、敵調大軍來犯、我各路猛擊、二十五午克復蔡家峪、並重要山頭數處、復分四路追擊、敵潰不成軍、斬獲甚衆、敵唐克車砲車鐵甲車等重軍械、多棄老廟爺附近山溝中、我正派隊追剿搜索殲滅中、二十五晨出擊平型關之敵、於十二時克復關溝辛店東跑池等、俘敵二百餘、斬無算、獲裝甲汽車五十餘輛、滿載軍用品、並斷敵靈邱歸路、現正向關城口以東追擊中、

【太原】我軍二十五日在東西跑池擊斃敵人甚多、俘係鈴木兵團、內日人約三分之一、東三省人蒙人亦各三分之一、步兵唐克車全係日人、騎兵多係蒙人、我軍一部二十五日午後已進入靈廣大道、截斷敵人後續部隊之進路、我軍二十五日克復蔡家峪後、即猛撲前進、下午在小寨村將敵一營完全解決、並抄獲敵兵站一處、獲軍需品無算、（二十六日中央社電）

【西安】此間頃接高桂滋師二十六日電稱、該師自二十二日在平型關關城口與敵血戰五日夜、敵傷亡甚多、我方亦頗有傷亡、現仍在激戰中、（二十七日中央社電）

八路軍總指揮朱德

◎廣施 申報館鑒九月二十五日、我八路軍在晉北平型關與敵萬餘人激戰、反復冲鋒、我軍奮勇直前、將進攻之敵、全部擊潰、所有平型關以北之辛莊關沙東跑池一帶陣地、完全奪取、敵兵被擊斃者、屍橫山野、一部被俘虜、繳獲汽車唐克車槍砲及其他軍用品甚多、正在清查中、現殘敵潰退至小寨村、被我四面包圍中八路軍參謀處宥印、

【北平】聞晉北靈邱方面之日軍、廿六日已向冀晉邊境之淶源逃潰、廣靈方面日軍、有退回蔚縣模樣、（二十六日快訊社電）

英文大美晚報載鄭州消息云、就中日戰地觀察所得、日軍主力、現沿平漢

圖5-4

大公報　(星期二)　(第二版)　漢口

【南京二十七日下午十一時四十五分發專電】河北戰場消息寂寂，晉察之間吾遊擊部隊大活躍，張家口等處騷擾不寧，日內仍將有重大發展，平漢線敵人因此在正面已不敢深入。

【太原二十六日下午四時發專電】我軍二十五日向廣靈大道挺進，將敵後續部隊之進路截斷，敵一部在我夾擊殲滅中，我軍出紫家峪前進，二十五日午後將敵軍約一營包圍於小寨村，敵圖衝出重圍，我軍奮勇迎擊，將敵完全殲滅，並抄獲敵方兵站一處，獲軍需品甚多，（竄入晉北之敵，鈴木旅團東北人蒙人各佔三分之一，[illegible]日人，騎兵多係蒙人）我前線最高指揮長官自嚴令各部隊不得後退一步不得再棄寸土後，前方官兵均甚振奮，逐步向前挺進，故日來我軍進展頗速，並調生力軍，準備補攻。

【太原二十六日下午六時發專電】平型關以北之敵被我擊退後，我並將關溝辛店，東跑池一帶敵方陣地佔領，俘獲之敵，日人蒙人及東北人各佔三分之一，靈邱敵軍之歸路已被我截斷，

第八路軍通電報捷

【南京二十六日公電】各縣縣政府公署，省政府，省黨部，各報館，捷報，九月二十五日我八路軍在晉北平型關與敵萬人激戰，反復衝鋒，我軍奮勇向前，將進攻之敵全部擊潰，所有平型關以北之辛莊，關溝，東跑池一帶陣地完全克取，敵兵屍橫山野，一部被俘繳械，獲汽車坦克車槍砲及其他軍用品甚多，正在清查中，現殘敵潰退小寨村，被我四面包圍中，八路軍參謀處（二十六日）。

【中央社太原二十五日電】大同廣靈附近發現我便衣隊，槍聲頻作，敵軍心恐慌，一面構築防禦工事，一面調大隊增援，[illegible]

津浦前方戰事激烈

【濟南二十七日下午七時發專電】前方戰事激烈，二十七日午後我在泊頭北十餘里新陣地堅守。

【濟南二十七日上午一時發專電】我軍反攻，前進十餘里，已迫近滄州。

【濟南二十六日下午三時發專電】[illegible]我調方休息之某部已全回前方增援，宋哲元亦力疾往指揮，保安隊仍在最前線，二十六日[illegible]投彈二十餘枚，[illegible]傷兵難民雲集濟南，[illegible]

【濟南二十六日下午五時發專電】二十六日午後前方沉寂，我與敵[illegible]對峙，敵機在戰區及魯北亂飛，桑園擊落敵機一架，墜於景縣。

日機轟炸南京

蘇聯提抗議

任何結果日本應負其全責

我致牒俄外部述敵機暴行

【中央社莫斯科二十七日路透電】蘇聯外部二十七日公布蘇聯駐日大使史拉夫斯基對日本請求蘇聯大使館退出南京一節二十六日在京所提之堅決抗議，該文重行聲明蘇聯大使館留駐中國首都之決心，并警告日政府此種非法行為之任何結果應由日本負其全責，[illegible]

【中央社莫斯科二十七日路透電】中國大使館二十五日致牒蘇聯外部，詳述日機轟炸和平民衆難民紅十字會救濟隊以及文化機關等之暴行，並請求蘇聯政府採取相當辦法，以促成此種未開化及無人[illegible]

圖5-5

位於延安(當時叫膚施)的八路軍總部，就聽信了林彪的報告，給全國致了一個通電報捷，說在平型關與敵萬人激戰，反覆衝鋒，將敵全部擊潰，陣地完全克取，敵兵屍橫遍野，獲戰利品無數，給閻錫山的報告說打死千餘人敵軍，繳獲敵汽車五十餘部，閻錫山據此向蔣介石報告，遠在上海的申報也全文照登，並配以一張朱德的照片，主要也是八路軍參謀處的公電。

電勉李軍長默庵誓死奮鬥并示晉戰方略電曰：晉局危殆此時只有激勵官兵同生共死立下決心在晉奮鬥到底若不能驅逐倭寇雖死亦誓不過河此為我革命軍今日起死回生唯一良方此後作戰方針必須化整為零避實擊虛尤在不求一次之大勝而在積多次之小勝而成大勝只要行動迅速偵探確實則未有不百戰百勝也萬一晉南不能立足則應向晉東晉北發展總使敵疲於奔命防不勝防戰無可戰革命成敗民族存亡全在此舉望告麟書杰如與各旅團營長務希發揮我黃埔之革命精神以慰總理與陣亡將士之靈」

圖5-6

蔣介石要求閻錫山不可過黃河往西撤至陝西，要求將領們與官兵共生死立下決心誓不過河，曾電勉李默庵軍長誓死奮鬥不要西撤。

平型關勝利之光榮回憶

九月二十六日平型關之役

溪映

華北抗戰三個月的過程中，不可諱言的，在戰役上我們已經很大很大的失敗了，尤其在西戰場上，我們自張家口放棄之後，一敗竟致後退而失去一個綏遠省和半壁山西。在這樣的敗退情形之下，獨有平型關之役，我們取得了偉大光榮的勝利，這個勝利眞是最寶貴的，最值得我們清楚認識的第一個大勝利。在目前河北的敵軍推進到德州石家莊，山西的得失成爲整個華北乃至全國抗戰的大關鍵的形勢下，我們提出平型關戰役的勝利經過，來報告國人，以作我們最實際的教訓，當然是最重要無比。

九月下旬同蒲綫軍事，開急轉直下的時候，敵知道我們的雁門關有堅工事，攻不下來，於是用攻南口的同樣戰法，探南分兵一萬餘人，打石實平型關，以爲擊破我弱點，乘長城山勢大險，而進入山西中部。當時敵軍是鈴木第五師團及其他砲兵，坦克車隊，輜重兵隊等等，事前×省軍部見敵軍前來，竟欺騙友軍說「我準備反攻」，結果暗地撤退，使敵直趨山西，陷廣靈靈邱，而達平型關下。

我第×路軍增援晉北，以右翼援防平型關之右二十里者爲最先頭，形成與敵爭奪平型關之勢，原來的守軍王部十幾個團撤在關的西北長城線上。九月二十六日，我第×路軍與王部聯合行動，×路軍的任務在攻下關溝，蔡家峪，東口南而達上館西，王部東進出擊敵人，到上館西與×路軍會合。二十日拂曉戰事開始以後，我軍一鼓作氣北上，於正午十二時左右先後佔領蔡家峪，東口南，關溝等地，追擊敵軍至上館西，敵傷亡在一個聯隊以上。敵人聞訊，增援兩個聯隊，於突過蔡家峪而達小寨村之深溝途中，又爲我完全消滅！

小寨村以南的土溝，爲內蔡家峪至平型關必經之路，兩旁懸崖壁立，形同深谷。當我得知敵人經過此地，即埋伏兵力於土崖之上，待兩聯隊敵人完全入谷，將前後團團圍住，士兵高呼「繳槍」！可惜敵人不懂，反死命掙扎，結果搞戰爲我×路健兒奮勇上前，用手溜彈槍彈殺死！

第二日（即二十七日）我軍向推攻靈邱附近，前後兩次殺敗敵人，奪獲敵汽車一百餘輛，給養無數，使整個敵軍無法立足，只有倉皇潰走。某位參加這次戰爭的重要長官說：

此次戰役，首先證明我們抵抗日本，活的戰法——攻勢防禦，利用運動戰絕對的有效，而且是戰勝最基本的辦法，反之，挨打的陣地戰，單純的防禦戰略，是最危險，是亡往失敗的主要原因，我們這次戰爭勝利的原因，是㈠行動秘密，任何一個軍事行動沒有爲敵人所偵知，加以一般人民的幫助，他們沒有一個幫助了敵人。㈡行動迅速，敵人無法察覺，察覺以後，已經遲了。一次，敵我從兩面搶一個山頭，本來敵人先在山腰，而結果仍讓我們搶足先登。㈢地形熟悉，我們隨時將陣地戰變爲山地戰，山地戰是我們抵抗進步的武器最佔優勢的戰法。其次，這次作戰所得的教訓，㈠敵人的攻擊精神非常薄弱，在他砲火不能發生威力之後，我們很可能打敗他。㈡在防守上，同樣的存在不可救藥的弱點，只要我們大家齊心努力，誓死向前，敵人經過一個敗仗，整個戰線都會動搖的。這一次小寨村山谷內的敵人所以完全消滅，原因不在戰鬥精神，而是怕死，不知我們優待俘虜，總之，我們[illegible]宣傳的力量不够。

平型關這一次的戰事大大的勝利了！但是總因爲我們抗戰的信念不堅決一致，我們不會處處活用戰術，戰略，不久敵人又從雁門平型之間的茹越口闖進來，使晉北軍事演到今天的程度，是非常痛心的事。

猛省吧！同胞們！接受這寶貴的抗戰經驗，來爭取我們民族抗戰的勝利前途！

（十月十一日於晉北前線）

圖5-7

八路軍將領的平民作風與軍隊上下一體的特色，加上對於軍民關係有著特殊的辦法，深深吸引了媒體的注意，它象徵著中國軍隊的刻苦耐勞，也象徵著中國人的忍辱負重，對抗戰有著無比的激勵作用。

晉北前線 朱彭會見記

中央社記者王少桐

【中央社太原通訊】「紅軍」爲參加民族抗戰已改變了他們的策略，拋棄了他們的紅旗，站在三民主義的旗幟下，和蔣委員長的領導下，改編成國民革命軍的八路軍，開到抗戰最前線，已和敵人作戰了數次，而且都得到相當勝利。一般人對于過去「紅軍」作戰的耐久性，和他們戰術上特殊的優點，就是以小犧牲換大勝利的遊擊戰術，都抱着一種熱烈的希望。希望他們在這次民族抗戰中有更好的表現，爲捍衛祖國盡黃帝子孫應有的責任。記者同具這個願望，假這次在前方工作的機會，特別在國慶日那天早晨，由太原出發去訪問八路軍的正副總指揮，就是深印人們腦海中的朱德，彭德懷兩將軍。一輛載重車裝着二十多青年，除了九個新聞記者外，他們都去八路軍部工作的。一路上他們唱着抗戰的種種歌曲，歌調雖不十分合拍，聲音是雄壯的，精神是煥發的，却也喚起了行人的注目，破除了我們旅行的寂寞。車在黃土道中走了七個小時，將近傍晚，到了一個離太原二百數十里的縣城，再由縣城出發，在黑暗摸索中步行了二十五里，翻過兩重山，一個山頭，那就是八路軍的總部，我們的目的地。

朱彭的印象

當天因爲時間過晚，由副官處招待我們食宿，並由副官處長唐君陪我們談天，話都是過去十年「紅軍」生活的經過，雖然我們有一天的勞頓，可是聽了這富于興趣，饒有意味，而且過去是十分不公開的歷史故事，把我們的疲勞驅逐了，直到深夜纔就寢。第二天的上午八時，我們在八路軍的總部一個着一身舊灰布軍裝，戴着一頂有黨徽軍帽的人，正坐辦公棹前翻閱電報公事，經介紹後，才知道他就是彭德懷，八路軍的副總指揮，相互的招呼一下，我們注意力也就集在他身上，服裝簡樸，與他們的勤務兵是一樣，也許還是不上勤務的整潔。因爲他正在辦公，我們不便打擾，順便看看室內的布置，四壁滿懸軍用地圖，中央兩張方桌拼成的辦公桌，一幅滿沾墨跡油跡的白布覆着，文具極簡單，大概只敷他們每個人使用，坐的是幾條長木櫈，此外再沒有什麼了。這時有勤務端上兩盤菜，一盤燒麥，把桌布掀去一半，就是餐桌，他停止了工作，開始他的早餐，同時開始和我們談話，邊吃邊談，沒有一些客套，沒有一些掩飾，態度帶些浪漫，但是也很嚴肅，面容雖是和藹，目光却很銳利，我們所問的他都有詳細而誠懇的答覆。經過一小時多的暢談，我們辭去。將近傍午，彭先生悄悄然到了我們的寓處，隨便的坐下，又隨便的閒談不到半小時，我們的早飯開來了，他也就一塊和我們吃兩盤菜和一盤燒麥，是照例簡單的聚餐，却饒有豐富的意味。下午我們又去總指揮的辦公室，一個穿士兵衣服，戴眼鏡，滿臉鬍子的人，站在門口，我們幾個人都沒有十分注意而踏進了門，可是他們的參謀長立刻過去向我們介紹，這位是朱總指揮，剛從前線同來。這時我們的內心真是無限的慚愧，可是這實在也難怪，他們沒有符號，沒有領章，更沒有一般高級長官的派頭，額上既不刻着字，你說只一個不相識的人，如何分辨出誰是長官，誰是士兵，雖說善于識別人的新聞記者，到此也技窮了。他開始和我們談話，同樣沒有什麼寒暄和客套，要談他所要說的話，很慢而很有力，態度是沉着而剛毅，言語間很少含有理論，好像一句話的出發點，都根據着事實上的體會或經驗。到了五點多鐘，我們就在辦公室吃飯，這次是他們請客了，席間增加了三盤菜，不消說，是他們對遠來的賓客表示一點歡迎的意思。記者和兩氏雖僅有一天的晤談，他們起初給我的平凡印象，已經給不平凡的談話，特殊的風度完全衝散了。的確是的，世界有許多不平凡的人，常常在一副平凡的外表下隱藏着。

圖5-8
一篇由中央通訊社發稿，名為「晉北前線朱彭會見記」，對朱德、彭德懷兩人樸實無華的平民作風給於甚高的評價。

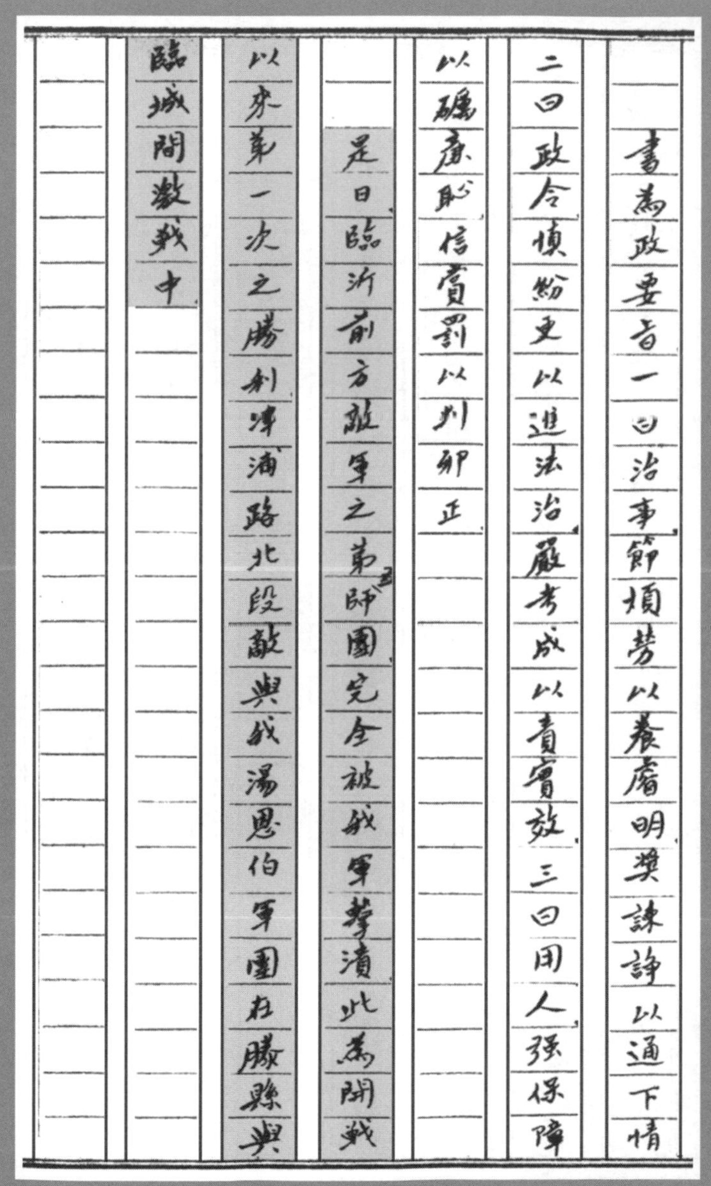

書為政要旨一曰治事，節煩勞以養腦明，獎諫諍以通下情。二曰政令，慎紛更以進法治，嚴考成以責實效。三曰用人，強保障以礪廉恥，信賞罰以判邪正。

是日臨沂前方敵軍之第五師團，完全被我軍擊潰，此為開戰以來第一次之勝利。津浦路北段敵與我湯恩伯軍團在滕縣與臨城間激戰中。

圖5-9

台兒莊大捷，是中國軍隊在正面戰場取得的第一次大規模勝利，它的前序戰臨沂戰鬥是第一場勝仗。

四月七日

上午接獲捷報，台兒莊之敵今晨全部被我擊潰殲其第十師團主力及其增援部隊共三萬餘眾，公曰，聞勝而喜則可，聞勝而驕則危，即令宣傳部勿事鋪張，

手諭賀主任耀組通令各部嚴禁軍人對外發表言論諭曰徐培根等近日在各報自由發表言論，以後應絕對禁止凡軍人對外發表言論或撰文登報，必須經其最高級主管長官之批准方得登報發表，否則一律禁止，

圖5-10

台兒莊大捷重傷了日軍的兩個王牌部隊，讓日軍想在徐州殲滅國軍主力的計畫落空，蔣介石知道戰事尚未了結，嚴禁慶祝活動，以冷靜的態度應對，終於日軍反撲未能消滅中國軍隊主力。

下午武漢各界聞台兒莊大捷、羣情歡躍、各商店一律懸旗
誌慶、並有燃放鞭炮者、各民眾團體均列隊遊行、情況異常熱烈、
公以此次不過初步之勝利、不足以言慶祝、我民眾應力戒矜誇、
時加警惕、特發通電勗勉、電曰「各戰區司令長官、各省市黨部、各
省市政府、各報館、並轉全體將士、全國同胞公鑒、軍興以來、失地
數省、國府播遷、將士犧牲之烈、同胞受禍之重、創鉅痛深、至慘至
酷、溯往思來、祇有悚惕、此次台兒莊之捷、幸賴我前方將士之不
惜犧牲、後方同胞之共同奮鬥、乃獲此初步之勝利、不過聊慰八

圖5-10

閱月來全國之期望稍酬我民族所受之憂患與痛苦、不足以言慶祝、來日方長、艱難未已、凡我全體袍澤與全國同胞、處此時機、更應力戒矜誇、時加警惕、唯能閱勝而不驕、始能遇挫而不餒、務當兢兢業業、再接再厲、從戰局之久遠上着眼、堅毅沉着、竭盡責任、忍勞耐苦、奮鬥到底、以完成抗戰之使命、求得最後之勝利、幸體此旨共相砥勉為盼

是日、四中全會通過國民參政會組織條例、

圖5-10

烈士事蹟表

姓名	易安華	別號	穉如	性別	男
年齡	三十六歲	籍貫	江西宜春	党籍	軍獻字〇〇九〇五號入黨十四年于黃浦
學歷	黃埔軍校第三期畢業				
經歷	警衛師營長八十七師五二二團上校團長 八十七師二五九旅旅長				
生平事蹟	民國十三年隨軍北伐十八年度入中央教導團習德操畢業後參加河南之役「一二八」滬戰英勇殺敵曾升團長「七七」抗戰即送眷屬返籍誓以成仁報國以[illegible]堅守南京中華門殉國				
死難情形	「八一三」戰役之後退出上海敵人逼近首都救率一旅之眾扼住左翼把守中華門晝夜堅守不退以致傷左胸繼中右臂仍奮勇殺敵再彈中腹部而昏絕成仁時為廿六年十二月一				
遺族概況	江西宜春遠市橋人和聚號				
備考	家屬情形未詳 其眷屬已返原籍				

民國　年　月　日申請人（簽名蓋章）

圖5-11

易安華參加南京保衛戰，奉命守衛光華門一帶。出征前，他把妻兒送回老家。告別妻子前寫下「告妻兒書」，抱著赴死的決心上戰場。

事蹟	升至團長二十二年擢充第四副總經之出斷據熱李氏志切彩節不計個人名位由教導一師調充獨四師第一團團中校營長參加贛南潯烏安遠剿共諸役成績斐然二十四年春升調獨三師(旋改編第六師)上校團長同年調第二十五團上校團長深明大義知抗戰救亡非先求全國軍令統一不可於二十五年粵局改觀氏首舉義委座深為嘉許擢升同團少將團長二十六年調本師四六六旅少將副旅長同年冬參加京滬抗戰陣升該旅旅長
死難情形	二十六年十二月十三日本師保衛南京時作戰勇敢沉着身先士卒不幸中彈殉國
遺族情形	遺妻一麥蘭芬長子錦漢年十七歲次子錦中十四歲三子錦華年十歲四子錦堯七歲烈士生平廉潔毫無積蓄子女均已停學生活殊苦現寄居母家

圖5-12
旅長李紹嘉因公陣亡，遺族多且貧，烈士一生清廉，毫無積蓄，子女多已輟學，生活殊苦，單位請求上級從優撫卹。

事蹟	死難情形
先士卒積功擢升由排長而連長營長後求深造考入陸大第八期畢業後歷充參謀團附團長參謀長等職滬戰爆發努隨教導隊在滬參戰後因該旅傷亡過重開粵整訓該員以勳勞卓著擢升本師少將參謀長	二十六年十二月本師保衛南京反復轉進南京時該員親率本師一部由南京太平門突圍與敵劇戰反復衝殺終因衆寡懸殊陷敵重圍不幸中彈殉國

圖5-13

姚中英，抗日戰爭爆發後，任第一五六師上校團長。一九三七年十月升任第八十三軍第一五六師少將參謀長。同年十二月在南京保衛戰太平門戰鬥中犧牲。一九四〇年遺骨祀入平遠忠烈祠。遺族尚在調查中。

烈士事蹟表

姓名	黃梅興	別號		性別	男
年齡	三十三歲	籍貫	廣東平遠	軍籍	軍餘字〇二七四七號十三年入營
學歷	黃埔軍校第一期畢業 陸大將官班三期畢業				
經歷	第八十八師二六二旅少將旅長				
生平事蹟	黃烈士自黃埔軍校畢業後即隨師北伐轉戰閩粵皖贛湘鄂蘇冀豫諸省以及一二八淞滬抗日二十二年長城戰役諸役迨二六年八月虹口事變仍參與抗日前線守護八字橋				
殉難情形	「八一三」事起黃烈士奉令守上海八字橋前線以本部進擊衛錦路津當者披靡已克佔據持志大學之敵但身受重傷仍向愛國女校敵營衝鋒因身受傷重殉職時為廿六年八月十四日				
遺族概況	廣東省平遠縣梅西職業學校賴伴梅				
備考	遺族概況可函詢廣東省平遠縣政府				

民國　年　月　日申請人（簽名蓋章）

圖5-14

上海戰役首位殉職將領蔣介石慰勉其遺孀，並派人安頓其家人生活。國民政府追授黃梅興陸軍中將。其遺體由夫人賴伴梅、兒子黃崇武護送至南京雨花台落葬。夫人親寫輓聯：「馬革裹屍還，是男兒得意收場；可憐母歿半年，瞑目尚多身後事。鵑聲啼血盡，痛夫子抬魂不返；最苦孤生匝月，傷心猶剩未亡人」。

烈士事蹟表

姓名	蔡炳炎	別號	潔宜	性別	男
年齡	三十七歲	籍貫	安徽合肥	黨籍	
學歷	黃埔軍校第一期畢業 陸軍大學特別班第一期畢業				
經歷	歷任憲兵團旅長第一師參謀長安徽保安處中將處長十八軍六十七師二〇一旅旅長				
生平事蹟	肄業由黃埔軍校畢業即隨師北伐歷任憲兵團旅長民十七年于安徽保安處處長任內以剿匪有功得豫鄂皖三省總司令蔣特頒第七號獎狀記大功一次并入陸大特訓班受訓畢業補十八軍六十七師二〇一旅旅長殉職				
殉難情形	「八一三」戰役在二十六年八月廿四日趕赴羅店阻敵并出擊以奪取陸家村堅守羅店親率特務排上前線為敵中胸部殞于二十六年八月二十五日辰十時陣亡于羅店				
遺族概況	安徽合肥城內十字街華島布莊（已淪陷）				
撫卹	家屬情形不詳				

民國　年　月　日　申請人（簽名蓋章）

圖5-15

蔡炳炎壯烈殉國，他是繼黃梅興後，中國軍隊犧牲的第二個將軍。將軍親自督率一個營及特務排向日軍衝擊，下達「本旅將士，誓與陣地共存亡，前進者生，後退者死，其各懍遵」的命令，高呼：「吾輩只有兩條路，敵生，我死！我生，敵死！」鏖戰中，蔡炳炎不幸胸部中彈殉國。

烈士事蹟表

姓名	蔣志英	別號	伯清	性別	男
年齡	四十六歲	籍貫	浙江諸暨	黨籍	軍中字〇〇八四九號入黨二十年十一月于浙江
學歷	中央軍校潮州分校一期畢業				
經歷	浙江保安縱隊副指揮官保安副處長浙江保安第二支隊司令台州守備區指揮官				
生平事蹟	蔣烈士自軍校畢業後即參加北伐先任排連長民十六年再派官浙江歷任營團長民二十六年任浙保安縱隊副指揮官以剿匪有功擢升保安處副處長軍興時任浙保安第二支隊司令兼浙西諸役屢建奇功擢第三縱隊司令二十九年調任台州守備區指揮官				
死難情形	蔣烈士於敵寇竄犯及所守轄地無不臨陣所在有功出任台州守備指揮官戰危任三十年四月十九日進犯之敵竄臨海登陸該指揮官奮不顧身率部抗拒優勢之敵三晝夜敵我血戰身受重創猶殺敵為任平收復堅拒被敵俘自殺				
遺族概況					
備考	家屬概況不明可函第三戰區司令長官部軍務處查調				

民國　年　月　日　申請人（簽名蓋章）

圖5-16

中華民國三十　年　月　日　字　號

事由
故旅長黃梅興等五員請准入祀首都忠烈祠由

行政院　呈

中華民［國］……發文……字……號　19037

據內政部三十三年八月三日呈稱：
「案准軍事委員會撫卹委員會三十三年三月十九
日撫一崇渝字第一一二〇八號公函以准中央各軍事
學校畢業生調查處檢送第八八師二六二旅故旅長黃
梅興第八七師二五九旅故旅長易安華第十八軍六七
師一〇一旅故旅長蔡炳炎浙江台州守備區故指揮官

圖5-17

蔣志英第七〇一團故團長陳學武等五員烈士事蹟表
請准予入祠首都忠烈祠一案檢同原表冊轉請核辦等
由查該烈士等殉難事蹟核與抗敵殉難忠烈官民祠祀
及建立紀念坊碑辦法大綱第二條各款規定相符似可
依照同大綱第八條第二項准予留備入祠首都忠烈祠擬
請飭院轉呈　國民政府俯賜核准以慰英靈
等情理合抄同原附表呈請
核准施行謹呈
國民政府
附抄送原附事蹟表各一份

圖5-17

彙案轉請入祀首都忠烈祠烈士名單

職別	姓名	備攷
陸軍第二〇五旅旅長	徐積璋	
陸軍第一百五十六師參謀長	姚中	
陸軍第一五六師四六六旅旅長	李紹嘉	
陸軍第八八師第二六二旅旅長	黃梅興	
陸軍第八七師第二五九旅旅長	易安華	
陸軍第六十七師第二〇二旅旅長	蔡炳炎	
陸軍第八九軍第七〇二團少將團長	陳学武	

圖5-18
五位英烈及多位英烈英勇殉國，國府都以最高規格，榮准入祀首都忠烈祠。

職別	姓名	備考
魯蘇戰區總司令部政治部主任	周　復	以上各員奉行政院卅四年一月十三日平人字第830號訓令轉奉國民政府主席　諭均應留備入祠俟戰事結束後彙案辦理
浙江保安第二縱隊司令台州守備區指揮官	蔣志英	仝　前
陸軍三十八師少將副師長	齊学啟	
陸軍第七十九軍軍長	王甲本	以上二員檢同原事蹟表併入本案轉請入祀首都忠烈祠
軍事委員會調查統計局局長	戴　笠	經以三十五年十一月十四日礼字第824號呈專案報請核示

圖5-18

烈士事蹟表

姓名	徐積璋	別號	耀堂	性別	男
年齡	三十三歲	籍貫	山西省襄陵縣	黨籍	國民黨黨員
學歷	山西北方軍官學校畢業　陸軍大學畢業				
經歷	歷充連長營長太原綏靖公署參謀處上校副科長軍事教導第二團少將團長陸軍第二百零五旅少將旅長等職				
生卒事蹟	民國二十五六年在山西五台一帶担任指揮修築國防工事二十六年抗戰軍興即率決死隊轉戰晉東盂縣洪縣一帶二十七年任軍士教導第二團：長率部轉戰晉南臨汾襄陵一帶同年升任二百零五旅：長率部轉晉西鄉寧汾城一帶後率部開汾南駐稷山縣屬之稷王山在萬泉稷山河津安邑猗氏夏縣臨晉聞喜等縣與敵撕殺前後身經大小戰役三十餘次殲敵共約五千人				
死難情形	民國三十七年陰曆十月十三日夜半敵人集結河津萬泉稷山安邑猗氏夏縣臨晉聞喜等縣敵五千餘州砲十六門分八路圍攻稷山徐旅長積璋指揮所部與敵激戰至十四日午一鐘許不幸為敵砲命中遂以身殉				
遺族概況	徐旅長身後遺有妻一女一子二父母衰老均尚在堂賴兄撫養父名樹桂兄名積珍世居山西省襄陵縣西村				
備考	徐旅長積璋之遺族通信處：山西省襄陵縣政府轉西村徐樹桂或徐積珍收				

民國三十三年二月十五日申請人陸軍第三十四軍軍長高倬之

圖5-19

看看烈士遺族情況，許多都士遺族眾多且貧，軍方會特別要求政府從優撫卹。

烈士事蹟表

姓名	陳學武	別號	年歐	性別	男
年齡	三十五歲	籍貫	廣東文昌	黨籍	軍勝字第〇六八二八號又黨十三年于廣州
學歷	黃埔軍校三期畢業				
經歷	歷任八九四、七〇一各團中校營長隨以功升第一團少將團長				
生平事蹟	陳烈士自畢業黃埔軍校即任軍職並隨師北伐歷任排連營長抗戰軍興以功升七〇一團少將團長以新河廟鹽城諸役卓著勳勞				
死難情形	二十九年秋匪軍北犯黃橋適陳烈士奉命前往巡察所部猝被匪軍圍而受脅乃以敢死隊衛護烈士所部於斯為之柔弱堪值往軍之際母虞來援而烈士仍奉不顧身率衆占橋頭指揮作戰多時卒以糧盡不敵竟成仁時民廿九年十月五日時也				
遺族概況	母妻子女各一子名玉名女名玉香均住廣東文昌文教市明昌號轉福田莊（已淪陷）原籍後娶高劍輝氏生子名蘇民暫住江蘇宿遷縣				
備考	遺族概況可函詢阜陽八十九軍司令部				

民國　年　月　日　申請人（簽名蓋章）

圖5-20

烈士乃係為新四軍發動之黃橋戰役中殉職，可惜死在內戰，這也是血性的男兒所不願為者。

「職自奉命長新編四軍，原志企竭駑鈍，以圖報稱，惟以部隊內容複雜性質特殊，雖掬誠戮力，勞怨不辭，亦無從措施。數月以來，憂憤交侵，致精神衰弱，舊疾復發，迫將實情向長官顧瀝陳苦衷，荷蒙給假一月休養。竊念職與該軍，立場既不相同，意志又屬互異，雖欲再盡棉薄，實已爲環境所不許，更慮部屬秘行，未易備知，若再尸位，則不獨無補，且恐與鈞座所屬望者相背馳，用敢瀝情電呈，伏乞准予免去軍長一職，以免誤公。職俟病愈，仍當踵轅請訓，聽候驅策，乞鈞察。

圖5-21
葉挺也是一位有血性的軍人，不願打內戰，所以說與項英立場不同意志互異，只有求去。

國民政府軍事委員會呈

事由	擬辦	決定辦法	備考
據軍法執行總監何成濬呈為汪兆銘等通敵叛國顯屬觸犯懲治漢奸條例第二條各款之罪請予通緝等情轉請一併明令通緝歸案究辦由	擬照办	如擬 三、廿九	
附件	根羽 三、廿九		

九四啓字第三七六一號 二十九年三月廿九日 時到

圖5-22
在抗日戰爭期間，閩南籍企業家陳嘉庚向重慶國民政府提議：「敵未退出我國土即言和，當以漢奸國賊論」，這個提議由國民參政會第二次大會通過，被鄒韜奮稱為「古今中外最偉大的一個提案」。

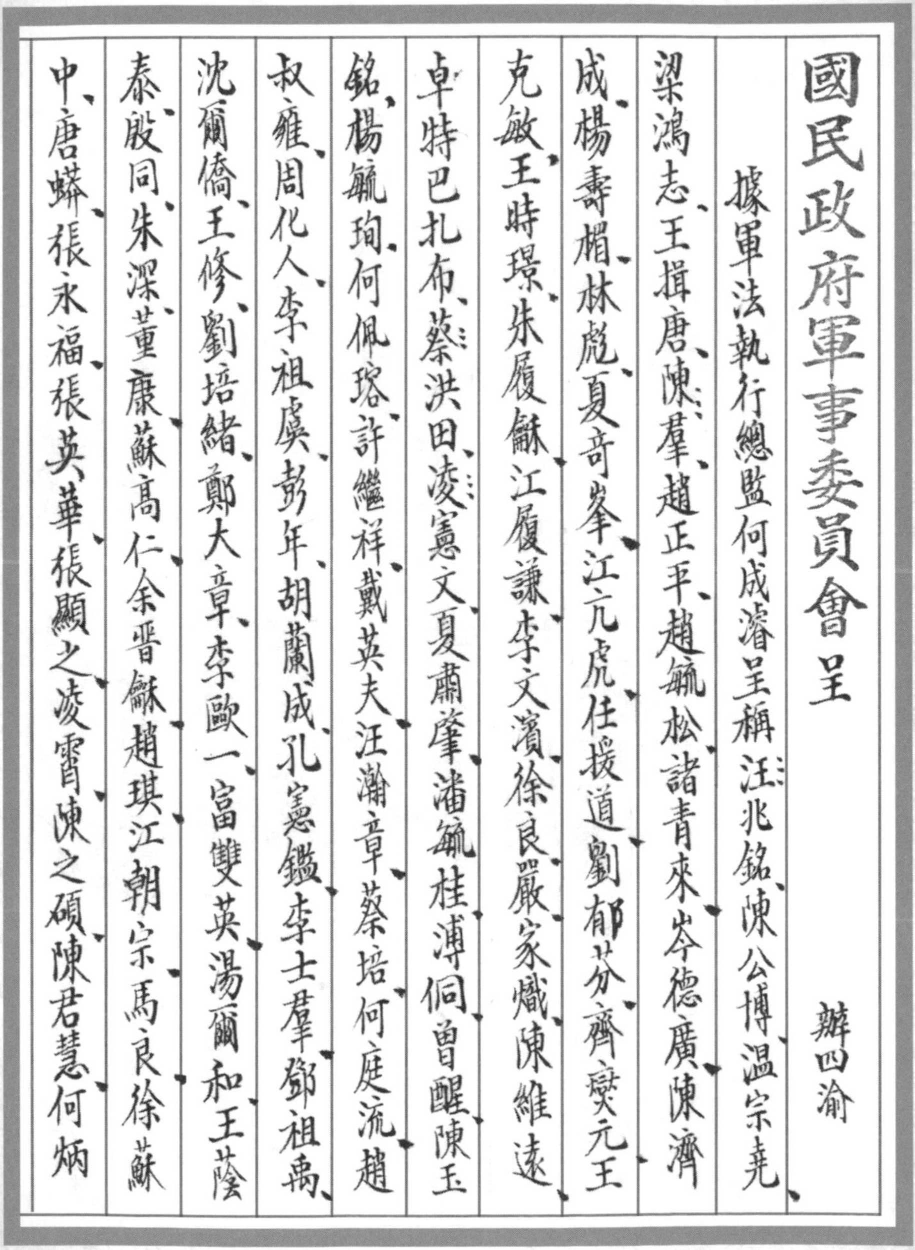

國民政府軍事委員會呈　辦四渝

據軍法執行總監何成濬呈稱汪兆銘、陳公博、溫宗堯、梁鴻志、王揖唐、陳羣、趙正平、趙毓松、諸青來、岑德廣、陳濟成、楊壽楣、林彪、夏奇峯、江亢虎、任援道、劉郁芬、齊燮元、王克敏、王時璟、朱履龢、江履謙、李文濱、徐良、嚴家熾、陳維遠、卓特巴扎布、蔡洪田、凌憲文、夏肅[illegible]、潘毓桂、溥侗、曾醒、陳玉銘、楊毓珣、何佩瑢、許繼祥、戴英夫、汪瀚章、蔡培、何庭流、趙叔雍、周化人、李祖虞、彭年、胡蘭成、孔憲鑑、李士羣、鄧祖禹、沈爾僑、王修、劉培緒、鄭大章、李歐一、富雙英、湯爾和、王蔭泰、殷同、朱深、董康、蘇高仁、余晉龢、趙琪、江朝宗、馬良、徐蘇中、唐蟒、張永福、張英華、張顯之、凌霄、陳之碩、陳君慧、何炳

圖5-23
漢奸名單一出舉國稱讚，對抗戰士氣有重大貢獻。

賢、陳伯藩、唐惠民、陳耀祖、焦瑩、蕭叔萱、高冠吾等通敵叛國逆跡昭著觸犯懲治漢奸條例第二條各款之罪除汪兆銘、褚民誼、周佛海、鮑文樾、李聖五、梅思平、傅式說、丁默村、林柏生、羅君強、張韜、楊揆一、葉蓬、顧忠琛、樊仲雲、湯澄波、汪曼雲、顧繼武、陳春圃、黃香谷、金雄白、劉雲、梅哲之、陳璧君、朱樸、繆斌等已通緝有案外應請一併明令通緝歸案究辦等語查所呈係屬實在據呈前情理合備文呈請

鑒核准予將上列人犯一併明令通緝其餘從逆各犯俟飭軍法機關查報再行呈請緝辦實為公便謹呈

國民政府主席 林

軍事委員會委員長蔣中正

圖5-23

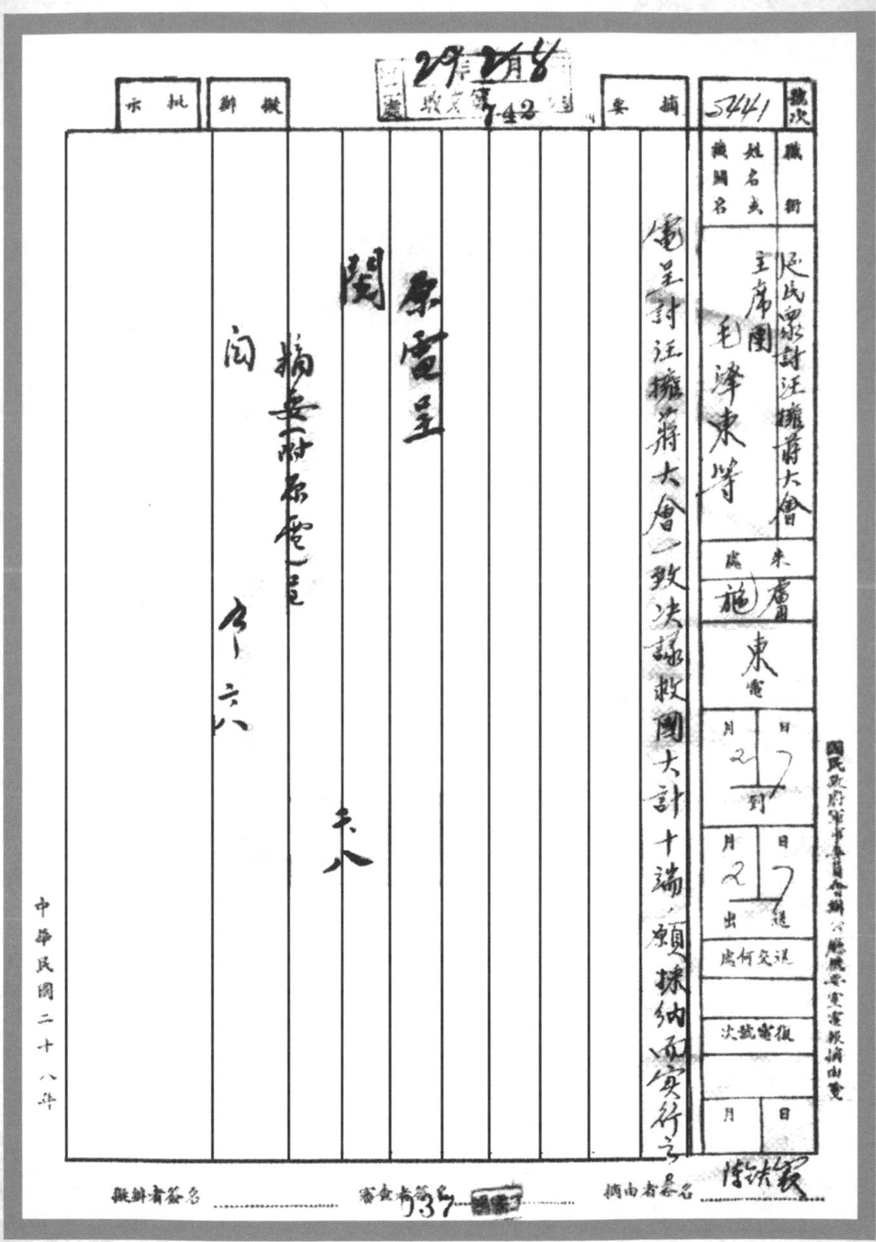

圖5-24

中共藉中央通緝漢奸展開擁蔣討汪運動，其目的除表赤忱外，更重要的是向中央提出政治要求，達到壯大自己的目的。

虞施

分送重慶國民政府林主席、軍委會蔣委員長、行政院蔣院長孔副院長、監察院于院長、立法院孫院長、考試院戴院長、司法院居院長覃副院長、軍政部何部長、軍委會政治部陳部長、九戰區陳司令長官、國民參政會、中央黨部、戰地黨政委員會、反侵略大同盟會、中蘇文化協會、生活書店、商務書館、中華書局、青年記者協會、文藝界抗敵協會、中央社、國新社、婦女慰勞會、大公報、掃蕩報、新華日報、中央日報、三民主義青年團、八路軍辦事處均鑒。二月一日延安討汪擁蔣大會，義憤激昂，一致決議討伐汪精衛賣國投降，擁護蔣委員長抗戰到底，為挽救時局危機起見，謹陳救國大計十端，願我國民政府各黨各派抗

圖5-25

輩人員眼中、三民主義不過口頭禪、而有真正實行之者不言之曰多事、即治之以嚴刑、由此怪象發生、信仰掃地、亟宜再頒明令、嚴督全國實行、有違令者從重治罪、有遵令者優予獎勵、則三民主義庶乎有實行之日、而抗日事業、即建立勝利之基、此應請採納實行者十、凡此十端、皆救國之大計、抗日之要圖、當此敵人謀我愈急、汪逆極端猖獗之時、心所謂危、不敢不告、倘蒙採納施行、抗戰幸甚、中華民族解放事業幸甚、迫切陳詞、願聞明教、延安民眾討汪擁蔣大會主席團 毛澤東、王明 張聞天 林伯渠 吳玉章 王稼薔 康生 陳雲 鄧發 李富春 高崗 蕭勁光、張浩 肇邦英 許光達 孟慶樹 譚政 唐洪智 高朗人 馮文彬 管

圖5-26

呈閱

承辦機關號次 [illegible]035.

侍從秘書號次 侍秘(乙)第21064號

姓名或機關	延安民衆討汪擁蔣大會主席團 毛澤東等
地址	膚施
月日 文別 號次	二月一日 快電 742

內容摘要

（事由）電呈「討汪擁蔣大會」一致決議救國大計十端，願採納而實行之。

一、由政府下令喚起全國人民討汪，有不奉行者，罪其官吏。

二、各地方抗日力量，宜一體愛護，不宜厚此薄彼。

三、宜即開放黨禁，扶植輿論，以爲誠意推行憲政之表示。

四、宜由政府下令處罰一切製造慘案分子。

五、宜速申令全國保護青年，取消西安附近之集中營。

六、充分接濟前線有功軍隊，一面嚴禁奸徒污蔑搆陷，以勵軍心。

七、特務人員，亟宜實行取締，加以改組。

八、頒行有效辦法，澈底取締一切貪官污吏。

九、由政府下令，有敢違背遺囑，不務喚起民衆而反踐踏民衆者，處以背叛 孫總理之罪。

十、宜再頒明令，嚴督實行三民主義，違者從重治罪。

附呈原電一件

批示

職 陳布雷 呈

廿九年 二月八日

圖5-27

國民革命軍第十八集團軍重慶辦事處

委員長蔣鈞鑒謹將冀中全區各縣長各級行政專員區長村長暨全區二百萬民眾呈請 委座聲討漢奸汪逆電一件譯抄呈

鈞閱

附抄電一件

職 葉劍英謹呈 八月九日

俟有同樣電文時，彙送宣傳部發表。

布 八廿

圖5-28

冀中冀南皆是中共用語，國民政府稱之為行政專區，當時是軍政分家軍隊不干預地方政務，一切地方事務權在省主席，葉劍英身為十八集團軍參謀長，上此電文是越權之舉，應由行政專區專員或省府代電。

國民革命軍第十八集團軍重慶辦事處

委員長蔣　鈞鑒：竊自七七事變，我政府即決定持久抗戰之方針，領導全國民眾一致抗戰。兩年以還，上下團結，愈戰愈強，使敵寇企圖滅亡我國之陰謀計劃，於此粉碎，我民族之偉大精神，更於此發揚之際，而民族敗類汪逆精衛及其黨羽竟甘心背叛黨國，響應敵寇近衛之聲明，發表所謂睦隣善友共同反共與經濟提携之荒謬言論；此種認賊作父之行為，實為我偉大中華民族之奇恥大辱，全國民眾其孰能忍受！　職區於抗

圖5-29

國民革命軍第十八集團軍重慶辦事處

戰二週年紀念大會上，經全區各縣長各級行政人員、區長村長以及士紳碩望等，一致決議呈請鈞座對於出賣民族利益之漢奸汪精衛等，應嚴予聲討，以彰國法，以伸民憤，而利抗戰。並誓死擁護中央堅持抗戰到底之國策。謹此清陳，伏維垂察。冀南第三行政督察專員劉建章武邑縣長李曉清棗強縣長郭曾景縣縣長孟信甫故城縣長胡子壽阜城縣長孫振勳、衡水縣長賈殿閣東光河西特區主任沈民暨全區二百萬民眾同叩

圖5-29

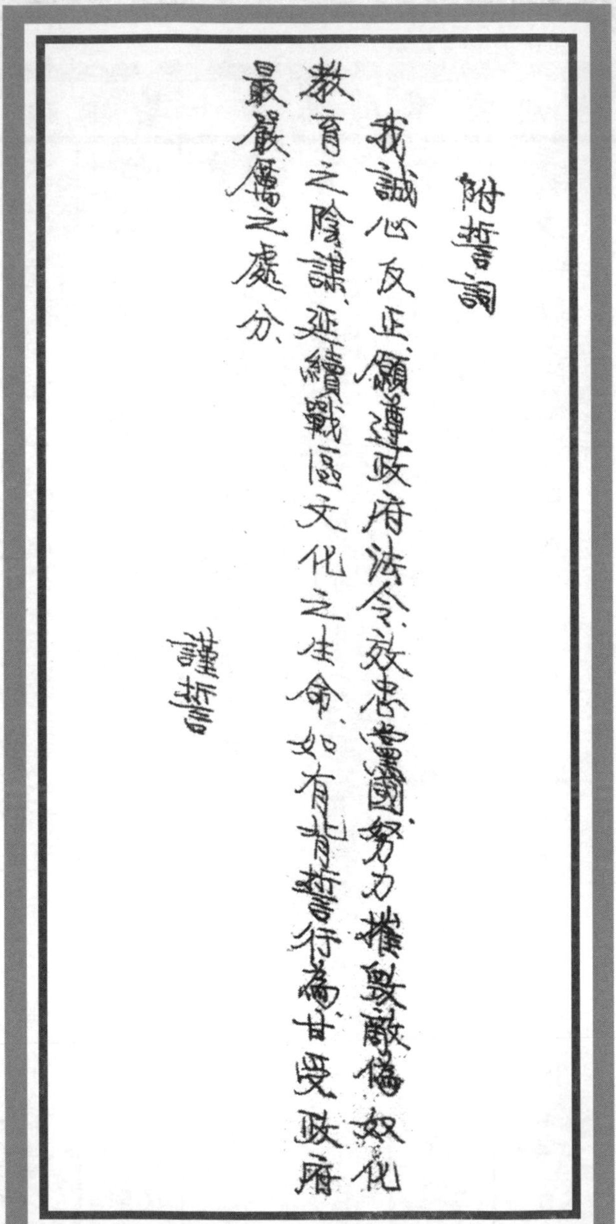

附誓詞

我誠心反正，願遵政府法令，效忠黨國，努力摧毀敵偽奴化教育之陰謀，延續戰區文化之生命，如有背誓行為，甘受政府最嚴厲之處分。

謹誓

圖5-30
國民政府所轄敵後特工組織，並秘密進行鼓動敵後偽軍偽職員使其成員倒戈，轉而為我方服務。讓其明瞭在國家利益與民族大義的大是大非標準下，國共兩黨都展示了團結一致共同抗日的氣節與國家民族的大義。

反正志願書

立反正志願書人　　原任敵偽指揮下之
中小學教師確非出於自願現在誠心反正除遵
照規定備具保證書舉行宣誓外特填具反正志願書
備查謹呈

省教育廳教育部區教育督導員

中華民國　年　月　日

立反正志願書人

照片

現在詳細
通訊地址

圖5-31

保證書

查 原任敵偽指揮下之 中小學教師

茲保證確實存心反正絕對服從命令推行抗戰教育

如有再犯保證人願同受政府嚴厲處分謹上

省教育廳（教育部戰區教育督導員）

中華民國 年 月 日

	保證人	保證人
姓名		
性別		
年齡		
籍貫		
現任職務		
詳細住址		
簽章	□	□

圖5-32

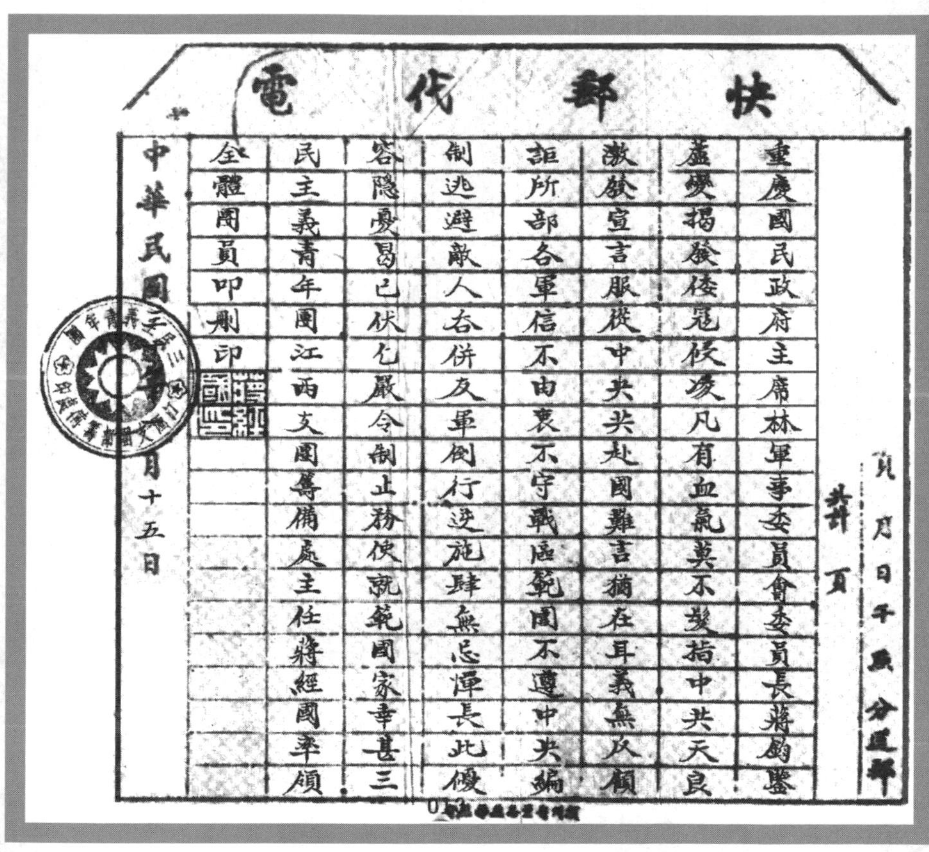
快郵代電

重慶國民政府主席林軍事委員會委員長蔣鈞鑒盧變揭發倭寇侵凌凡有血氣莫不髮指中共天良激發宣言服從中央共赴國難言猶在耳義無反顧詎所部各軍信不由衷不守戰區範圍不遵中央編制逃避敵人吞併友軍倒行逆施肆無忌憚長此優容隱憂曷已伏乞嚴令制止務使就範國家幸甚三民主義青年團江西支團籌備處主任蔣經國率領全體團員叩刪印

中華民國　年　月十五日

共計　頁

圖5-33

蔣經國與戴笠等特工部門都對共軍有所撻伐，認為共軍游而不擊只圖擴充地盤，中央幕僚十分讚賞，回文表示肯定。

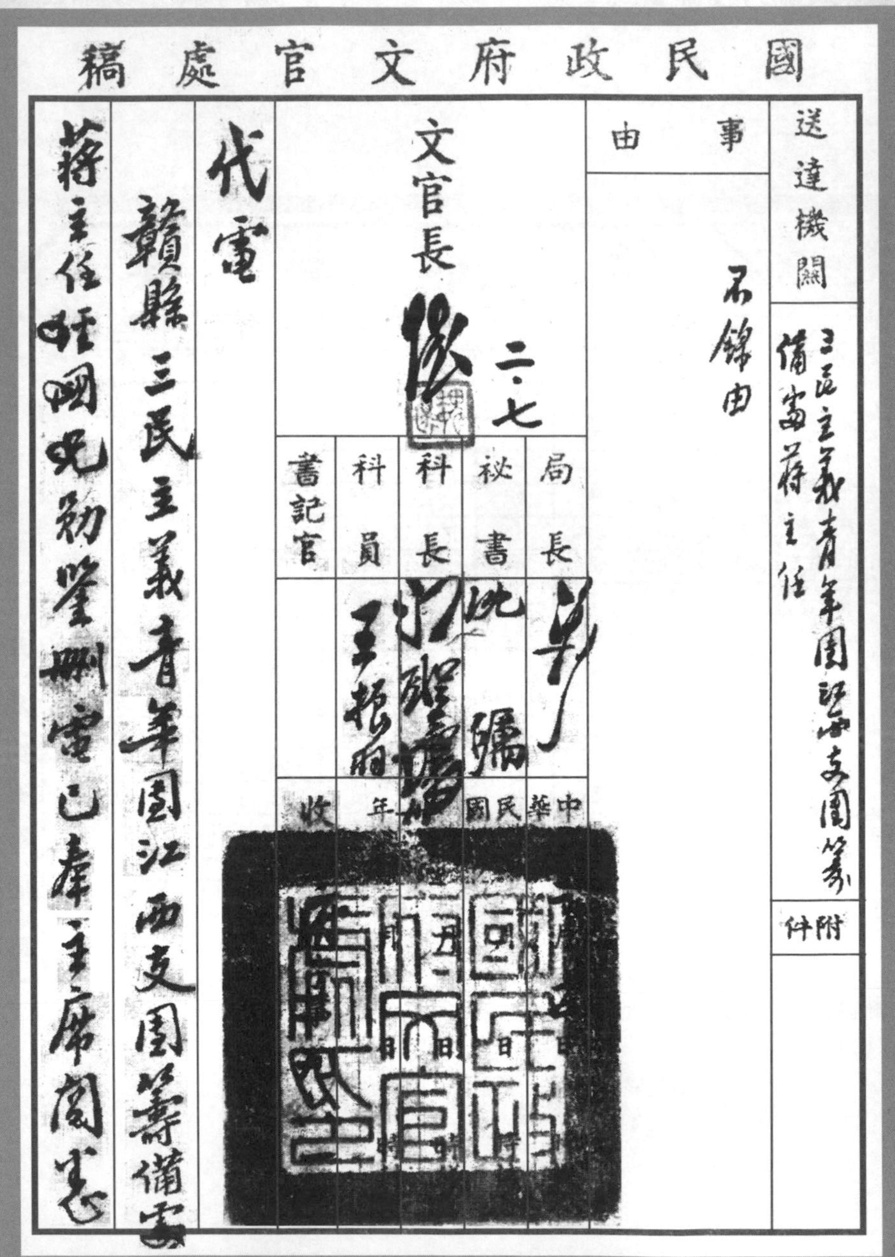

國民政府文官處稿

送達機關：三民主義青年團江西支團籌備處蔣主任

事由：另錄由

附件：

文官長 張 二・七

局長 吳
秘書 姚彌
科長 孫耀
科員 王頌

中華民國　年　收

代電

贛縣三民主義青年團江西支團籌備處蔣主任經國兄勛鑒：删電已奉主席閱悉

圖5-34

貴所陳各節具見謀國忠忱中興對于不遵命
令不守紀律心懷携貳志之部隊自應執法以繩
嚴予整飭也特達國民政府文官長魏〇
刪印

圖5-34

渝民 號 1025 第

姓名或機關	國民革命軍第十八集團軍總司令 朱德等
何處來	膚施
電	有
收到	月 日
送	十二卅
擬由簽名	[illegible]

摘由

通電陝甘寧邊區二十三縣尚是西安事變解決後蔣委員長早已承認之區域三年以來均屬八路軍後方軍民協作相安無事當此抗日團結存亡之際似不應挑撥事端製造磨擦更不應藉口對內遺笑萬邦請國府及全國党政軍領袖主持公道懲辦肇事禍首取締反共邪說明令取消防制異党活動辦法及處理共党實施方案制止軍事行動勿使局部事件日益擴大迫切陳詞敬候明教

擬辦

擬 查案交行政院 軍委會

[illegible]

批示

府

如擬

十二、廿八

抄一份存以參

[illegible]

國民政府文官處文書局機要室

圖5-35
中共藉抗戰割據一方野心在此電文曝露無遺，竟認陝甘邊區是獨立王國。

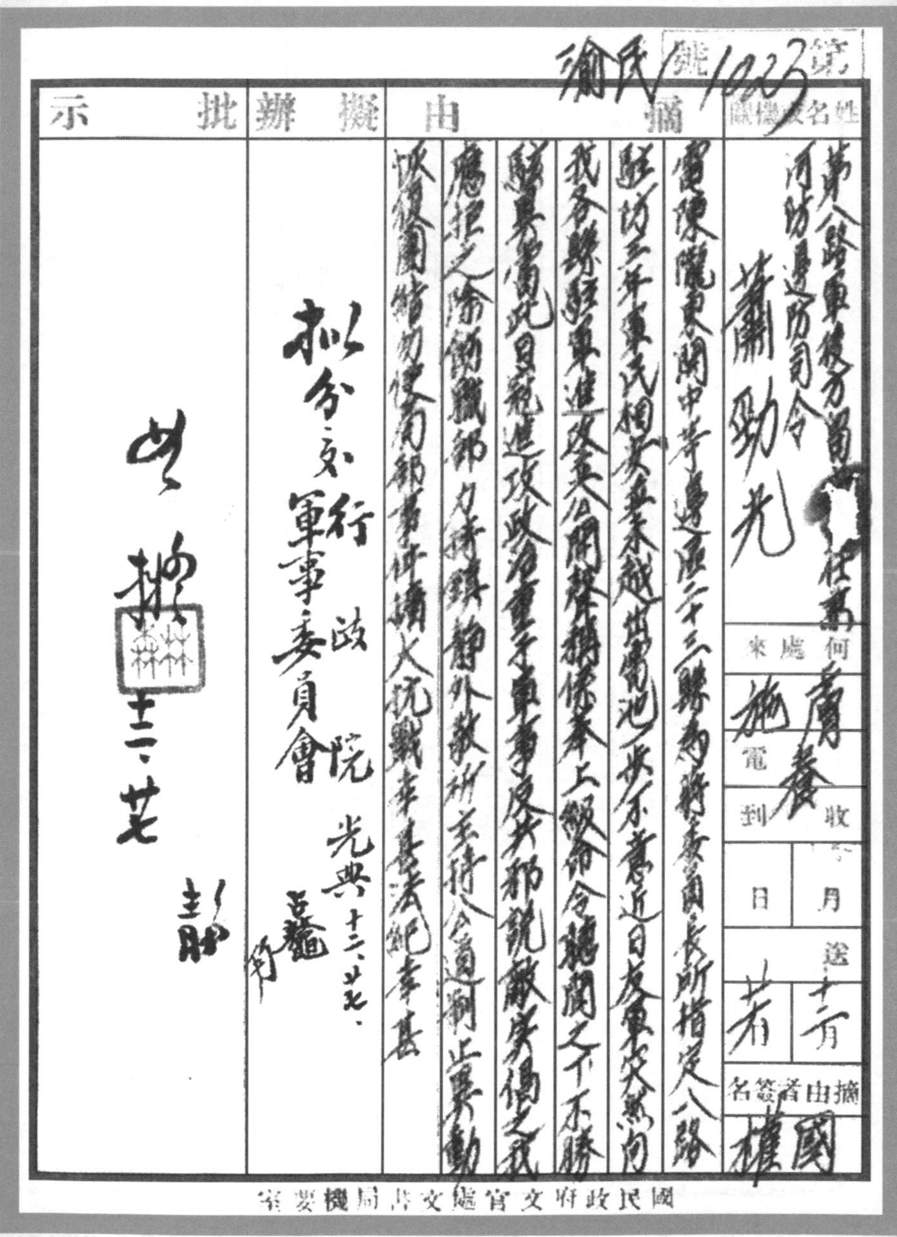

渝民 號 1023 號

姓名或機關	摘由	擬辦	批示
第八路軍後方留[illegible]任兼河防邊區司令 蕭勁光	寶陳隴東關中等邊區二十三縣為蔣委員長所指定八路駐防之三年來軍民相安並未越出寸步不意近日友軍忽向我各縣駐軍進攻並公開聲稱係奉上級命令聰聞之下不勝駭異當此日寇進攻政府重申軍事及共都說敵黨偽之戒應抱之除飭職部力持鎮靜外敬祈委座迅令制止異動以保團結勿使局部事件擴大抗戰幸甚[illegible]幸甚	擬分交行政院、軍事委員會 光典 十二、廿七	如擬 十二、廿七

何處來	膚施
收到	十二月 日
送	十二月
摘由者簽名	國權

國民政府文官處文書局機要室

圖5-36
連蕭勁光只是一名邊防司令，也敢割地自雄，試問如何團結共同抗日？

職別	姓名	階級	任狀號數	任命日期	備考
四川省第四區 〃	王錫圭		二〇一	〃	余安民另用免
〃 八 〃	余安民		二〇二	〃	趙鶴候用免
兼 〃 四區保安司令	王錫圭		二〇三	〃	
〃 八 〃	余安民		二〇四	〃	
陝西省第五區行政督察專員	杭毅		二〇五	〃	魏席儒另用免
〃 七 〃	張明經		二〇六	〃	熊正平另用免
〃 八 〃	熊正平		二〇七	〃	
〃 十 〃	章烈		二〇八	〃	
兼 陝西省第五區保安司令	杭毅		二〇九	〃	
七 〃	張明經		二一〇	〃	

圖5-37

在陝甘寧邊區，國民政府都派有地方官，文官從縣長到專員，武官有保安處長到保安司令，全都到任且運作良好，中共常干預其運作，所謂的「摩擦」都是中共侵權所致。

	職別	姓名	階級	任狀號數	任命日期	備考
兼	陝西省第八區保安司令	熊正平		二一一	廿六、九、十六	
〃	〃十〃	章烈		二一二	〃	
	湖南省第七區行政督察專員	甯坤		二一三	〃 廿三、	席楚霖另用免
	陝西〃九〃	王興東		二一四	〃	
兼	〃〃保安司令	王興東		二一五	〃	
	福建省第七區行政督察專員	劉天予		二一六	〃	秦振夫另用免
兼	〃保安司令	劉天予		二一七	〃	
	四川省第四區保安副司令	羅翼		二一八	〃 廿六、	周國幹辭免
	河南省第九區〃〃	喬尚倫		二一九	〃	
	綏遠省境內蒙古各盟旗地方自治政務委員會委員	阿凌阿		二二〇	〃	

圖5-38

	職別	姓名	階級	任狀號數	任命日期	備考
〃	金堂 〃	嚴光熙		六八一	〃	
〃	廣漢 〃	杜能		六八二	〃	林維幹另用免
〃	陝西延川 〃	李騰芳		六八三	〃	李蕃侯辭免
〃	府谷 〃	邱象峯		六八四	〃	陳琯辭免
〃	葭 〃	董瑞麟		六八五	〃	邱象峯另用免
〃	朝邑 〃	張法傑		六八六	〃	叢嘯侯候用免
	貴州高等法院書記官長	陳迺蓉		六八七	〃 十七	
署	湖南桂陽地方法院推事兼院長	熊進榮		六八八	〃	
	經濟部廣州商品檢驗局技正	黎國昌		六八九	〃	
署	〃 〃	黃冠嶽		六九〇	〃	

圖5-39

軍事委員會戰地黨政委員會

職別	階(員額)級	姓名	任命日期	免職日期	姓名	任命日期	免職日期	姓名	任命日期	免職日期
主任委員	特派(上將)									
副主任委員	〃(中上將)	李濟深	廿八、二、九							
秘書長	簡派(同中將)	邵力子	廿八、三、廿							
委員	簡派(中上將)	甘乃光	廿八、三、廿							
		何鍵	〃							
		徐堪	〃							
		陳誠	〃							
		翁文灝	〃							
		陳立夫	〃							
		徐永昌	〃							
		張定璠	〃							
		周恩來	〃							
		屈映光	〃							
		蔣作賓	〃							
		胡宗鐸	〃							
		李杜	〃							

圖5-40

周恩來原任軍委會戰地黨政委員會委員，後升任中央政府戰地黨政委員會之副主任委員、葉劍英為十八集團軍駐渝代表，參與國共調停工作，在中央任職級別不算高，一個副部級一個處級。

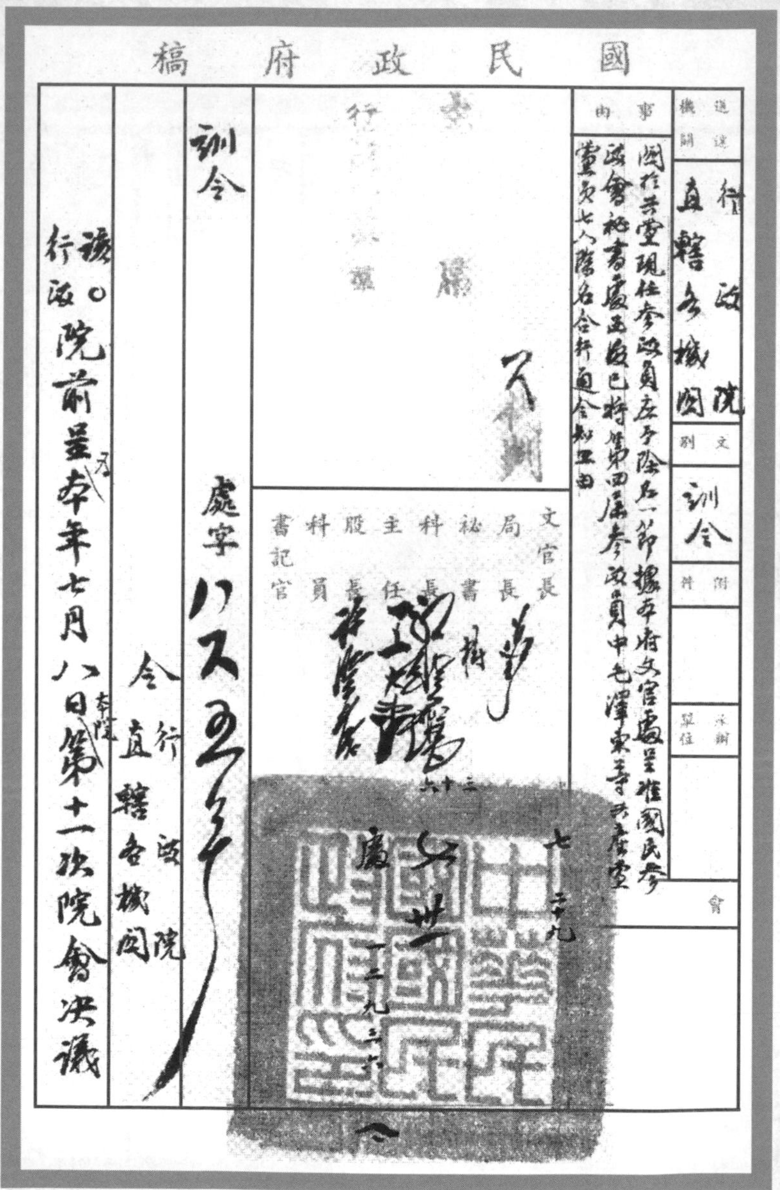
國民政府稿

送達機關：行政院 直轄各機關

文別：訓令

附件

承辦單位

會

事由：關於共黨現任參政員應予除名一節據本府文官處呈准國民參政會秘書處函復已將第四屆參政員中毛澤東等共產黨員七人除名合行通令知照由

訓令 處字

令行政院 直轄各機關

據行政院前呈本年七月八日第十一次院會決議

文官長 局長 秘書長 主任 科長 股長 科員 書記官

圖5-41

戰後敘獎，連毛澤東都獲得中央的獎勵，但是一旦叛國，以毛為首的八個參政員都遭除名，原因都是不聽節制犯上作亂所致。之後內戰打起，蔣介石雖敗，但仍立即把秘書黃少谷和蔣經國召來，令速辦兩件事，第一件事，是起草一個「明令通緝毛澤東、朱德」的新聞電稿，務於是日發向全國，這一通緝令由國府各大報紙用特大標題在頭版發表。

取消共黨國大代表、國府委員保留名額，及共黨現任參政員應予除名一案，業經通令行知，並飭本府文官處函知國民參政會秘書處查照除名具報在案。茲據文官處呈報，准參政會秘書處七月二十四日函復第四屆參政員中共有毛澤東、林祖涵、秦邦憲、陳紹禹、鄧穎超、董必武、周恩來、吳玉章等共產黨黨員八人，除秦邦憲已死亡外，經已遵照將其餘七人除名等由，轉陳前來，除分行外，合行令仰知照。此令。

監印陳光遠

校對沈業泰

圖5-41

部隊	職別	姓名	勳章			備考
	師長	朱嶽	四等寶鼎	三十三 第九號	擬承黃旭初	
		方先覺	〃	〃	〃	
		董煜	〃	〃	〃	
		李棠	〃	〃	〃	
第三七軍	軍長	陳沛	三等雲麾	〃	〃	
	師長	羅奇	四等雲麾	〃	〃	
第十軍	軍長	李玉堂	青天白日	〃	〃	以上十一員係第三次長沙會戰案

圖5-42

薛岳（第九戰區司令長官）、李玉堂（第十軍軍長），因第三次長沙會戰大捷，獲頒青天白日勳章，師長四人獲頒四等寶鼎勳章。李也確實對得起部下，在日軍炮火下指揮若定。當時李在前線一個祠堂指揮戰鬥，日軍已經發現陷入包圍，但依然希望打下長沙，擊穿中國軍隊的口袋底，所以攻勢兇猛。李在祠堂中一手持饅頭，一手持筷子夾大頭菜吃，敵彈飛來，將鹹菜碗打碎，李不為所動，轉眼又一彈飛來，將筷子擊折，李即用手抓大頭菜吃。部下勸說李更換指揮位置，李認為這是流彈，毫不在意，道：「不要不要，就這裡很好。」真乃大將之風。

陸海空軍三十二年度國慶日發表中央各部部長及各戰區司令長官以上名冊

番號	職別	姓名	核擬勳獎	備攷
軍委會	參謀總長	何應欽	青天白日勳章	
	副參謀總長	白崇禧	青天白日勳章	
	副參謀總長	程潛	青天白日勳章	
辦公廳	主任	商震	晉授一等雲麾勳章	
軍令部	部長	徐永昌	青天白日勳章	
政治部	部長	張治中	晉授一等雲麾勳章	
軍法執行總監部	總監	何成濬	晉授一等雲麾勳章	
軍事參議院	院長	陳調元	晉授一等雲麾勳章	

圖5-43

一九四一年十二月至一九四三年十一月是日本亞太擴張下的中國最艱苦的抗戰時期，日本南進政策讓日本軍主力南移，爆發了太平洋戰爭、香港被日本占領及緬甸戰役，危難的一年，需要全國一條心，尤其是各戰場與大本營，蔣介石仍然以軍人最高的榮譽給予作戰勳章，一口氣給了十數枚青天白日勳章。

航委會主任	周至柔	晉授二等雲麾勳章		
後勤部部長	俞飛鵬	青天白日勳章		
海軍總司令部總司令	陳紹寬	青天白日勳章		
桂林辦公廳主任	李濟琛	二等雲麾勳章		
昆明行營主任	龍雲	晉授一等雲麾勳章		
第一戰區司令長官	蔣鼎文	晉授一等雲麾勳章		
第二戰區司令長官	閻錫山	青天白日勳章		
第四戰區司令長官	張發奎	晉授一等雲麾勳章	一等雲麾已係寶鼎之誤 已據軍委會銓敘廳來冊更正	
第五戰區司令長官	李宗仁	青天白日勳章		
第七戰區司令長官	余漢謀	晉授一等寶鼎勳章		

圖5-43

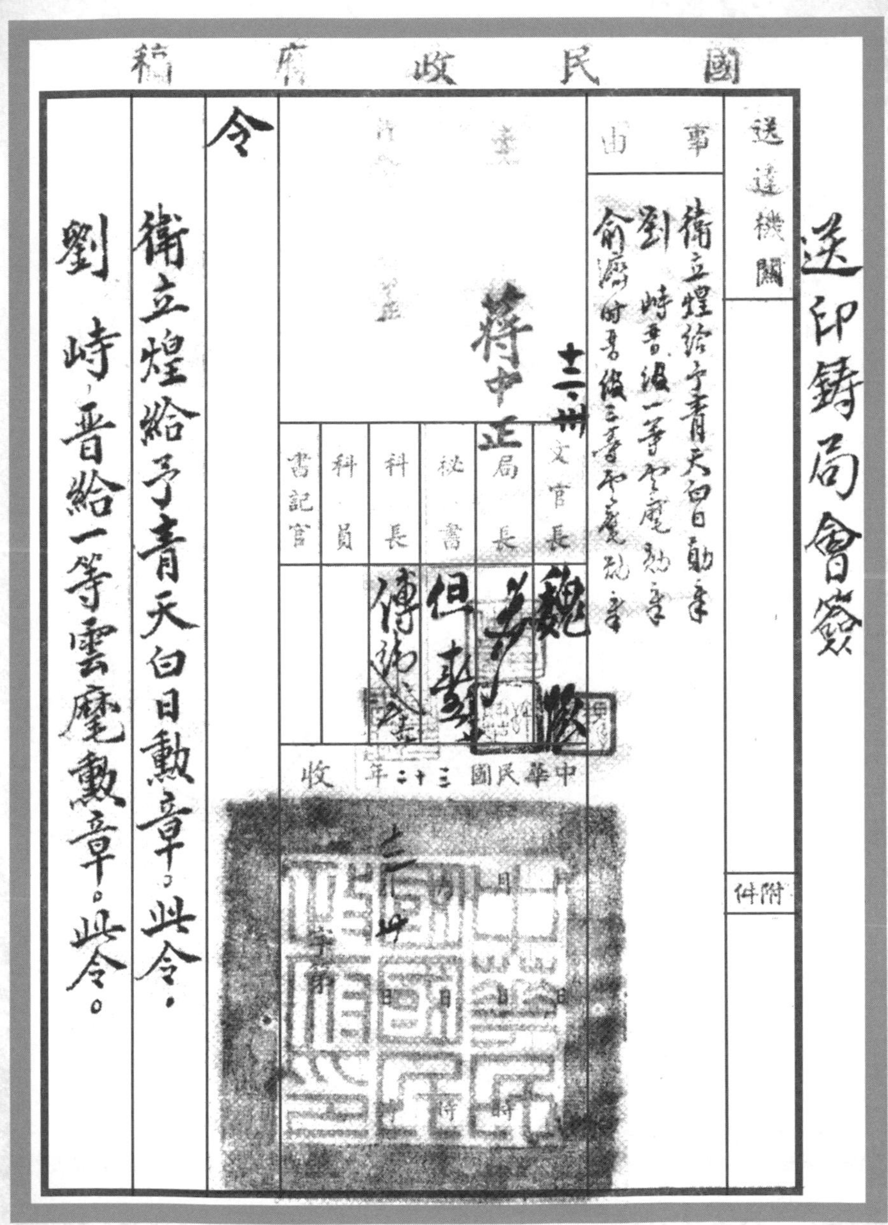

國民政府稿

送達機關：送印鑄局會簽

事由：

衛立煌給予青天白日勳章
劉峙晉給一等雲麾勳章
俞濟時晉給三等雲麾勳章

蔣中正

文官長	局長	秘書	科長	科員	書記官
魏懷		但燾			

中華民國三十二年 收

附件

令

衛立煌給予青天白日勳章。此令。

劉峙晉給一等雲麾勳章。此令。

圖5-44
隔年又頒給作戰有功人員勳章，衛立煌在指揮遠征軍表現優異，獲頒青天白日勳章。

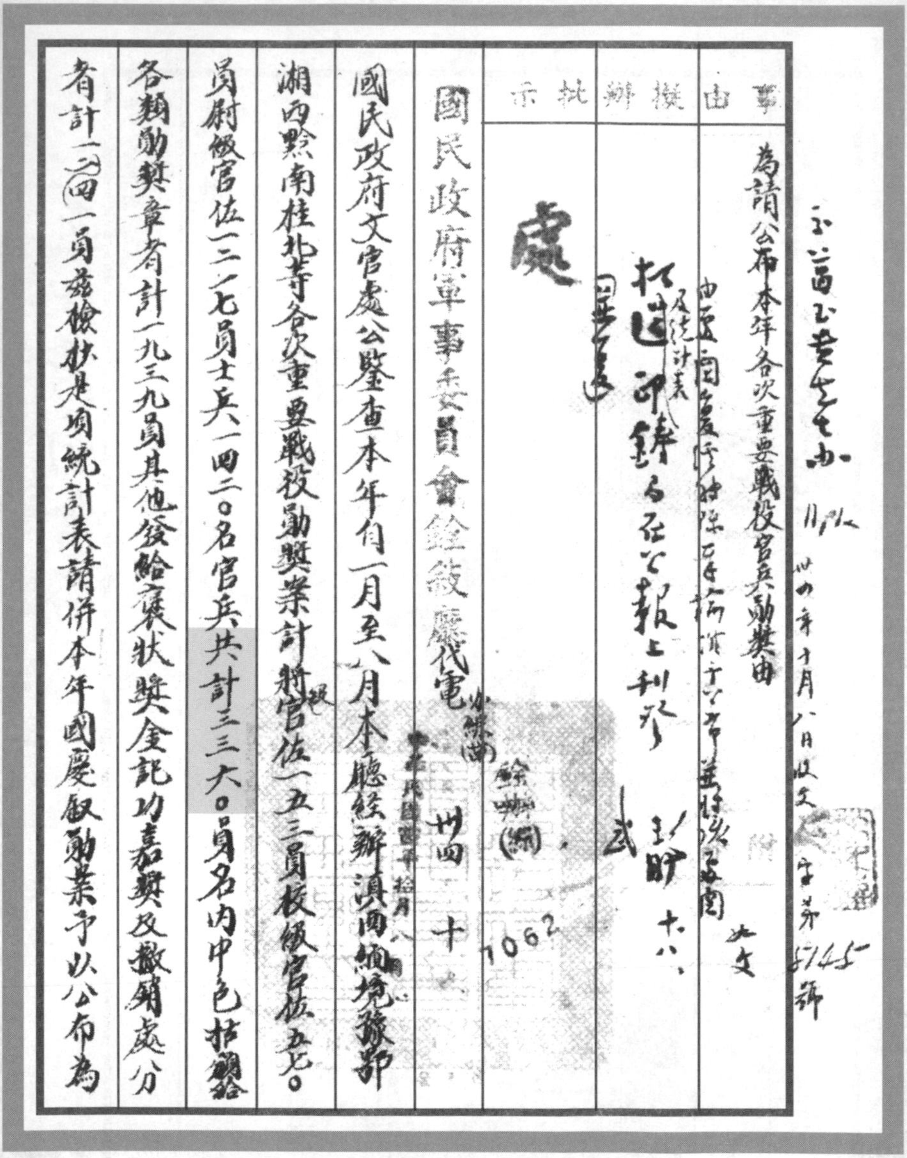

事由：為請公布本年各次重要戰役官兵勳獎由

擬辦

批示

國民政府軍事委員會銓敘廳代電

國民政府文官處公鑒查本年自一月至八月本廳經辦滇西緬境豫鄂湘西黔南桂北等各次重要戰役勳獎案計將官佐一五三員校級官佐五七〇員尉級官佐一二一七員士兵一四二〇名官兵共計三三六〇員名內中已抄錄各類勳獎章者計一九三九員其他發給褒狀獎金記功嘉獎及撤銷處分者計一四二一員茲檢具是項統計表請併本年國慶敘勳案予以公布為

圖5-45

抗戰尚未勝利的最後的一年，蔣先生不惜成千上萬的頒發獎章、獎金、記功、嘉獎，來鼓舞士氣，爭取最後的勝利。從名單上可知獎勵的對象絕大部分是中低級軍官軍士與士兵，印證了八年的艱難抗戰，能起著決定性的作用的絕大多數是中下級軍人，真可謂是場全軍全民的抗戰。

勛獎名單

番號	級職	姓名	勛績	核擬獎勵	備攷
廣州行營（前第二戰區長官）	上將主任	張發奎	八年抗戰捍禦外侮堅苦卓絕著有戰功	青天白日勛章	
第一戰區	上將司令長官	胡宗南	仝右	仝右	
第三戰區	仝右	顧祝同	仝右	仝右	
第五戰區	仝右	劉峙	仝右	仝右	
第六戰區	中將司令長官	孫蔚如	仝右	仝右	
第七戰區	上將司令長官	余漢謀	仝右	仝右	
第八戰區	仝右	朱紹良	仝右	仝右	
第十戰區	仝右	李品仙	仝右	仝右	

圖5-46

戰後勳獎名單依序出爐，蔣先生以「八年抗戰、捍禦外侮、堅苦卓絕、著有戰功」的勳績頒給有功將領及官佐士兵，人數超過萬人，這只是第一批十二人獲獎。

單位	職別	姓名	事蹟	勳章	備考
軍令部	前任中將次長	林蔚	八年抗战捍禦外侮運籌決策忠藎宣勤	青天白日勳章	現任軍政部中將次長
仝右	中將次長	劉斐	仝右	仝右	
軍令部第一廳	中將廳長	張東均	仝右	三等寶鼎勳章	
第二〃廳	仝右	鄭介民	仝右	仝右	
合計十二員					

圖5-46

第六章　烈士輓歌的故事

一、抗戰中陣亡的青天白日勳章獲得者

抗日戰爭中有不少青天白日勳章的獲得者血灑疆場。如「七七事變」爆發，中國的抗日戰爭也由此全面展開。當時的國民政府組建中國遠征軍前往緬甸。戴安瀾率所部萬餘人作為中國遠征軍的先頭部隊，赴緬參戰。面對歡送的民眾，他笑說：「為民族戰死沙場，男兒之份也。」當他孤軍深入緬甸，決心與日寇決一死戰時，他在留給妻子的遺書中寫道：「為國戰死，事極光榮」。

第三十三集團軍總司令張自忠、第一〇七師參謀長鄧玉琢，都因長城抗戰立功而獲頒勳章，但兩人分別在一九四〇年的棗宜會戰和一九三七年的淞滬會戰中陣亡，又如第八十二師二四六團第一營營長謝夢熊在一九四四年的雲南松山攻堅戰中身先士卒，率領所部攻克日軍陣地。戰後，國民政府特頒發勳章以示嘉獎，只可惜謝夢熊因傷重不治而死於戰地醫院。

此外，還有如第五十九軍軍長黃維綱、第廿九師師長李曾誌、騎兵第三師師長王奇峰，

都由於長期在前線作戰，導致舊疾復發而逝於戰地，實在可惜。

孫立人率稅警總團第四團參加淞滬抗戰，在周家橋成功破壞日軍機械化橡皮橋，重創日軍。孫立人是國軍將領中少數能打勝仗的名將之一。他長期在補給不充足的非精銳部隊任職，無論在中緬印對日戰役，或在東北新一軍對中共的戰事等，面對各種艱苦複雜的作戰環境皆有深刻的認識與卓越的戰績。孫立人追悼新一軍以及齊學啓副師長，在廣州舉辦追悼大會，蔣委員長特頒「勳留炎徼」輓聯（見圖6-1）。

第二次國共合作時期，中共中央派出部分幹部參加了國民政府軍事委員會的工作，周恩來那時是中共中央長江局副書記、共產黨與國民黨談判的首席代表。但是兩黨仍面合心不合、各懷鬼胎、同床異夢，陝北不聽中央號令，遭國軍限制行動，蔣介石很不願與周恩來見面談判，不准他搭飛機來南京，但因爲周恩來在路上遭土匪襲擊差點沒命（見圖6-2），蔣又恢復他搭機的權力，說明兩黨還是有互利互惠的溝通誠意。

抗戰爆發後的一九三七年九月，蔣介石爲表示與各黨派的團結，特邀周恩來出任國民政府軍事委員會政治部副部長（見圖6-3、6-4），國民政府還授給他中將軍銜，享受上將待遇。

另外兩黨溝通也不是外界所說的停頓了，反而更加順暢了，像戴笠與林彪就時常見面，兩黨密秘接觸也常透過密使進行（見圖6-5、6-6），共產黨員在國府軍政部門任職的也很多（見圖6-7），國共兩黨合作不是沒道理的。

抗戰勝利了，國民政府、國民黨給抗戰有功人員每人發一枚「抗日戰爭勝利勛章」作爲嘉獎。蔣介石也決定除了共軍將領朱德、彭德懷、葉劍英與周恩來外，也給毛澤東授一枚抗戰勝利的勛章，但是卻找不到紀錄，參政員董必武系共產黨員，國府也頒給他一枚二等景星勳章，許多資歷名望比他高的卻只得到三等景星勳章，像張君勱、王雲五、左舜生、傅斯年等皆是。

媒體方面，許多左派媒體人也得到勝利勳章，像東南日報社副社長劉湘女、新民報主筆張恨水、前線日報總編輯宦湘、正氣日報主筆曹聚仁等（見圖6-8），證實當局的無私與大度。甚至地方保警部隊因爲拯救美國飛行員而獲乙種一等獎，一封請獎電報，讓人備覺溫馨（見圖6-9）。

對陣亡的西北軍將士，綏遠方面定於一九三七年三月十五日召開陣亡將士追悼大會。國府派蒙藏委員會副委員長出席致祭，傅作義還專文呈送國府致謝，並誓志效忠（見圖6-10、6-11）。毛澤東、朱德於三月十三日致電傅作義、趙承綬並轉綏遠陣亡將士追悼大會，電文中說：「諸將士英勇殺敵，成仁取義，偉大之精神足以昭示後世，風勵全國。澤東等追念國殤，同深慟悼。」

二、紀念日和追悼會

一九四三年國府主席林森積勞成疾，死後國葬，並在重慶歌樂山立銅像。一九五八年大煉鋼運動，林森銅像被融化，一九六六年林森墓園被炸毀，逝者遺骸以及陪葬的佛經、手杖和紀念亡妻的繡花鞋一起被焚毀。他們不知道林死後，中共領導也致電追懷他對國家民族的貢獻。

八路軍於一九三八年（民國二十七年）三月十二日國父逝世紀念日，在延安舉行孫總理逝世十三周年暨抗戰陣亡將士大會（見圖6-12），然而公文到重慶已過時多日（見圖6-13），但是國府主席林森仍特頒「捨生爲國」輓聯追悼（見圖6-14）。

另外如一九四三年九月十八日第一戰區司令蔣鼎文在洛陽舉行陣亡將士追悼會，國府主席林森與軍事委員會委員長蔣介石都十分重視，分別寫了輓聯（見圖6-15）；蘇魯戰區也是蔣先生關注焦點（見圖6-16），蔣尤其重視第十軍的追悼會（見圖6-17），在重慶與駐防地陝西城固兩地分別題贈「氣壯衡湘」（見圖6-18）來表達內心的尊崇。

在湖南戰場有過出色表現的七十三軍、七十四軍、二十六軍，在戰後都開了追悼會，另由蔣介石在七十三軍陣亡將士公墓上題「英靈不朽」（見圖6-19）、（見圖6-20）、七十四軍追悼會頒發「忠貞報國」（見圖6-21、6-22），在二十六軍追悼會頒「裹革歸來」輓聯（見圖6-23），並且都親署名銜，顯是對正規部隊的尊崇之意（見圖6-24）。

抗戰勝利後，新一軍也以追悼故齊副師長學啓暨緬戰陣亡官兵名義，成立籌備大會，向政府申請輓聯，蔣介石也題了「勛留炎徼」表示追悼之意（見圖6-25）！

新華日報於武漢大撤退時突遭日機攻擊死傷十數人，國府特送花圈致意（見圖6-26、6-27）。報界也展開救國運動，重慶掃蕩報社發起慰勞信運動，請林森主席帶頭寫信，並賜親筆函以茲倡導（見圖6–28），紀念張自忠殉國徵文啓事（見圖6–29、6–30），這兩個活動獲得了很大的迴響，對抗戰起了很積極的作用。連共軍十八集團軍總司令呈報屬下的縣長不幸殉職，請求明令褒揚，國府都立即同意照辦（見圖6–31至6–33）。

甚至特務機構如中統局，也在抗戰勝利後，在重慶銀行追悼九十八名抗戰犧牲同志，也致函國府要求國府派代表蒞會以及求索輓聯（見圖6–34）。

如今有誰知道九三軍人節的由來？抗戰勝利後，許多軍政大員曾經建請當局將七七（見圖6–35）或七九（見圖6–36、6–37）訂爲陸軍節，將盧溝橋訂爲抗戰紀念地，以及將宛平縣城或衡陽城（見圖6–38）定爲抗戰紀念城，常德爲會戰勝利城（見圖6–39）等等意見，但皆因內戰而不了了之。

九三軍人節是在紀念國軍對日抗戰，獲得最後勝利的特別日。抗戰勝利後，當年九月二日在日本東京灣，美軍「密蘇里」號艦艇上舉行受降典禮。中國戰區受降典禮，則於九月九日上午九時，在南京中央陸軍官校舉行。

日本降使岡村寧次，代表在中國境內及越南北緯十六度線以北地區的所有日軍，向我國最高統帥呈遞降書，由我國何應欽將軍代表受降，以此作爲這段艱苦抗戰歲月的結束。

一九五五年，國防部爲了統一各軍種節日，特選擇抗日戰爭勝利日爲三軍的「軍人節」（見圖6–40）。此前，各軍種有各自的節日，如「八一四空軍節」、「雙十二憲兵節」、「七七陸軍節」等。軍方認爲，各軍種自定節日，有著各自的歷史背景和特別意義，但名稱種類繁多，無法建立一支軍隊的統一形象；而參加八年抗日浴血奮戰獲得勝利的軍隊，本來就有著精誠團結、犧牲奮鬥的共同精神，於是便確定以九月三日抗戰勝利紀念日為國軍的統一節日。

日本在整個亞洲唯一沒有進行過戰爭賠償的是傷害最大的中國，甚至連越南也接受了日本的賠償。台灣仍然在發放抗戰老兵撫恤金，日本也在發放二戰老兵撫恤金，所有參加過二戰的國家，唯有中國大陸沒有發放抗戰撫恤金。

任何正常國家都會給戰爭期間的將士，尤其是英雄，最高的榮崇，當英雄老去，任何正常的國家都會照顧英雄的生活，英雄的行為是超乎一般人的肉體、精神意志所能承受的極限，而英雄的勇往直前至死不悔，往往會改變歷史、影響歷史，英雄的犧牲會讓許多凡夫俗子受惠。

戰死的三百八十萬國軍戰士和二百多位將軍沒有理由不憤怒，死難的三千七百萬國人沒有理由不憤怒。在松山戰場每年來憑弔死者的是日本人，遺忘的是我們自己。

徐永昌將軍，八年抗日戰爭期間任國民政府軍令部長，一九四五年九月二日代表中國，到東京灣密蘇里號軍艦上與美、英、蘇等九國代表簽字接受日本投降書。簽字後，經過深思，他說：「今天是要大家反省的一天！今天每一個在這裡有代表的國家，也可同樣回想一下過去·假如他的良心告訴他有過錯誤，他就應當勇敢地承認過錯而懺悔！」

九月三日午後，徐永昌偕王參謀至市區遊覽，餘人則赴東京，他看到日本警察守崗如常，民眾肅穆有序，報紙直稱降伏，一一毫不掩飾，慨然嘆曰：「日本之興，可計日而待也；不實在無紀律之國民，將來困苦必較日本為大！」

面對數字和事實，我實在羞於再看！如果從全民族抗戰的立場出發，只要是消滅了日軍的有生力量，即使作出相當犧牲，不都是值得讚揚值得肯定的嗎？如果僅從保存自身力量的立場出發，那麼國軍打了那麼多大會戰、大戰役，每戰犧牲多少萬人，豈不都是應該避免的了？假如是這樣，還談得上什麼抗日戰爭？中國全民族抗戰還指靠誰來抗戰呢？

對日抗戰是我國近代史上規模最大的對外戰爭，對現代青年而言，「抗戰」或許是一個十分遙遠的名詞，然而遙遠並不代表可以遺忘。

中共經常責罵日本人篡改侵華歷史，可我們卻不反思中共是否更多的篡改了抗戰歷史！一個連二戰老兵都不承認的國家，一個其領導人口口聲聲感謝日本侵略並主動免除其戰爭賠款的國家，別人否認侵略當然也就順理成章！恢復真實的抗戰歷史，給抗戰老兵以應有的尊重和待遇，使百姓明白抗戰是爲國而不是爲一黨，這才是我們應該做的！

然而，由於抗戰結束後，中國陷於內戰，隨後山河易幟，很長時期，國府淡化中共抗戰貢獻，中共誇大戰爭中的影響力，而共同的敵人日本，由於中華民族寬容的哲學思想、內戰無暇他顧，以及內戰後的國際國內政治因素，佔領軍來不及進駐日本，也未追索戰爭賠款，使得日本未受到應有的懲罰。而日本民族和德國民族不同，缺少反思、懺悔與應有的擔當，刻意掩蓋罪惡。這三方面因素使得整個抗日戰爭歷史，在二戰歷史中顯得單薄與簡陋。

在大陸的歷史教育中，在國人的靈魂深處，抗戰歷史是被扭曲的。由於長期的教育失德，導致「歷史是由勝利者書寫的，成者爲王敗者爲寇，歷史是可任意打扮的小姑娘」的歷史觀在大陸通行無阻。這樣的歷史觀，見證著我們這些後人的懦弱、卑微、冷血、無知與薄情寡義。是中國人寡廉鮮恥的見證。

抗戰期間，中國付出傷亡軍民三千五百萬人的慘重代價。從全民族抗戰的角度，從超越黨派的大歷史觀出發，每一個士兵都爲中國贏得了尊嚴和榮譽，每一個犧牲者都值得緬懷和敬仰，而不管他們是國民黨還是共產黨。從世界史的角度，也只有客觀、公正地研究抗戰史，抗戰的價值才能得到國際社會的廣泛認可。

把歷史還給歷史，讓真相長白千秋。而今而後，無論中國人將走向何方，都不影響抗日戰爭此一關鍵之戰的貢獻與價值，我們當不忍心去扭曲已成事實的歷史，更應讓所有在此一役中流血流汗憂心勞力的每一個軍人，都能得到應得的尊敬與永恆的懷念。

但是如今在大陸，一切都被有意的抹掉了，那些當年爲了國家民族而走上抗日戰場的熱血男兒，在遠征的異國他鄉英勇地作戰，數萬鮮活的生命消逝在慘烈的戰場，如今卻連一座紀念碑都沒留下。南京靈谷寺裏抗戰殉國的國軍將士的牌位，湖南衡山由蔣介石書寫「忠烈祠」並供奉紀念湖南幾次戰役中犧牲將士的牌位，都先後被銷毀，在他們誓死保衛的國土上，殉國者連個供奉的牌位都不能享受。

蔣先生寧波奉化老家日本人沒搗毀（見圖6-41），日本鬼子被趕走了，中共建政反而毀壞的無法想像，房給拆了，墳給刨了，一九四九年以後，執政國民黨的黨務人員的墳墓也被挖了（見圖6-42），忠烈祠與褒揚令也毀了，幾百萬國軍抗戰老兵被欺凌被侮辱被遺忘長達六十多年，如今，這些老人大部分已惆悵離世，依然活著的，已是風燭殘年貧困潦倒奄奄一息，一個優秀民族不應該否認曾經的英勇衛國者，不應該因政治原因歪曲歷史掩蓋真相，不應該連一枚抗戰紀念章都不願意頒發給這些英雄老人，這樣的歷史欠帳總有一天是必然要加倍償還的。

抗戰歷史不應因黨派成見改變。身爲炎黃子孫，都應尊敬抗戰期間爲國捐軀的軍民，這無關黨派；例如抗法名將劉永福，豈能因他是清政府的軍官，中華民國政府就不承認他在中法戰爭中的歷史地位？再如宋代的岳飛、明代的戚繼光，他們都是民族英雄，更是教育後世的重要精神資產，堂堂華夏五千年歷史，若要以一黨之私去詮釋歷史而任令英名蒙塵，都將受到後代子孫的唾棄，這是任何一個執政的黨派，必須具備的歷史格局和警惕。

由此一歷史事實可知，中華民國軍民以絕不屈服之民族氣概，爲了炎黃子孫的生存與全球反侵略的自由與民主，國軍做出最大的犧牲和奮鬥與最不朽的歷史貢獻，這些貢獻絕不容抹煞。面對抗戰歷史，必須客觀中立，不應爲了黨派的成見而改變；更不可因黨派之見而誣衊了勞苦功高的抗日將士。

三、生者死者都是英雄

俄羅斯每年五月九日衛國戰爭紀念日人們向無名烈士紀念碑獻花，領導人普京親自接見參加過衛國戰爭的老兵！當華髮飄動、佩帶著勳章的老兵通過紅場時感人至深。

美國每年五月末老兵湧至阿靈頓公墓，紀念獻出生命的將士。

在法國紀念二戰諾曼地登陸慶典上，老兵曾這樣講：「我們不怕死亡，我們怕被遺忘。」

一種偉大的人道主義體現：在莫斯科紅場舉行婚禮的新人總是將第一束鮮花獻給無名烈士紀念碑。

而美軍至今仍在尋找越戰和朝鮮戰爭中失蹤的將士遺體。

抗日戰爭是中國歷史上一次偉大的衛國戰爭。假如，以偏激的意識形態凌駕在民族大義之上，且爲立國之本，那將是民族的大災難，中國國軍抗戰將士的戰後際遇，留下了中國歷史上最沉重的一頁。在二戰所有的戰勝國中，其情也哀！其狀亦悲！世界史獨一無二。

一九四五年九月二日，二戰勝利盟軍總司令麥克阿瑟將軍致詞：「從此將產生一個建立在信仰和諒解基礎上的世界，一個奉獻與人類尊嚴，能實現人類最迫切希望的自由，容忍和正義的世界！」

世界反法西斯戰爭勝利六十周年之際，俄羅斯舉行了規模宏大的慶典。全球矚目，中美兩國首腦亦均前往致禮，等於再度首肯了俄羅斯的國家榮耀，以及俄羅斯在國際社會的重要地位。數千萬俄羅斯健兒以其英勇犧牲所創造的歷史遺產，被當下的俄羅斯政府和俄羅斯人民發揮到極致。相比之下，中國人不禁汗顏。

其實中華民族更應該理直氣壯地捍衛、反擊日寇法西斯抗戰勝利在國際應有的尊嚴！因爲中國爲世界反法西斯戰爭中所付出的犧牲，所創造的業績，絕不亞於俄羅斯。並且遠遠的超越了俄羅斯！中國政府和中國人民以巨大的勇氣和巨大的毅力，獨立支撐抗日戰爭達四年之久。這四年是偉大的四年，也是悲壯的四年。

回想我中華抗日英烈金戈鐵馬的壯懷激烈、視死如歸的報國豪情，禁不住再次淚眼模糊，事實上他們已經漸漸被遺忘，因他們的犧牲而有倖存活下來的後人們還不能給他們公正的評價呢?如此無情的的冷漠即使不是一種國恥，也是我們中華民族的不幸，先烈們能否在九泉之下瞑目?

歷史造化弄人，當年拚得你死我活的內戰，因國共和解顯得無奈又突兀!這些保衛中華民國的將士，雖然失敗，但盡了對國家的責任、完成軍人的使命，不能以成敗論英雄。

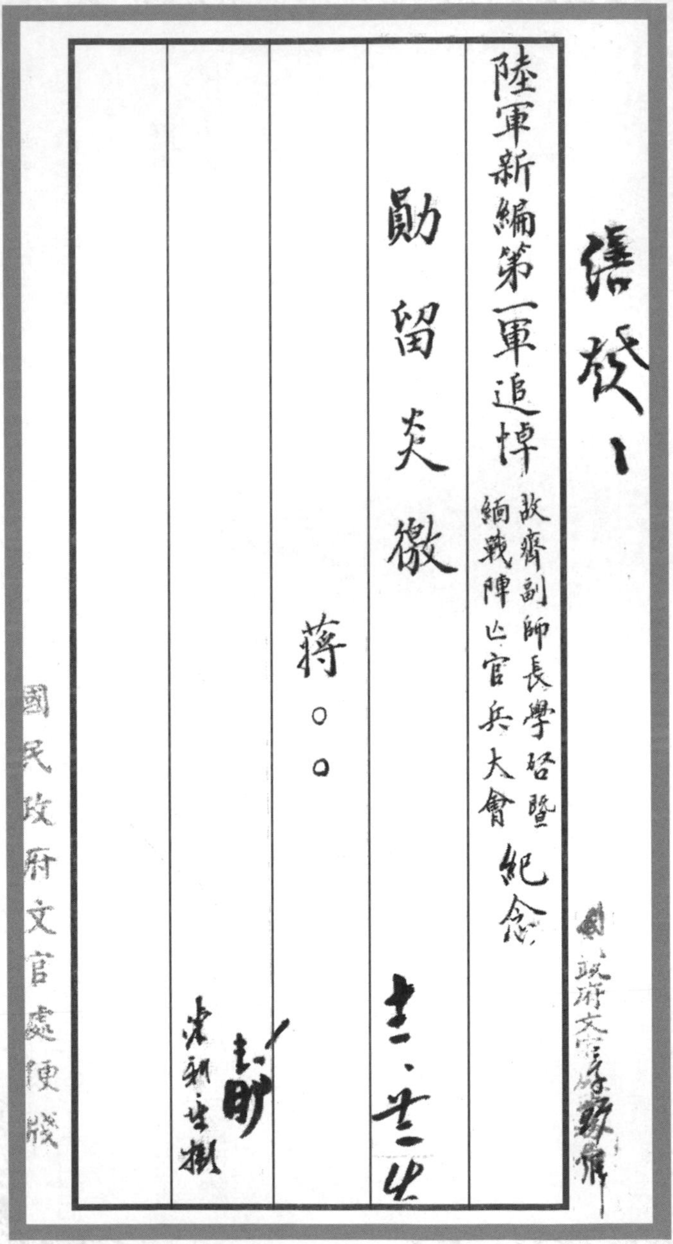

陸軍新編第一軍追悼故齊副師長學啓暨緬戰陣亡官兵大會紀念

勵留炎徽

蔣○○

國民政府文官處便箋

圖6-1

孫立人追悼新一軍以及齊學啟副師長，在廣州舉辦追悼大會，蔣委員長特頒「勵留炎徽」輓聯。

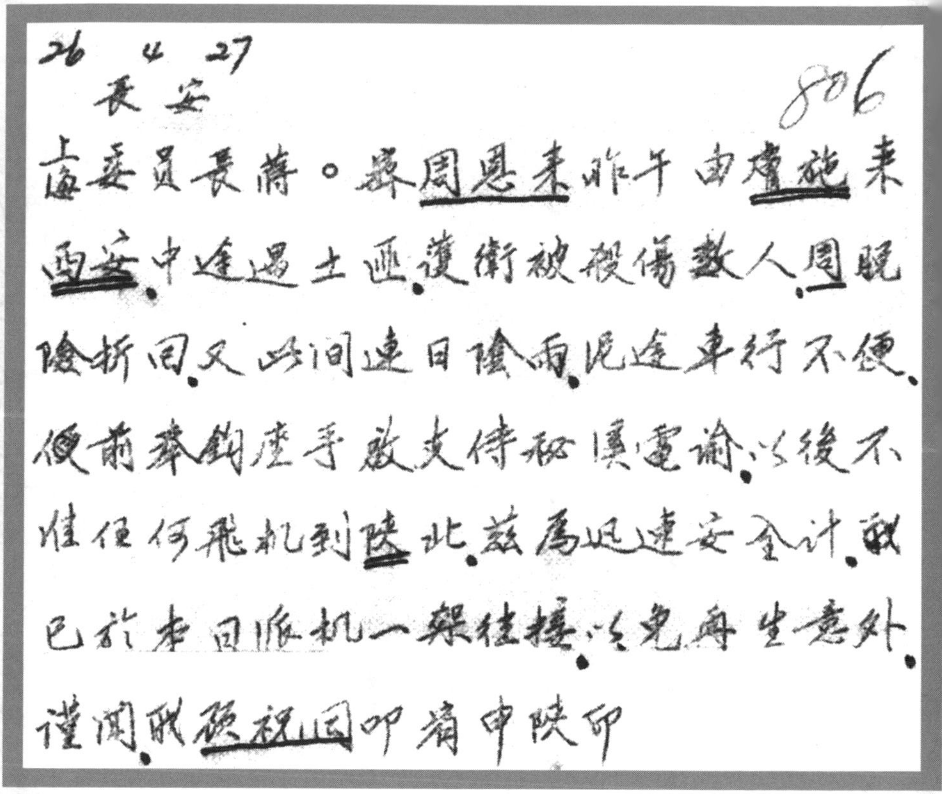

26 4 27
長安
806

京委員長蔣。密。周恩來昨午由膚施來西安，中途遇土匪，護衛被殺傷數人，周脫險折回，又此間連日陰雨，泥途車行不便，便前奉鈞座手啟支侍秘填電諭，以後不准任何飛机到陝北，茲為迅速安全計，職已於本日派机一架往接，以免再生意外。謹聞。職顧祝同叩宥申陝印

圖6-2

蔣介石為表示與各黨派的團結，特邀周恩來出任國民政府軍事委員會政治部副部長，國民政府還授給他中將軍銜，享受上將待遇。他又是中共中央長江局副書記、共產黨與國民黨談判的首席代表。蔣介石很不願與周恩來見面談判，不准他搭飛機來南京，但因為周恩來在路上遭土匪襲擊差點沒命，蔣又恢復他搭機的權力，說明兩黨還是有互利互惠的溝通誠意。

抗戰爆發後的一九三七年九月，兩黨溝通也不是外界所說的停頓，反而更加順暢了，像戴笠與林彪就時常見面，兩黨密秘接觸也常透過密使進行，共產黨員在國府軍政部門任職的也很多，國共兩黨合作不是沒道理的。

政治部

職別	階(員額)級	姓名	任命日期	免職日期	姓名	任命日期	免職日期	姓名	任命日期	免職日期
部長	特任	陳誠	廿七、一、十三	廿九、八、卅一	張治中	廿九、八、卅一				
副部長	简任	黃琪翔	廿七、二、十六	廿七、七、廿五	張厲生	廿七、七、廿五	廿九、八、卅一	王東原	廿九、八、卅一	卅一、六、九
〃		周恩來	廿七、五、廿	廿九、八、卅一	梁寒操	廿九、九、廿	卅二、二、二	何浩若	卅二、十、二	卅三、十、九
秘書長		張厲生	廿七、四、廿五	廿七、七、廿五	賀衷寒	廿七、七、廿五	廿九、八、卅一			
主任參事	中將(一)									
參事	少(中)將(六)	盛士恒 中將	[illegible]							
		曾擴情	〃							
		蔡勁軍	〃							
		劉光漢 少將	〃							

圖6-3

職別	姓名	階級	任狀號數	任命日期	備考
兼寧夏省政府財政廳廳長	趙文府		二二一	〃	楊鴻壽辭免
四川省政府委員	王纘緒		二二二	〃	盧作孚等另用免
〃	何北衡		二二三	〃	
〃	吳景伯		二二四	〃	
兼四川省政府財政廳廳長	甘績鏞		二二五	〃	劉航琛另用免
軍事參議院參議	曾正炎		二二六	〃 廿五	
〃 諮議	吳右書		二二七	〃	
〃 〃	柏心山		二二八	〃	
軍事委員會政治部副部長	周恩來		二二九	〃 廿六	密不公布
振濟委員會副委員長	屈映光		二三〇	〃	

圖6-4

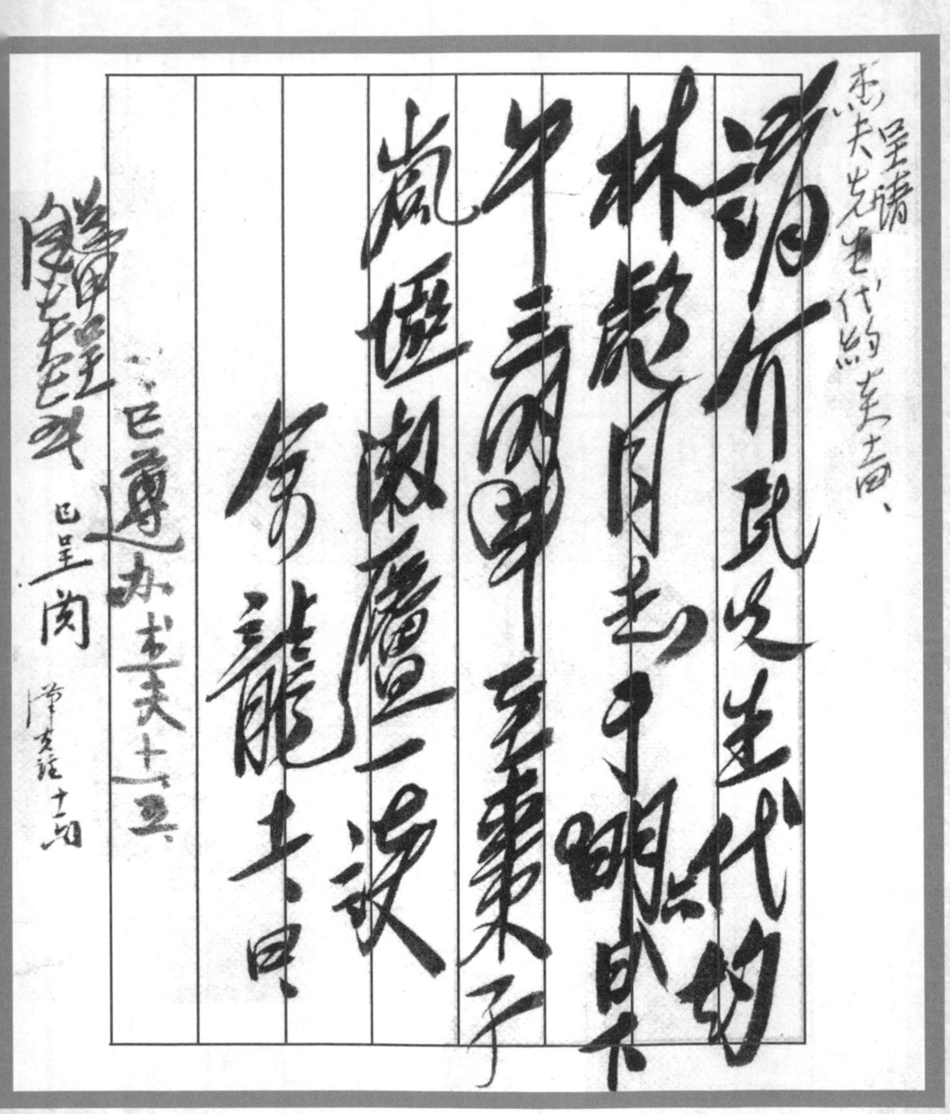

呈請
志夫先生代約　芝　十四、

請何民魂先生代約
林彪同志于明日下
午三時半至東子
嵐埡敘廬一談
介龍　十一日

已遵辦　書　十一、十五、

[illegible]

已呈閱
澤芝　謹　十一、十四

圖6-5

國民政府軍事委員會辦公廳機要室電報摘由箋

委府電

職銜	姓名或機關名
	胡公冕

來處	
長安	
冬電	
月 6	日 3
到	
月 6	日 3
送出	
處何交送	
次號電復	
月	日

冕奉命赴陝北視察、一本鈞座救國方策、與毛澤東朱德張聞天彭德懷賀龍林彪徐向前等作深切談話、業已返抵西安、除向程主任報告外、尚有重要事件、擬親謁鈞座密陳、可否乞示遵。

查抄呈核

擬復請回來一敘

圖6-6

姓名			職務
袁守謙	〃	〃	〃第一廳副廳長
徐會之	〃	〃	〃第一廳第一處々長
孫伯騫	〃	〃	〃第一廳第二處々長
唐〔康〕澤	〃	〃	〃第二廳々長
杜心如	〃	〃	〃第二廳副廳長
梁幹喬	〃	〃	〃第二廳第三處々長
郭沫若	〃	〃	〃第三廳々長
劉健羣	〃	〃	〃第三廳副廳長
胡愈之	〃	〃	〃第三廳第五處々長
田漢	〃	〃	〃第三廳第六處々長

圖6-7

職務	姓名	
時事新報總經理	張萬里	
新民報社長	陳銘德	
大剛報社長	毛健吾	
國民公報社長	曾通一	
掃蕩報副社長	萬德涵	
東南日報副社長	劉湘女	
大公報編緝部主任	孔昭愷	
益世報主筆	趙雨時	
時事新報主筆	孫筬	已見國防会秘書廳名單
新蜀報主筆	楊丙初	

圖6-8

媒體方面，許多左派媒體人、甚至共產黨人也得到勝利勳章，像東南日報社副社長劉湘女、新民報主筆張恨水、前線日報總編輯宦湘、正氣日報主筆曹聚仁等，證實當局的無私與大度。

新民報總主筆	新民報主筆	前線日報總編輯	正氣日報主筆	新江蘇日報社長
羅承烈	張恨水	宦湘	曹聚仁	包明叔

以上三十二員係奉

主席交下發表者

圖6-8

抄原代電

行政院勛鑒：據案第三戰區代電為盟機十八架于三十三年八月十七日轟炸九江時內有一架被敵來燬飛行員跳傘降落敵我交界地帶之星子縣藍橋經該縣保警搶救護送全安地帶脫險歸防報請獎叙等情查所報是實核尚相符該保警大隊不避艱險搶救盟軍除電飭航空委員會發給獎金十萬元外尚有該隊隊長崔廷柱沈金麟錢儉等三員經各頒給陸海空軍乙種一等獎章一座以彰有功相應電請轉呈核備為荷軍事委員會子幽銓辦綜印

圖6-9
地方保警部隊因為拯救美國飛行員而獲乙種一等獎，一封請獎電報，讓人備覺溫馨，其實為此犧牲了許多同胞，且大部分游擊隊都是軍統指揮的。

國民政府文電摘由單

發文機關或人名	文別	附件
傅作義	函	趙丕廉致文官長函一件

事由	擬辦	批示
此次綏遠舉行守土抗戰陣亡軍民追悼大會，崇電派趙副委員長丕廉代表致祭，深沐殊榮之賜，澄將感激下忱，具牋奉陳	呈閱 閱悉 擬由處代電函復 [illegible] 三，廿一	府 [illegible]

中華民國二十六年三月廿一日[illegible]時到

圖6-10

對日抗戰是七七事變之後的用語，之前稱作守土挺戰，對此時陣亡的西北軍將士，綏遠方面曾於一九三七年三月十五日召開陣亡將士追悼大會。國府派蒙藏委員會副委員長出席致祭，傅作義還專文呈送國府致謝，並誓志效忠。

主席鈞鑒敬肅者此次綏遠舉行守土抗戰陣亡軍民追悼大會叨蒙中央通令全國一律下半旗誌哀並由魏文官長轉電奉諭簡派趙副委員長丕廉代表致祭仰見鈞座移獎義烈激勸忠貞遙荷曠典之頒益沐殊榮之賜匪獨陣亡軍民銘幽[illegible][illegible][illegible]應銜感九

圖6-11

衆在此各部官兵觸目激心尤屬感奮百躍矣職謬膺鍾寄無補時艱惟有策勵三軍勉圖效命庶幾報稱國家亦即仰答

高厚也謹將感激下忱具牋奉陳伏乞

垂鑒恭請

鈞安

職 傅作義謹肅 三月十五日

宜生用牋

圖6-11

快郵代電

重慶國民黨中央黨部，國民政府林主席，武漢軍事委員會蔣委員長，各省黨部，各縣黨部，各戰區司令長官，總司令，各軍長，暨各級軍事將領，各級政訓處，各抗敵後援會，全國學生聯合會，全國婦女聯合會，全國總工會，總商會，全國文藝協會，各民衆團體，各報館，及各界愛國領袖愛國同胞公鑒，溯自蘆溝橋事變以來，迄今已逾半載，萬惡日寇，兇燄益張，魔掌所至，國土爲焦，英勇將士，肉搏於槍林彈雨之中；無辜平民，慘死於窮凶極惡之手，死亡遍野，血流成渠，嗟我軍民，爲爭取中華民族之獨立解放而犧牲；爲創造自由幸福之新中國而奮鬥，其英勇壯烈之精神，足以動天地而泣鬼神！爲吾國民族鬥爭史創立新紀元；爲吾儕繼起抗敵者之優先模範。全國同胞，應秉團結一致之決心，誓死繼承諸先烈英勇抗戰之遺志，在　蔣委員長領導之下，爲完成未竟之民族解放事業而奮鬥到底。茲值　總理逝世紀念之日，正國難日亟之秋，爰特發起舉行悲壯之紀念與追悼大會，一以慰我爲國捐軀英勇抗敵之將士；一以惕勵我全民堅持抗戰之決心，定於三月十二日在延安舉行　孫總理逝世十三週年紀念與追悼抗敵陣亡將士大會，只以地處偏僻，交通不便，一切設施，諸多簡陋，爲擴大大會意義，緊張會場精神，特向全國各地，徵求諸陣亡將士遺蹟傳略照片輓聯哀詞花圈及其家屬照片等，幷希於三月五日以前，寄達敝部，以便分别佈置，並決定是日在延安公共體育場，建立抗敵陣亡將士紀念碑，尙祈全國各界領袖，多予指教，惠錫誄詞，以彰戰蹟，而慰英靈，是所至盼。耑此佈悃，敬希鑒察，是幸。

國民革命軍第八路軍政治部　謹啓

二月十一日

圖6-12

八路軍於一九三八年（民國二十七年）三月十二日，以「國父逝世紀念日」為名，在延安舉行孫總理逝世十三周年暨抗戰陣亡將士大會，然而公文到重慶已過時多日，但是國府主席林森仍特頒「捨生為國」輓聯追悼。

來文機關或人名	國民革命軍第八路軍政治部
文別	代電
附	件
事由	為定於三月十二日在延安舉行孫總理逝世十三周年紀念與追悼抗敵陣亡將士大會敬希惠錫誄詞以彰戰績

擬送挽額並由處去覆該件已過期已久，不能寄到

封發 四、十四

世 擬 四、十四

中華民國二十六年四月十三日 時到

圖6-13

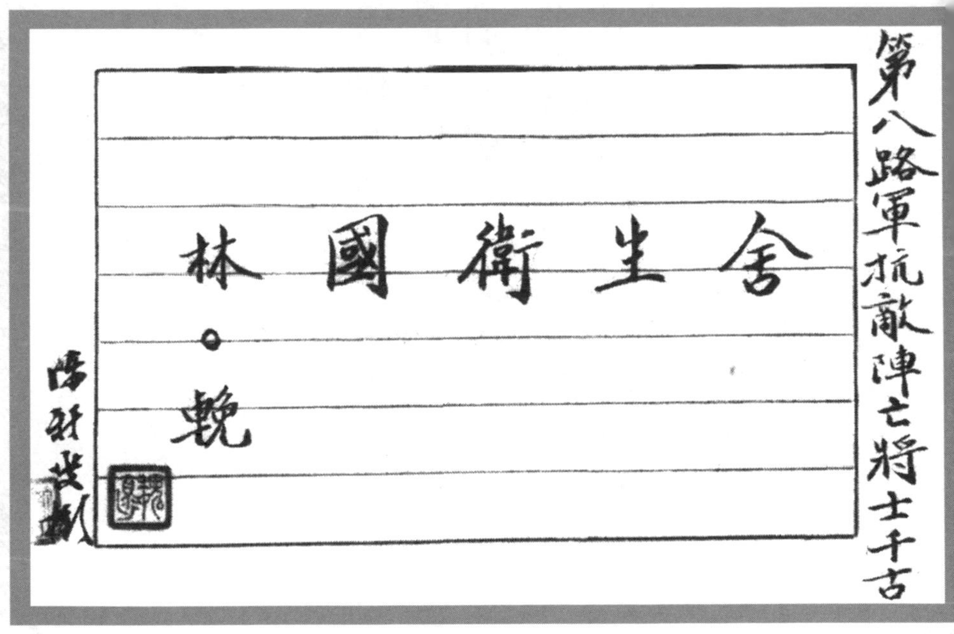

圖6-14

第一戰區司令長官司令部快郵代電

事由	為舉行第一冀察兩戰區抗戰陣亡將士追悼大會報請鑒核備案由
批示	
擬辦	
附件	

第　頁共　頁（覆文請註明本電年月日及字號）

國民政府主席林鈞鑒竊自盧溝橋事變倭寇發動侵略戰爭本兩戰區跨大河南北首當其衝我忠勇將士殺敵衛國時逾六載其間殉職成仁者不可勝數茲為表彰壯烈藉慰忠魂而勵來茲起見爰定於九月十八日在洛舉行第一冀察兩戰區抗戰陣亡將士追悼大會除飭積極籌辦外謹請鑒核備案第一戰區司令長官兼冀察戰區總司令蔣鼎文巳迴印

印

中華民國三十二年六月　日　點　分　發

圖6-15
一九四三年九月十八日第一戰區司令蔣鼎文在洛陽舉行陣亡將士追悼會，國府主席林森與軍事委員會委員長蔣介石都十分重視，分別寫了輓聯。

查本戰區深處敵後五年以來大小凡數百戰歷次戰役均予敵人以重大之打擊而我將士之犧牲亦極慘重追念袍澤痛悼何極謹訂於卅三年一月十日在安徽阜陽防次舉行陣亡將士追悼大會以彰忠烈敬乞頒賜誄文於本年十二月十五日以前寄交重慶南岸彈子石半邊街卅號本戰區駐渝辦事處彙轉為禱

謹呈

主席蔣

蘇魯戰區陣亡將士追悼大會籌備處 呈

圖6-16

蘇魯戰區也是蔣先生關注焦點，這與第一戰區都是與共軍游擊區重疊之處，以中央軍的角度當然要隆重追悼，否則愧對死去的抗戰烈士。

陸軍第十軍衡陽戰役陣亾將士千古

忠靈不滅

○氣壯衡湘

裹革完忠

永念國殤

請

核用四字 張廷、

蔣○○

國民政府文官處侍從

陳新斐擬 新

圖6-17

蔣尤其重視第十軍的追悼會，雖然不在衡陽追悼，而在重慶與駐防地陝西城固兩地，蔣仍分別題贈「氣壯衡湘」來表達內心的尊崇。

陸軍第十軍衡陽戰役陣亡將士追悼大會籌備處徵文啟事

啟者本年八月八日為本軍守衛衡陽週年紀念日回溯當時我將士奮戰疆場抵禦強敵氣吞衡嶽血染湘江其壯烈犧牲之經過已為中外所共喻惟忠烈賫志未伸冤氛正待掃戢爰定是日在陝西城固本軍駐地舉行衡陽戰役陣亡將士追悼大會用慰

英靈而勵來茲尚盼

黨國先進各界賢達錫以誄詞輓對俾光泉壤是所

企幸此啓

[illegible]十四年六月廿日 啟

收件處：一、陝西城固關王堡本處

二、重慶民生路六十四號本軍通訊處

圖6-18

本軍自抗敵軍興頻年轉戰喋血淞滬驅馳江表數次釁兵湘北迭挫頑虜
尤以近今湘西一役我將士竟以血肉作長城英勇赴死氣撼山岳卒使封豕長
蛇望風披靡然其間罹於鋒鏑死傷慘重撫我袍澤為國捐軀至用怮怛今頑敵
擐馘戰事敉平崇德報功允有旌樹猿鶴蟲沙曷慰忠烈茲謹卜於岳麓山之陽
建修公墓庶名山精魄千古同永敬乞
鈞座賜予誄跋藉資矜式無任企禱謹呈
委員長蔣

陸軍第七十三軍軍長韓　濬  謹呈

圖6-19

陸軍第七十三軍抗戰陣亡將士公墓

忠靈永奠

〇英靈不朽

蔣〇〇

請核用

國民政府文官處便箋

圖6-20

在湖南戰場有過出色表現的七十三軍、七十四軍、二十六軍，在戰後都開了追悼會，另由蔣介石在七十三軍陣亡將士公墓上題「英靈不朽」、七十四軍追悼會頒發「忠貞報國」，在二十六軍追悼會頒「裹革歸來」輓聯，並且都親署名銜，顯是對正規部隊的尊崇之意。

發電地點	長沙
發電人或機關	王耀武
電尾韻日	戌寒秘匡
發出日期	34年11月14日20時00分
收到日期	3年11月15日05時00分

即到渝委員長蔣勛鑒抗戰軍興以來職部轉戰各地犧牲壯烈今抗戰勝利爰定本月馬日在長沙舉行追悼大會藉以表揚忠烈用慰英靈敬乞特頒誄輓以昭隆重并懇將誄輓電示職王耀武戌寒秘匡印

圖6-21

某軍部請查填

第七十四軍陣亡將士千古

敬我國殤

〇忠貞報國

請

核用

張群　蔣〇〇敬

國民政府文官處便牋

圖6-22

第2432號 國

姓名或機關	摘由	擬辦	批示
廿六軍軍長 丁治磐	本軍定戌灰于衡陽舉行陣亡將士追悼大會呈請頒輓詞	擬送挽額 照前例由處電復代製 耕安 十廿	府 王明
何處來 衡陽電			
收到 月 日			
送 十月 廿二日			
備由者簽名 蓮			

圖6-23

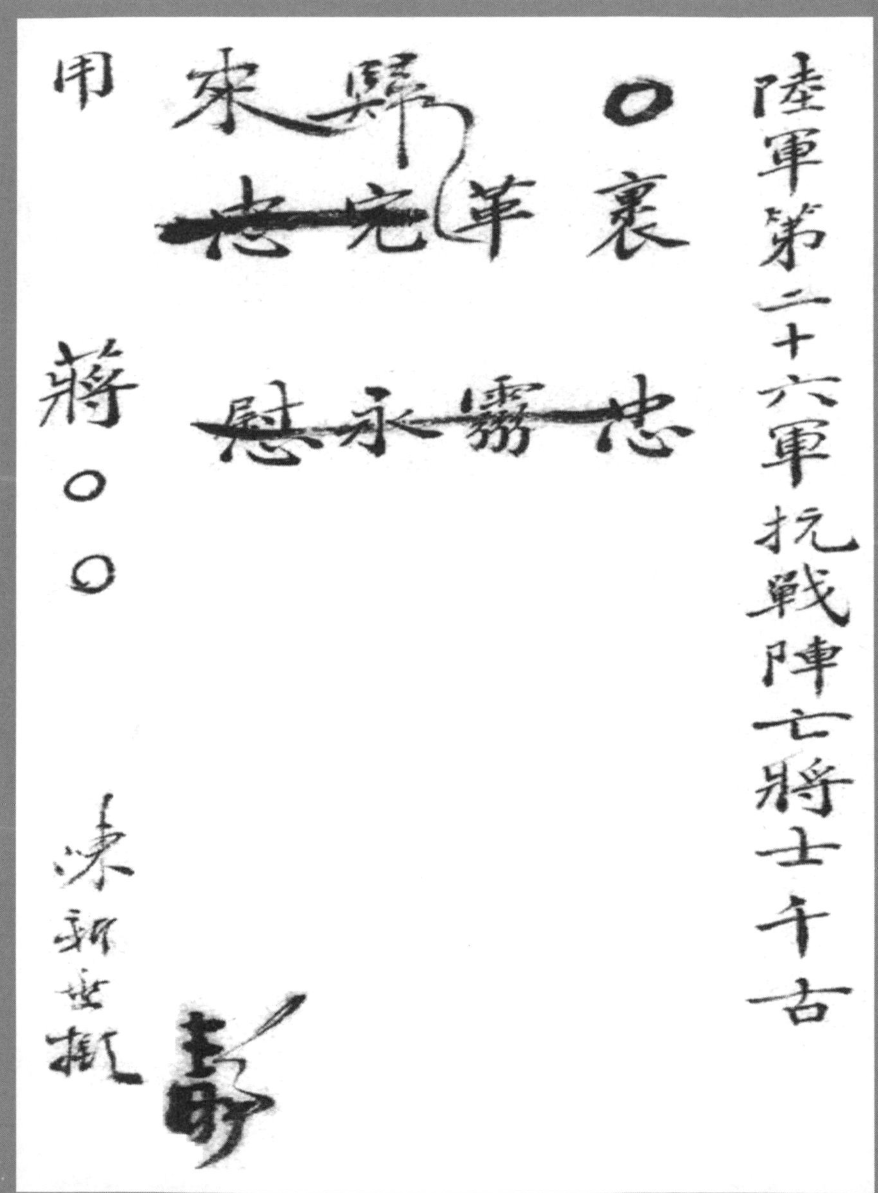

圖6-24

陸軍新編第一軍

追悼故齊副師長學啓暨
緬戰陣亡官兵大會籌備會

啓事

通訊處　廣州沙面新編第一軍司令部轉

敬啓者：本軍奉令反攻緬甸之戰，自民國三十二年三月于東印度之列多開始，跨越野人山，攻入胡康，掃蕩孟拱，進取密支那。繼而下八莫，克南坎腊戌等據點，奠定緬北，與滇西國軍會師於芒友，打通中印公路。戰鬥進行，為時二載。我忠勇官兵冒毒蛇猛獸螞蝗瘧蚊之滋擾，耐洪水泥濘露雨陰濕之浸襲，伐叢林，攀峻嶺，與敵第二，第十八，第四十九，第五十三，第五十六等師團十餘萬衆週旋於渺無人煙之原始森林中。艱創奮鬥，視死如歸，殺聲共山谷齊鳴，白刃與電光爭色。其中于邦殲滅戰，瓦魯班迂迴，南高江敵前强渡，密支那血戰攻堅，八莫包圍，南坎遭遇；或則横挑强敵，或則放胆衝鋒，籍 最高統帥精神之感召，發揚奮厲無前之士氣，先後克復地區五萬餘方英里，

圖6-25
抗戰勝利後，新一軍也以追悼故齊副師長學啟暨緬戰陣亡官兵名義，成立籌備大會，向政府申請輓聯，蔣介石也題了「勛留炎徼」表示追悼之意！

殲傷敵寇七萬餘衆。而我官兵前仆後繼因而壯烈犧牲者，先後亦凡兩萬餘人，已檢其忠骨分別集葬於密支那，八莫，南坎等地之中國公墓。於茲敵寇既降，抗戰已勝，緬懷忠烈，崇德報功，爰訂於三十四年十二月二十日在廣州本軍防地舉行追悼大會。又新三十八師前故副師長齊學啓將軍，於三十一年緬甸卡薩之役，因指揮作戰受傷落水，力竭陷敵，被囚三年，矢志不屈，迺於今年三月八日我軍攻克臘戍之際，于仰光獄中爲賊被害。忠昭日月，節厲冰霜，盟軍景仰，敵胆爲寒，其靈櫬業經運入國門，原定追悼，以軍行輾轉尚未籌辦，茲亦决定於十二月二十日與緬戰陣亡官兵追悼大會合併舉行。敬希

黨政軍長官

海內外賢達寵錫誄章，用光泉壤，而慰忠魂。如蒙

賜予齊學啓將軍及緬戰陣亡諸烈士誄文或輓章分別褒揚，更所企禱！謹啓以聞祗維

垂詧！

陸軍新編第一軍追悼齊故副師長學啓暨緬戰陣亡官兵大會籌備會謹啓

圖6-25

新日報

逕啓者本報在保衛大武漢工作時，除留一部份人員堅持到十月二十五日最後一天外，其餘工作人員於十月二十二日乘新昇隆輪船撤退赴宜，途經嘉魚附近燕子窩時，突遭敵機襲擊，投彈之後，繼以機槍掃射，全船被焚，全體同人和八路軍駐漢辦事處一部份工作人員及其他難民乘客均被迫落水，僅本報爲國殉難者計有：李密林、項泰（女）、潘美年、程德仁、陸從道、李鑑秋、王祖德、羅仁貴、羅廣耀、胡炳奎、胡宗祥、潘香如、李履英、許厚銀、李元清、易竟成等共十六人。茲爲紀念殉難同志起見，特定於十二月五日下午二時假演武廳社交會堂開追悼會，並於是日出版特刊，務望

鈞座屆時蒞會指導，如蒙　惠賜悼文輓聯花圈，則請於十二月三日前寄交蒼坪街六十九號本籌備會。以慰英靈，而勵將來，抗戰前途，實利賴之。專此並致

民族解放敬禮

新華日報保衛大武漢殉難同志追悼會籌備會謹啓

館址　重慶蒼坪街六十九號　電話　八七一號　電報掛號三七七〇號

圖6-26

新華日報於武漢大撤退時突遭日機攻擊死傷十數人，國府仍視其為抗戰犧牲，特送花圈致意，不分黨派一致抗日。

國民政府文電摘由單

來文機關或人名	新華日報保衛大武漢殉難同志追悼会籌備会
文別	函
附件	
事由	本報工作人員由漢赴宜來渝，舟經嘉魚突遭敵機襲擊，為國殉難者計有李密林等十六人，茲定十二月五日下午假社交会堂開追悼会，並出版特刊，曾世詒会務希惠悼文詩於當為感下
擬辦	呈閱 請 光典 十二．一 呂黼
批示	府示 送花圈 十二．二

中華民國二十七年十二月二日時到

圖6-27

掃蕩報

主席鈞鑒前方將士浴血苦戰功懋懋賞固足
以資鼓舞箋函慰勞亦可振其精神本報用
特徵求慰勞信件轉送前方藉表崇敬倘能
以後方人民之同仇心理增強前線戰士之抗敵
情操其為裨益必至重大茲為廣事徵集起見
奉上本報所印慰勞信箋二張敬懇
惠賜親函以資倡導無任企禱肅頌
鈞安

重慶掃蕩報社謹啓 十、十四、

圖6-28
報界也展開救國運動，重慶掃蕩報社發起慰勞信運動，請林森主席帶頭寫信，並賜親筆函以茲倡導。

前方將士浴血抗戰

說明

(1)第三期抗戰，已達極嚴重階段，戰士們在前方拚命，流血，實在是太辛苦了，後方同胞，除了物質的援助，還應該作精神上的慰勞，所以我們應該要多寫些慰勞信，向那千千萬萬的民族鬥士致敬。

(2)爲了要便利同胞書寫這慰勞信，以及要使這信的形式一致，本報特地印就專用信箋，隨報附送給讀者，請讀者諸君，接到這信箋後，立刻把你們所要慰勞戰士的話，盡情地寫出來。

(3)寫的方法，最好是用墨筆或鋼筆，不要用鉛筆，免得字跡糢糊，文句請用語體，最好是一字一句都能表露我們後方同胞的熱忱，激勵前方戰士的勇氣。

(4)寫好以後，請直接寄交本報代轉，在信封面上，要寫「前方將士」四字，同時寫你的姓名及住址。

掃蕩報
社址：重慶小較場特十七號
電話：總機一四四

後方同胞踴躍捐輸

圖6-29

快郵代電 2122

字第　號第　頁計　字

國民政府主席林鈞鑒張將軍自忠自抗戰以來屢殲敵寇迭建殊勳不幸於廿九年五月十六日襄河東岸之役力戰殉國同仁等爰擬編輯張將軍紀念專集廣徵各界紀念文字現徵文啟已印竣請將鈞府簡任官員以上姓名清冊及住址擲下一份以憑寄發第卅三

中華民國　年　月　日　午　點　分發

圖6-30

紀念張自忠殉國徵文啟事，這兩個活動獲得了很大的迴響，對抗戰起了很積極的作用。

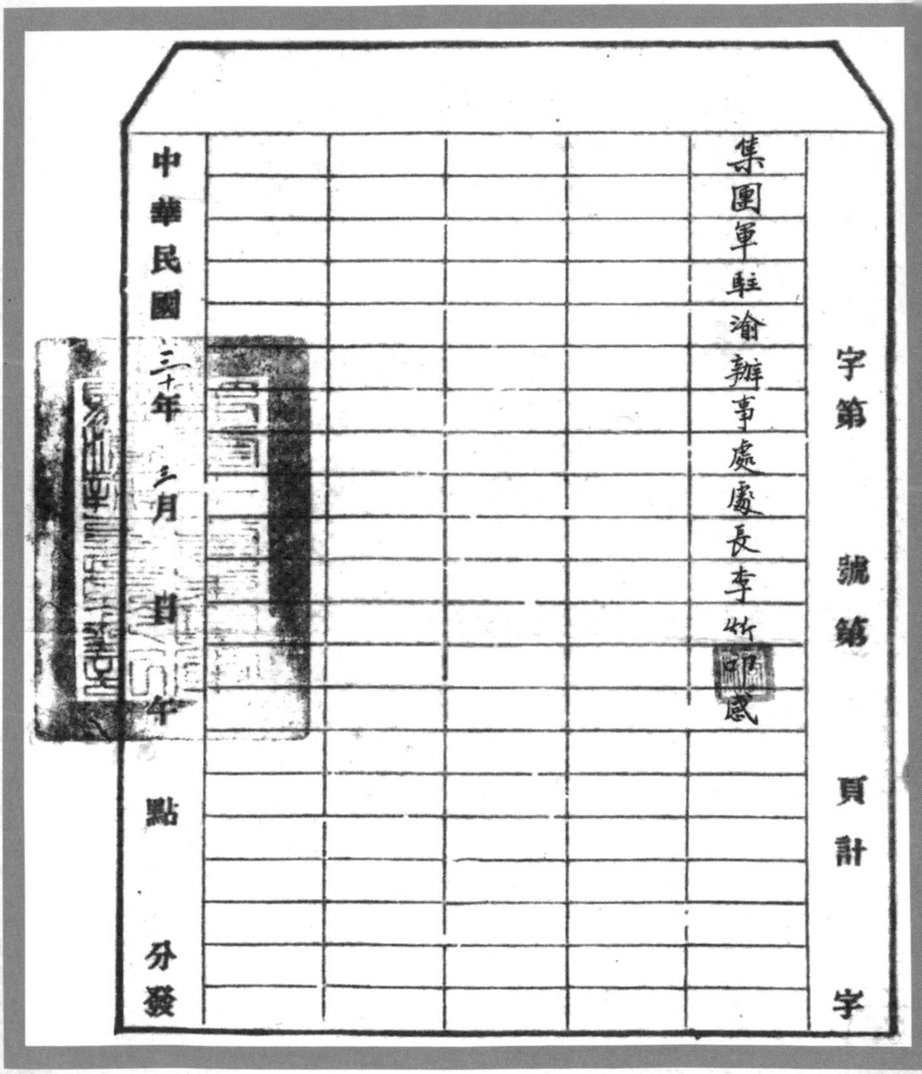

字第　號第　頁計　字

集團軍駐渝辦事處處長李竹[illegible]感

中華民國三十年三月日午　點　分發

圖6-30

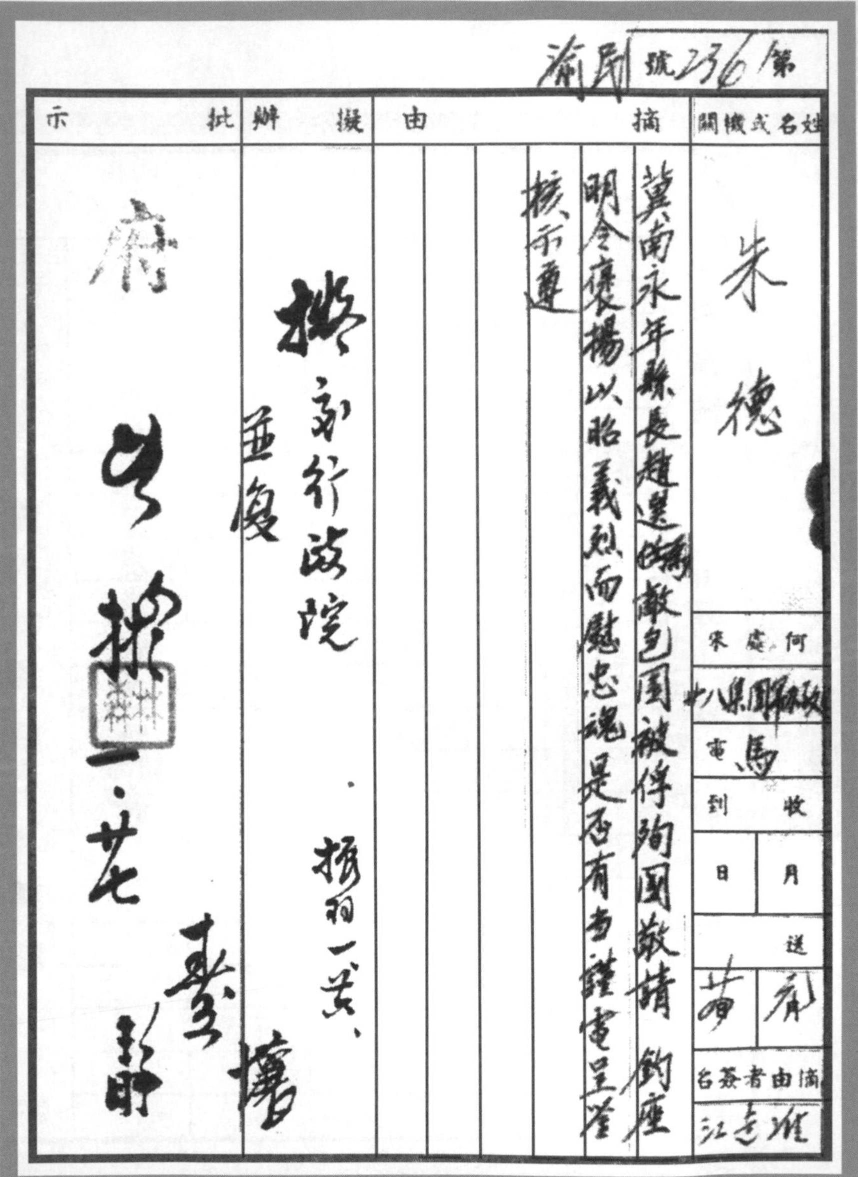

渝閱 第 236 號

姓名或機關	摘由	擬辦	批示
朱德	冀南永年縣長趙……被敵包圍被俘殉國敬請 鈞座明令褒揚以昭義烈而慰忠魂是否有當謹電呈 核示遵	擬交行政院 並復 擬覆一函	如擬

何處來	十八集團軍總司令部
電碼	
收到	月 日
送	
摘由者簽名	

圖6-31

連共軍十八集團軍總司令朱德呈報屬下的縣長不幸殉職，請求明令褒揚，直接寫給蔣先生，違反軍中作業程序，至少先呈給閻錫山，但蔣都不計較，交國府立即同意照辦。

第八集團軍重慶辦事處

主席林鈞鑒頃奉本集團軍總司令朱呈

鈞座馬電壹件謹抄呈

鈞閱肅此敬請

鈞安

附抄呈馬電乙件

職錢之光謹呈

一月廿四日

圖6-32

第十集團軍重慶辦事處

國民政府主席林鈞鑒冀南永年縣長趙選任職以來領導民眾打擊敵人成績卓著該員去年在永年為敵包圍卒以眾寡懸殊力戰被俘挾至邯鄲敵用百般利誘威脅欲動其心志而該員誓死不屈更利用敵寇召集開會之時當眾宣傳抗戰大義痛罵奸徒之奴行無恥藉敵奸之會場作正義之聲訴敵寇計窮去其目指然猶罵敵不止以至光榮殉國查該員在職二年有餘清廉正直即其自身應得之薪俸亦從未領取分文此次忠貞為國壯烈犧牲敬請鈞座明令褒揚以昭義烈而慰忠魂是否有當

謹電呈請鑒核示遵職朱德叩馬

圖6-33

中國國民黨中央執行委員會調查統計局用箋

本局現定於十一月廿六日在重慶市銀行公會為抗戰以來本局在各地殉難之盧斌王永盛等九十八同志舉行追悼大會以揚忠烈除徵文啟事由籌備會分別奉上並登報外相應函請

詧照於是日

惠派代表蒞會與祭不勝企禱此致

國民政府文官處

中央執行委員會調查統計局

十一月 日

圖6-34

甚至特務機構如中統局，也在抗戰勝利後在重慶銀行追悼九十八名抗戰犧牲同志，也致函國府要求國府派代表蒞會以及求索輓聯。如今有誰知道九三軍人節的由來？

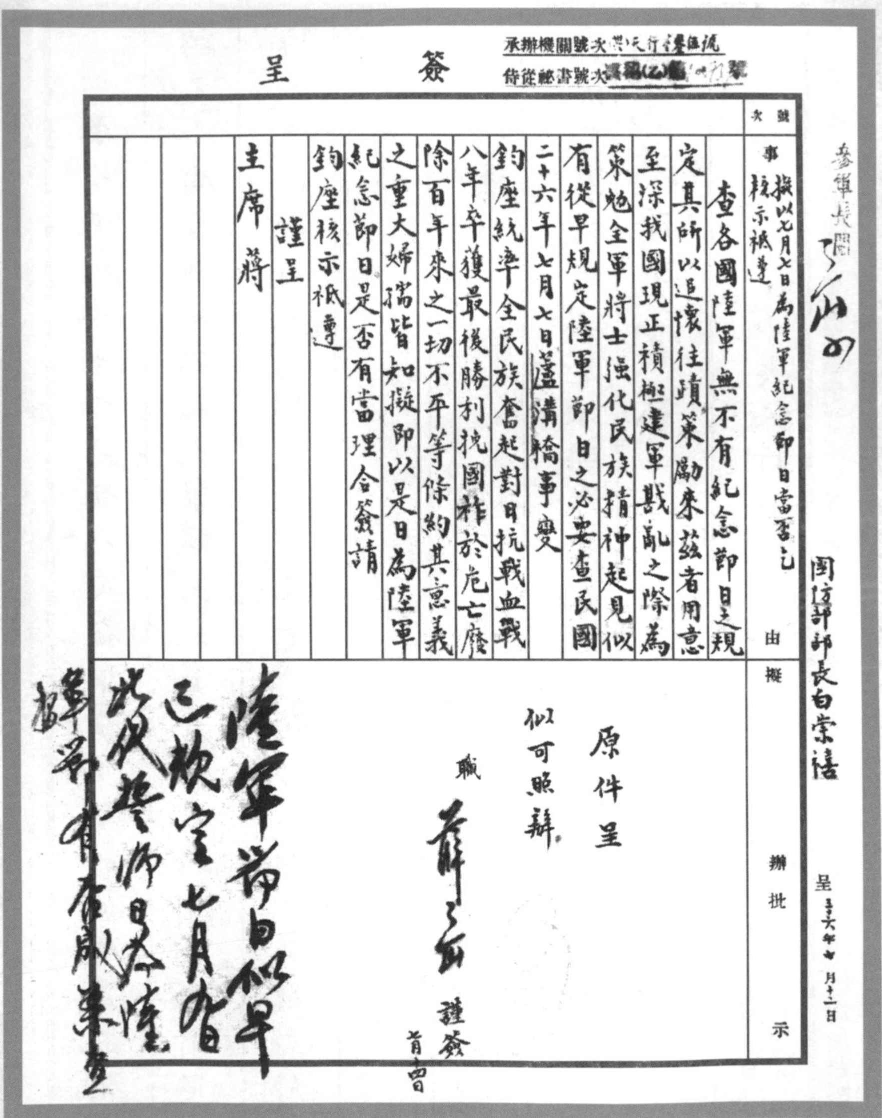

簽呈

查各國陸軍無不有紀念節日之規定其所以追懷往蹟策勵來茲者用意至深我國現正積極建軍戡亂之際為策勉全軍將士強化民族精神起見似有從早規定陸軍節日之必要查民國二十六年七月七日盧溝橋事變鈞座統率全民族奮起對日抗戰血戰八年卒獲最後勝利挽國祚於危亡廢除百年來之一切不平等條約其意義之重大婦孺皆知擬即以是日為陸軍紀念節日是否有當理合簽請

鈞座核示祇遵

謹呈

主席蔣

事由：擬以七月七日為陸軍紀念節日當否乞核示祇遵

國防部部長白崇禧

呈三十六年七月十二日

原件呈

似可照辦

職薛岳謹簽

圖6-35

抗戰勝利後，許多軍政大員曾經建請當局將七七或七九訂為陸軍節，將盧溝橋訂為抗戰紀念地，以及將宛平縣城或衡陽城定為抗戰紀念城，常德為會戰勝利城等等意見，但皆因內戰而不了了之。

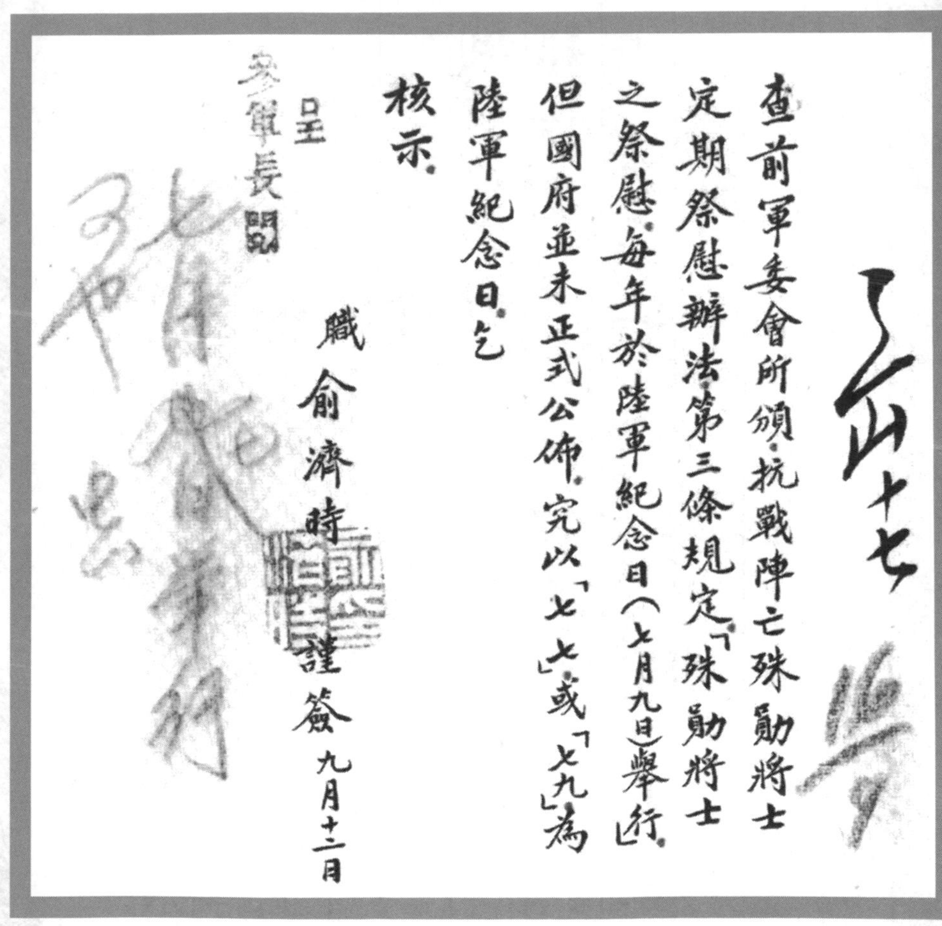

查前軍委會所頒抗戰陣亡殊勛將士定期祭慰辦法第三條規定「殊勛將士之祭慰每年於陸軍紀念日（七月九日）舉行」但國府並未正式公佈究以「七七」或「七九」為陸軍紀念日乞

核示

呈

參軍長閱

職俞濟時謹簽 九月十二日

圖6-36

國民政府文電稿

先生交下簽

國防部白部長(崇禧)初鑒：卅(34)天行一三八號
報告悉。陸軍紀念節日期定於七月
七日舉行可也。中○申洽侍巳

九月十日

圖6-37

國民政府文電摘由紙

姓名或機關	閻鈞天
文別	函
附件	
收文	卅六年二月三日　時
摘由	查衡陽市參議會議長楊曉農等請建衡陽為抗戰紀念城一案請查明示知俾便存提
擬辦	擬查卷復　[illegible]　二、六
批示	局[illegible]　靜　二[illegible]
總收文	康字第2226號

摘由者姓名　趙[illegible]

圖6-38

靜芝局長仁兄勳鑒查衡陽市參議會議長楊曉麓等請
建衡陽為抗戰紀念城一案前閱上年十二月十九日中央日報載
中央社訊原案已奉
主席亥巧府交京電核准分令湖南省政府及行政院辦理此項命令
迄今尚未見轉發到部茲因本部亟待明瞭該案奉准核定經過情
形用特函達即請
查明示知俾便辦理為荷專此順頌
勳安
弟閻鈞天拜啟 二月一日

內政部用箋

圖6-38

行政院公函

事由：函復關於常德呈請建修為會戰勝利城一案未便據予核定由

擬辦：擬存

批示：

貴處三十六年四月二十一日處字第二七三六號公函誦悉。關於撥款建修常德為會戰勝利城一案，經飭據內政部核復

發文 從洪字第20315號
中華民國三十六年五月廿九日發

收文 京字第9345號

圖6-39

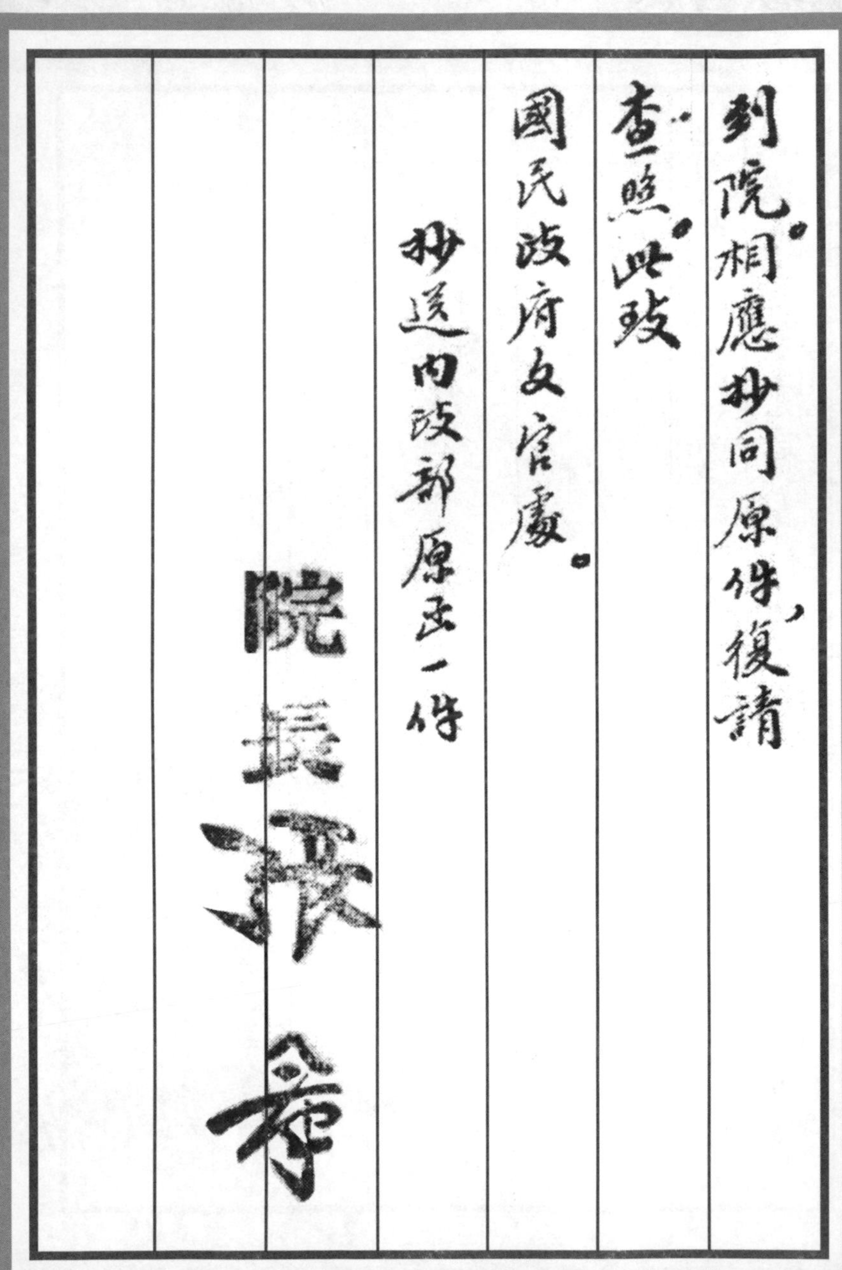

到院，相應抄同原件，復請
查照。此致
國民政府文官處。
抄送內政部原函一件
院長 孫科

圖6-39

國民政府參軍處典禮局用牋

查九月三日勝利紀念暨秋祭陣亡將士典禮業
經本局擬定是日上午九時在國府大禮堂舉行慶
祝紀念會並於同日上午十時半在國民革命烈士祠
正氣堂（靈谷寺）舉行秋祭陣亡將士典禮除呈報
主席核示外關於是日慶祝會報告人之推定及秋祭
典禮祭文之撰擬相應函請
查照轉陳迅賜辦理見復為荷
此致

中華民國　　年　　月　　日

圖6-40

一九五五年，國防部為了統一各軍種節日，特選擇抗日戰爭勝利日為三軍的「軍人節」。此前，各軍種有各自的節日，如「八一四空軍節」、「雙十二憲兵節」、「七七陸軍節」等。軍方認為，各軍種自定節日，有著各自的歷史背景和特別意義，但名稱種類繁多，無法建立一支軍隊的統一形象；而參加八年抗日浴血奮戰獲得勝利的軍隊，本來就有著精誠團結、犧牲奮鬥的共同精神，於是便確定以九月三日抗戰勝利紀念日為國軍的統一節日。

國　第22225號

名姓或機關	摘由	擬辦	批示
奉化縣長 朱炳熙	溪口敵於未銑撤退未巧進縣城後隨同陳副總司令沛於申冬前往撫慰並謁王太夫人墓 墓莊無恙 宗祠亦慶完好惟府第及武嶺校有一部份被損壞現已分別灑掃整理各派兵守護除詳情暨攝影另呈外謹先電奉聞	呈閱 檢 九 十三	存

何處來	寧海 申支電
收到	月 日
送	九月 十三日
摘由者簽名	蓮

圖6-41

蔣先生寧波奉化老家，據當時縣長的報告，日本人沒搗毀，但日本鬼子被趕走了，中共建政反而毀壞的無法想像，房給拆了墳給刨了。

案由	擬辦	批辦
函請轉陳於七七抗戰六週年紀念日明令褒揚死难同志程民元等七十四人	擬轉陳照办 光典 七、五	可 擬 七、五 許

民國	民國	發	收文	校對	監印	附件
三十二年七月二日發	卅二年七月二日收	渝(卅?)機字一二八一號	三七一二號			如文

中國國民黨中央執行委員會秘書處公函

查抗戰軍興以來各地党務工作同志冒險犯難執行任務因而死難殉職者甚多忠貞義烈殊堪矜式前查有殉職死難之地方黨部負責同志朱堅白等三十五人業经中央常務委員會第二二二次會議決議函請國民政府於三月廿九日明令褒揚在案茲續查

圖6-42
抗戰軍興以來，中國國民黨敵後黨務人員被日軍殺戮的固然多，但被中共殺死的也不少，一九四九年以後，執政國民黨的黨務人員被中共殺的更多，烈士的墳墓也被挖了，兩黨恩怨比敵我仇恨還深。

有殉職死難之戰地工作同志程民元等七十四
人均係深入敵後工作或為暴敵捕殺或為奸僞
殘害經 中央常務委員會第二三二次會議
決議請 國民政府於本年七月七日抗戰六週
年紀念日予以明令褒揚以彰忠烈並經決定
凡担任宣傳調查及在海外工作之死難同志
應一併予以褒揚除候分函查明續行函送
外相應錄案並列表檢送程民元等七十四人
死難事實函達即希
查照轉陳辦理為荷 此致
國民政府文官處
附送程民元等七十四人死難事實表一份

圖6-42

結語

事實上，日本將盧溝橋事件擴大為華北事變之時，絕對沒有想到，這會是中日之間歷史大決戰的開始。當時日本的參謀本部堅決認為，日本的世仇大敵絕對是蘇聯，而日蘇之間的歷史決戰隨時可能展開；其次是日、美之間的矛盾，也開始升高到有爆發軍事衝突的可能，因此日本應該儘量減少在華的軍事行動，但是為了擴大與蘇聯決戰的戰略縱深，日軍最多可以考慮攻佔中國的內蒙與華北，就可立刻設法結束中國事變，而全力為與美、蘇的決戰準備。

但是來自陸軍省的看法是，日軍在華北，最多只要經過一場或是幾場主力決戰，它就可以迫使中國放棄抵抗意志，而任日本予取予求。當時日本政府的如意算盤如下：最好的情況是在日軍攻佔平津之後，中國就被迫接受日本的和平條件，讓冀、察特殊化，日本就順勢攻佔內蒙，控制華北。不然日軍可在黃河以北，捕捉並殲滅華軍的主力兵團，順帶攻佔內蒙古，中國也必然屈服。

最壞的打算是，主力仍在華北決戰，但是另外派兵直接攻擊長江三角洲，拿下中國的工業、金融與政治中心（上海、南京），那麼中國絕對會投降的。但是日本絕對沒有想到，它就是封鎖了中國所有的海岸線，又深入攻佔通往四川的外圍，中國仍然不放棄作戰的意志。

而在中國方面，若是從戰略準備的角度而言，是真的不願因爲盧溝橋事變的衝突，而提前展開與日本的歷史決戰，但是在政治與民心而言，盧溝橋事變一旦被日本擴大爲華北事變之後，就已經突破了中國抗日最後關頭的底線，迫使中國不得不就此進行全面抗戰了。

蔣介石深知中日之戰，原本是全球大戰的一部分，中國此時與日本作戰，成爲日蘇與日美之間的戰爭的序戰，所以擬定了非常悲壯的長期抗戰方針，準備以空間換取時間的焦土戰略，這個空間就是中國人的領土與生命，這個時間就是世界大戰的來臨。中國在做出重大犧牲之後，將會成爲全球反法西斯的中流砥柱。如此她必能因此一戰而洗雪百年國恥，解除所有的不平等條約，成爲對全球最有貢獻的國家之一。

但是這種戰而不決，與敗而不降的戰略運用，必然是經歷屢戰屢敗的重大的損失，以及嚴重的失敗與挫折。中國既不能在戰鬥中獲得決定性的勝利，又不能以完全犧牲的悲壯方式，在戰場上拚光所有的抵抗能力，而是要應付不斷的失敗，仍設法保留抗日的力量，繼續在一連串失敗中苦撐下去。要想堅持去執行這種屢敗屢戰的戰略，可以說是對中國領袖之領導能力，以及民族決心最大的考驗了。

當時在中國的各路諸侯與人民，尙未對蔣介石領導能力有完全的信心之前，蔣必須先硬碰硬地與日決戰，以重大的犧牲，打出民心士氣的支持，然後再不斷地迴避決戰，讓日軍逐漸陷入中國廣大的戰略空間之中。等到國際社會的大環境發生變化，大家瞭解日本侵略的最後目標，不僅是中國，而是全世界，那麼中國就可以與全球反法西斯的國家聯合，對日本進行反攻了。

一九四〇年六月廿二日，歐洲列強法國迅速向德國宣布投降，德國迅速組織空襲英國。世界各地戰況均有利於法西斯。中國這時也出現廣泛悲觀傾向。在此情況下，國共兩黨以不同宣傳，鼓舞抗戰士氣。其中三次長沙會戰對日軍造成重大打擊；一九四一年，薛岳指揮第三次長沙會戰，殲滅日軍五萬多人，使戰略部署回復到會戰前，改變當時中國國內抗戰士氣。一些不受國民政府指揮之組織（如中國共產黨設立之邊區政府、蒙古抗日游擊隊等）也逐步壯大。

中日長達八年的全面戰爭中，在戰場上，日本幾乎是佔到戰術的絕對優勢，在大多數的戰鬥之中，日軍都能以寡擊眾、發揮凌厲的攻勢，因為日軍不但擁有素質佳與火力強的陸軍部隊，並且有海空軍絕對優勢武器的支援，日軍還隨時會使用國際社會禁止的化學武器攻擊華軍。同時以戰場作戰的表現而言，日軍是相當的勇敢與殘忍，不過相對的也呆板與缺乏變化，日軍在居於優勢與陷入絕望的玉碎表現，經常有超水準的演出。

雖然日本擁有戰術的絕對優勢，但是在戰略的層面，卻是中國在主導全域，日本只是不斷在被迫跟進。由於日本完全低估了中國抗日的民族主義精神，華軍可以做到雖然不斷失敗，但是仍然不屈不撓的抵抗下去。結果造成日本欲進卻無法最終消滅中國的抵抗力量與意志，欲退又無法從中國戰場的空間自拔，日本眼看自身一寸寸陷入了中國的戰略泥淖之中，與面臨國力耗竭的危機，因此最終被迫孤注一擲冒險發動太平洋戰爭，而導致它最後戰敗亡國的下場。

中國方面，當時整個的國家與社會，仍然處在農業社會的落後狀態，並無一套支持現代化戰爭運作的制度存在，來完成這個全民族歷史生死存亡的大決戰。中國從大本營的指揮系統，到補充兵力的徵兵制度，都剛在草創與適應的階段，更別提支持戰爭最爲重要的工業與軍需生產力的落後了。

不過在領導的運作上，中國卻有蔣介石做爲抗日的領導中心與權威。因爲縱使到了全面抗戰的時刻，中國所有的軍政力量，仍然沒有達到真正的統一，也沒有妥善劃一的制度，只有蔣介石成爲團結抗日運作的中心，協調一切內外的勢力，製訂各種應對的策略，可以說他也是邊學邊用邊調整。因此在分析中國抗戰史之時，就很難以一般的方法來看這場跨越時代的中日歷史決戰，本質上，日本是站在已經現代化社會的階段，但是中國才剛剛準備開始現代化而已，兩個對決的國家，完全處在不同的時代與環境之下。

從領導的層面分析，假如當時沒有蔣介石的領導，中國幾乎就沒有辦法進行有組織的長期抗日，而很可能最多淪爲游擊與流亡政府，這樣中國就不可能爭取到領土全面的光復，以及聯合國四強的地位（**當時國際強權曾計畫將東北四省以及台灣列為「國際託管地」**）。在沒有完整制度的運作之下，蔣介石個人的優缺點，以及中國當時的實際國情，都造成抗日戰爭歷史的複雜性。

蔣介石做爲抗日戰爭的關鍵領導人物，其主要的歷史地位，並非單純指揮前線的軍事作戰（**有如大戰時的英、美、蘇以及德、日等國的將領們一樣**），他最爲重要的工作，是要設法領導這個國家認同尚未完全建立、現代化生產與社會結構尚未奠定基礎的中國，單獨地對抗已整軍經武，蓄意侵略中國長達半世紀以上的日本強權。

根據歷史的事實顯示，蔣介石至少在個人方面，是一位相當有膽量的軍人，他曾經多次親身前往戰事非常激烈的戰場視察，幾度遭到近乎喪失生命的近身攻擊，但是蔣介石從來不曾對於個人生命的安危，顯露出任何猶疑與畏怯。在掌握整個戰爭的最高戰略原則上，蔣介石也能大體的不失原則。

至於在一些重要戰場的指揮上，蔣並非傑出的指揮官，他最大的問題就是經常「直接」干預前線戰場部隊調動的問題，蔣介石也缺乏歷史上名將所擁有的特殊軍事直覺與指揮的天分，所以少有驚人的戰場軍事才華表現。當然有些軍事佈局的考量，往往是要受限於當時的歷史時空環境以及全盤政略的考慮，因此不能做出純粹在軍事上最佳的選擇。

在這場歷史決戰之中，日本的戰略指導原則，從速戰速決，演變爲以戰養戰，最後企圖以擊敗中國做爲決戰的籌碼，當然都有其設想的觀點，但是日本自始至終所犯的錯誤是，過度的低估中國抗日的決心與意志，因此日方在每項戰略實施之時，都沒有全力的投入；日本同時還要留一手以防美蘇的插手，結果日軍每次的戰略行動，也就都沒有達成其原先的設想。反觀中國方面的戰略佈局，從血戰犧牲以建立抗日決心，從以空間換取時間的堅忍，從委屈求全爭取盟國的合作，前兩個掌握得相當適當，只有最後一項是錯估了盟國的立場，因此使得中國對日抗戰，最後落得一個被盟國出賣的「慘勝」下場。

平心而論，第二次中日戰爭在正面的戰場作戰中，除了少數幾場的防禦作戰的勝利之外

（但是有幾場勝利對整個中日戰爭卻產生了戰略關鍵性的影響），中國幾乎都是在挨打的局面，可以說是屢敗屢戰（當然也是屢戰屢敗），但是中國能夠在經歷近乎全敗的挫折之下，仍然堅持的打下去，這種民族的毅力，可以說是曠古罕見的；而日軍雖然多數都能取得戰場的勝利，但是卻一直拿不出全力結束中國作戰的決斷，在和、戰之間徘徊掙扎，最終將戰力消耗殆盡，從這裡可以看出日本沒有成為決定歷史的大國格局。而就戰略的層次而論，則是中國的持久戰略取得全盤的優勢，日本的速戰速決戰略，一直被中國拖著而成為空想，日本甚至不知道該如何結束這場戰爭。

歷史上戰爭勝敗的主導關鍵，是在於政略與戰略的高下。只有在戰略上，能夠主動與支配整個戰局，才會導致最終的戰爭勝利，而在戰場上的一些勝負表現，實在是兵家常事而已。中國是在戰爭的各個層次上都落後於日本，但是中國一直掌握戰略的主動，中國人不怕犧牲，結果獲得了最後勝利。假如用最為簡單的方式來歸納中日之戰的勝敗基本原因，那麼就是中國做到了「縱使戰到一兵一槍，中國也絕不停止抗戰」，但是日本做不到「一億人玉碎」的犧牲。

戰爭是歷史的浩劫，也是氣節的爆發。六十年前的那場戰爭，就是民族精神最激昂的奔湧。翻開沉重的抗戰史，浩如煙海中，那些人、那些事仍清晰無比地展現在我們眼前，彷佛一切歷歷在目。那些為捍衛中華民族尊嚴的勇士、烈士、志士，他們曾經是，現在仍然是中華民族的脊梁。

抗日戰爭（一九三一～一九四五）距今已超過半世紀，就歷史事件而言，六十年似乎是一個可以開始公平論斷的距離。由於史料陸續披露，我們也許比當時的人更瞭解這次戰爭到底是怎麼回事。

名史學研究者鄭浪平所著的抗戰巨著《中國之怒吼》，有相當值得參考的觀點，他認爲中日戰爭，這是一次改變兩個國家命運的戰爭。在戰事初起之際，「日本已經躋身爲世界級的工業與軍事強國，不但擁有全球最爲精銳的陸、海軍，並且國家與社會都已現代化」。而當時的中國，卻正處於分崩離析之中。自軍閥割據以來的內戰尚未結束，「國家意識極爲薄弱，工業沒有基礎，政府財政運作困難，社會仍是處於封建時代的農業結構；軍隊不但裝備落後、訓練不當，更沒有保衛國家的認識與能力」。如此強弱懸殊，結果到了末後，日本戰敗，國力轉弱，而中國一掃從清末以來背負的老殘腐敗形象，與美、英、法、蘇並列世界五強。

由於抗戰的勝利之後緊接著大陸棄守與山河變色，後面的大失敗掩蓋了先前的成功，鄭浪平寫了整個中國如何在戰爭的驅迫下，快速成長爲現代化國家，也寫了中國人的韌性、堅毅，不退讓、不服輸。當然，他也同樣寫了各種黑暗面：列強對中國這塊土地的各自盤算、中共「三分抗日，七分壯大」的戰略主軸，還有中國政客們的內鬥與政治角力；以及讓人扼腕的各種犧牲、妥協與錯誤。

在這裡，不得不提出一個「政治不正確」的看法。儘管蔣介石在近年來被罵得一塌糊塗，但是他絕對是百年以來空前絕後的強者，除了他，中國史上沒有任何人能帶領中國戰勝。

在戰爭初期，蔣介石採取不抵抗主義，結果引起全國的反對聲浪，但是他仍然堅持先進行國內的統一與建設；他認爲要先讓國家現代化，才有能力與日本一戰。現在看來，他這個決定完全正確。高瞻遠矚也許不難，但是「雖千萬人吾往矣」卻需要強悍的意志力。他所面對的困難與挫敗巨大得難以想像，而他居然毫無動搖地始終堅持自己的信念，禁不住讓人懷疑他的神經大概是鋼筋或塑膠做的。

回顧蔣介石的一生，民國以來，恐怕沒有人比他失敗更多、更大；但是他從來沒有放棄過。這種驚人的堅持力，別人盡可以有他的看法，但是我實在是五體投地，衷心佩服。如同鄭浪平所說，任何歷史敘述，事實上都無法超脫敘述者自身的環境、身世與觀點；因此他提供了他個人的身世背景，作爲本書觀點的一種說明。我覺得這是對讀者負責的做法，希望其他寫歷史論述的作者也都能這麼做。

廣義來說，所有的歷史書，都多少是某種程度的偏見。既然讀者都是透過作者的眼睛來認識歷史，那麼，讓我們知道這對眼睛到底是從哪個角度觀看，應該有其必要，也比較誠實。

著名的歷史學者黃仁宇教授就曾爲中國這段八年浴血抗戰的歷史下過一段甚爲中肯的評價：「以一個中世紀的國家，動員三百萬至五百萬之人力，以全國爲戰場與強敵作生死戰八年，在中國朝代歷史裡從未有過，在世界歷史裡也無他例。」

尤其中國自清朝中葉之後，屢遭帝國主義者瓜分，再加上內部動盪不安，建軍成果往往付之一炬，可謂：「內鬥內行，外鬥外行。」而國軍在這樣的情況之下，僅能以先天的戰略優勢企圖以「空間換取時間」，以龐大的人命資源與日軍放手一搏，就當時候的中國軍政當局來說，這也是在缺乏西方盟國的支援下，唯一能夠抗擊日軍，維護中華民族尊嚴與地位的方法。

附錄一

國軍共軍抗日戰績對比與原因眞相

一、國軍抗日戰績和日軍戰報對比

中國國民革命軍方面部分戰役（出動部隊十萬以上的）

◎淞滬會戰

國軍一九三七年戰報：日軍傷亡六萬餘人；孫元良個人在二〇〇五年估計日軍傷亡四到五萬。

日軍戰報：日軍在一九三七年公布自身死亡九一一五人，傷三一一五七人，共計傷亡四〇六七二人。

◎太原會戰

國軍戰報：斃傷日軍四萬餘人

日軍戰報：日軍傷亡二萬六千餘人（《中國事變陸軍作戰史》）

◎南京保衛戰

國軍戰報：斃傷日軍一萬五千餘人

日軍戰報：日軍傷亡七六〇〇餘人（《中國事變陸軍作戰史》）

◎徐州會戰

國軍戰報：斃傷日軍五萬餘人

日軍戰報：日軍在一九三七年承認傷亡三萬二千餘人

◎武漢會戰

國軍戰報：斃傷日軍二十萬餘人

日軍戰報：自身傷亡三萬餘人，因病減員六萬七千餘人（《中國事變陸軍作戰》）

◎隨棗會戰

國軍戰報：斃傷日軍四萬餘人

日軍戰報：日軍傷亡一萬三千餘人（《中國事變陸軍作戰》）

◎棗宜會戰

國軍戰報：斃傷日軍二萬三千人

日軍戰報：日軍傷亡九千餘人（《中國事變陸軍作戰》）

◎南昌會戰

國軍戰報：斃傷日軍一萬兩千人

日軍戰報：日軍傷亡九千餘人（《中國事變陸軍作戰》）

◎上高會戰

國軍戰報：斃傷日軍二萬人

日軍戰報：日軍傷亡九千餘人，病減員六千人（《中國事變陸軍作戰》）

◎晉南（中條山）會戰

國軍戰報：斃傷日軍九九〇〇人

日軍戰報：日軍損失計戰死六七〇名，負傷二二九二名（《中國事變陸軍作戰》）

◎第二次長沙會戰

國軍戰報：斃傷日軍二萬餘人（也有說四萬）

日軍戰報：日軍傷亡七千餘人（《中國事變陸軍作戰》）

◎第三次長沙會戰

國軍戰報：斃傷日軍五萬餘人

日軍戰報：傷亡六千人，其中死亡一千六百人（《中國事變陸軍作戰》）

◎浙贛會戰

國軍戰報：斃傷日軍三萬餘人

日軍戰報：日軍傷亡一七一四八人（《中國事變陸軍作戰》）

◎鄂西會戰

國軍戰報：斃傷日軍四萬餘人

日軍戰報：日軍損失四千餘人（《中國事變陸軍作戰》）

◎常德會戰

國軍戰報：斃傷日軍五萬餘人

日軍戰報：日軍損失二萬餘人（《中國事變陸軍作戰》）

◎豫中會戰

國軍戰報：斃傷日軍四千餘人

日軍戰報：日軍損失三三五〇人（《中國事變陸軍作戰》）

◎長衡會戰

國軍戰報：斃傷日軍六萬餘人

日軍戰報：日軍損失六萬餘人（雙方數字驚人的相似）（《中國事變陸軍作戰》）

◎桂柳會戰

國軍戰報：斃傷日軍三萬餘人

日軍戰報：日軍損失一萬六千餘人（《戰史叢書——大本營陸軍部》）

◎緬北會戰

國軍戰報：斃傷日軍九萬餘人

日軍戰報：日軍傷亡四萬餘人（《中國事變陸軍作戰》）

注：《中國事變陸軍作戰》和《支那事變陸軍作戰》，為同一本書，都是日本防衛廳在二十世紀六〇、七〇年代編寫的，是日本軍事院校的教科書。以上日方的資料全部來自日本國內。

二、八路軍抗日戰績與日軍戰報的對比反差

◎平型關戰鬥

八路戰報：殲滅日軍一千餘人

日軍戰報：日軍亡一六七人，傷九十四人（兒島襄著：《日中戰爭》，日本文藝春秋社一九八四年版）

◎廣陽伏擊戰

八路戰報：殲日軍千餘人

日軍戰報：日軍傷亡六十三人（臼井勝著《中日戰爭》）

◎晉察冀區反八路圍攻

八路戰報：殲滅日僞軍兩千餘人

日軍戰報：日軍亡十七人，傷五十二人；皇協軍傷亡六十九人（臼井勝著《中日戰爭》）

◎三次破襲平漢路

八路戰報：殲滅日僞軍一千二百餘人

日軍戰報：日軍亡二人，傷十一人，無皇協軍傷亡報告（《支那事變陸軍作戰》）

◎冀中一九三八年春季反「掃蕩」

八路戰報：殲滅日僞軍一千餘人

日軍戰報：日軍亡六人，傷廿六人，皇協軍傷亡七十一人（《華北治安戰》）

◎**一二〇師收復晉西北七城戰役**

八路戰報：殲滅日偽軍一千五百餘人

日軍戰報：日軍亡廿二人，傷五十一人，皇協軍傷亡一〇一人（《華北治安戰》）

◎**易**（縣）**淶**（源）**戰鬥**

八路戰報：殲日偽軍一千四百餘人

日軍戰報：日軍亡九人，傷廿二人，皇協軍傷亡四十人（《支那事變陸軍作戰》）

◎**一二九師晉東南反日軍九路圍攻**

八路戰報：殲日偽軍四千餘人

日軍戰報：日軍亡十一人，傷十人，皇協軍傷亡七十九人（《華北治安戰》）

◎**晉察冀區一九三八年秋反圍攻**

八路戰報：斃傷日偽軍五千餘人

日軍戰報：日軍亡三十九人，傷一三二人，皇協軍傷亡一〇七人（臼井勝著《中日戰爭》）

◎**冀中區五次反圍攻**

八路戰報：殲日偽軍五千五百餘人

日軍戰報：日軍亡廿一人，傷六十五人，皇協軍傷亡九十九人（臼井勝著《中日戰爭》）

◎**冀南一九三八年反「掃蕩」**

八路戰報：斃俘日偽軍六百餘人

日軍戰報：日軍亡三人，傷十一人，皇協軍傷亡十六人（臼井勝著《中日戰爭》）

◎冀南春季反十一「掃蕩」

八路戰報：殲日偽軍三千餘人

日軍戰報：日軍亡三十七人，傷七十人，皇協軍傷亡八十一人（臼井勝著《中日戰爭》）

◎一一五師陸房突圍

八路戰報：斃傷日偽軍一千三百餘人

日軍戰報：日軍亡十人，傷一二二人，皇協軍傷亡六十七人（《華北治安戰》）

◎五臺山區一九三九年五月反圍攻

八路戰報：殲滅日軍宮崎部隊八百餘人

日軍戰報：日軍亡四人，傷廿七人（《華北治安戰》）

◎太行區一九三九年夏季反「掃蕩」

八路戰報：殲日偽軍兩千餘

日軍戰報：日軍亡七人，傷三十七人，皇協軍傷亡七十人（《華北治安戰》）

◎冀中一九三九年冬季反「掃蕩」

八路戰報：殲日偽軍兩千五百餘人

日軍戰報：日軍亡廿七人，傷八十九人，皇協軍傷亡七十一人（《華北治安戰》）

◎北嶽區一九三九年冬季反「掃蕩」

八路戰報：斃傷日偽軍三六〇〇餘人

日軍戰報：日軍亡九人，傷三十四人，皇協軍傷亡九十五人（《華北治安戰》）

◎平西區一九四〇年春季反「掃蕩」

八路戰報：殲滅日偽軍八百餘人，擊落日軍飛機一架

日軍戰報：日軍亡八人，傷四十人，皇協軍傷亡廿二人（《華北治安戰》）

◎冀中一九四〇年春季反全面「掃蕩」作戰

八路戰報：斃傷日偽軍三千餘人

日軍戰報：日軍亡十一人，傷九十一人，皇協軍傷亡六十二人（《華北治安戰》）

◎抱犢崮山區反「掃蕩」（亦稱魯南區反「掃蕩」）

八路戰報：斃傷日偽軍二二〇〇餘人

日軍戰報：日軍亡九人，傷六十人，皇協軍傷亡五十八人（《華北治安戰》）

◎一二九師白晉鐵路破擊戰

八路戰報：殲日偽軍六百餘人

日軍戰報：日軍亡二人，傷九人，皇協軍傷亡十二人（《華北治安戰》）

◎晉西北一九四〇年夏季反「掃蕩」

八路戰報：斃傷日偽軍四四九〇餘人俘五十三人（內含日軍十一人）

日軍戰報：日軍亡三十七人，傷一〇七人，失蹤三人，皇協軍傷亡失蹤二〇一人（《華北治安戰》）

◎冀中一九四〇年夏季「青紗帳」戰役

八路戰報：斃傷日偽軍二一〇〇餘人俘偽軍五百餘人
日軍戰報：日軍亡十九人，傷廿二人，皇協軍傷亡三十九人（《華北治安戰》）

◎百團大戰

八路戰報：斃傷日軍二萬餘人、偽軍五千餘人，俘日軍二百八十餘人、偽軍一萬八千餘人
日軍戰報：亡三〇二人，傷一七一九人，皇協軍傷亡失蹤一二〇二人（《華北治安戰》）

◎太行區一九四〇年秋季反「掃蕩」

八路戰報：殲日偽軍二八〇〇餘人
日軍戰報：日軍亡廿九人，傷六十人，皇協軍傷亡四十四人（《華北治安戰》）

◎冀中一九四〇年冬季攻勢

八路戰報：殲日偽軍兩千三百餘人
日軍戰報：日軍亡十人，傷廿七人，皇協軍傷亡五十九人（《華北治安戰》）

◎太嶽一九四〇年冬季反「掃蕩」

八路戰報：殲日偽軍二百六十餘人
日軍戰報：日軍傷七人，皇協軍傷亡十五人

◎晉西北一九四〇年冬季反「掃蕩」

八路戰報：斃傷日偽軍兩千五百餘人
日軍戰報：日軍亡八人，傷四十四人，皇協軍傷亡一百零二人（《華北治安戰》）

注：《中國事變陸軍作戰》和《支那事變陸軍作戰》，為同一本書，都是日本防衛廳在二十世紀六〇、七〇年代編寫的，是日本軍事院校的教科書。

三、國軍與八路軍對日抗戰貢獻比較表

若以擊傷或擊斃日軍的資料爲基準，計算國軍及八路軍對日抗戰的貢獻，可得到：

國軍貢獻＝108.72／（108.72+0.45）＝99.59%

八路軍貢獻＝0.45／（108.72+0.45）＝0.41%

以上計算是依據日本防衛廳公佈的資料及日本相關文獻的記載

附錄二

抗戰中死於中國的日軍將領

以下列出了自一九三一年「九一八事變」起至一九四五年八月十五日止的時間內，死於中國境內的日軍將領名單。

姓名	軍銜	職務	斃命時間	地點	死因
古賀傳太郎	陸軍少將（追）	騎兵第廿七聯隊長	一九三二・一・九	遼寧	戰死
林大八	陸軍少將（追）	第八聯隊長	一九三二・三・一	上海	戰死
白川義則	陸軍上將	上海派遣軍司令官	一九三二・四・廿九	上海	遇刺
森秀樹	陸軍少將（追）	關東軍靖安游擊隊聯隊長	一九三二・十二・十六	遼寧	戰死
武藤信義	陸軍大將	關東軍司令官	一九三三・七・廿七	瀋陽	病死
飯冢朝吉	陸軍少將（追）	第十師團六十三聯隊長	一九三四・三・十	依蘭	戰死

田代皖一郎	陸軍中將	中國駐屯軍司令官	一九三七・七・十五	天津	病死
倉永辰治	陸軍少將（追）	第三師團第六聯隊長	一九三七・八・廿九	上海	戰死
加納治雄	陸軍少將（追）	第一〇一師團第一〇一聯隊長	一九三七・十・十一	上海	戰死
淺野嘉一	陸軍少將	華北方面軍淀泊場監	一九三七・十一・十四	天津	戰死
儀峨誠也	陸軍少將	天津特務機關長	一九三八・一・廿四	天津	病死
加藤仁太郎	海軍少將（追）	朝光丸監督官	一九三八・七・三十一	長江	戰死
杵村久藏	陸軍少將（追）	第二十師團參謀長	一九三八・八・二	山西	戰死
飯冢國五郎	陸軍少將（追）	第一〇一師團第一〇一聯隊長	一九三八・九・三	德安	戰死
小笠原數夫	陸航中將	航空兵技術部部附	一九三八・九・四	孝感	事故
渡久雄	陸軍中將	第十一師團長	一九三九・一・二	密山	戰死
飯野賢十	陸軍少將（追）	第一〇六師團第一〇三聯隊長	一九三九・三・廿二	南昌	戰死
山田喜藏	陸軍少將（追）	第十六師團第三十三聯隊長	一九三九・五・十二	隨縣	戰死
田路朝一	陸軍中將（追）	第十五師團第十五步兵團長	一九三九・六・十七	安徽	戰死
吉丸清武	陸軍少將（追）	戰車第三聯隊長	一九三九・七・四	東北	戰死
大內孜	陸軍少將（追）	第廿三師團參謀長	一九三九・七・四	東北	戰死
安部克巳	陸航少將（追）	第十五戰隊長	一九三九・八・二	東北	戰死
沼田德重	陸軍中將	第一一四師團長	一九三九・八・十二	山東	重傷死
森田徹	陸軍少將（追）	第廿三師團第七十一聯隊長	一九三九・八・廿六	東北	戰死

山縣武光	陸軍少將（追）	第廿三師團第六十四聯隊長	一九三九・八・廿九	東北	自殺
酒井美喜雄	陸軍少將（追）	第廿三師團第七十二聯隊長	一九三九・九・十五	齊齊哈爾	自殺
阿部規秀	陸軍中將（追）	第二混成旅團長	一九三九・十一・七	淶源	戰死
內藤正一	陸軍中將	第十一師團長	一九三九・十一・廿八	安東	事故
小林一男	陸軍少將（追）	騎兵第十四聯隊長	一九三九・十二・廿一	綏遠	戰死
中村正雄	陸軍少將	第五師團第十二旅團長	一九三九・十二・廿五	廣西	戰死
秋山靜太郎	陸軍少將	某旅團長	一九四〇・一・廿三	山東	重傷死
寶藏寺久雄	陸航中將（追）	陸軍飛行學校校長	一九四〇・二・廿六	吉林	事故
佐藤謙	陸軍少將（追）	第三十三師團第二二四聯隊長	一九四〇・三・二	江西	戰死
木谷資俊	陸軍中將（追）	野戰重炮第二旅團長	一九四〇・三・二十	山西	戰死
岡本德三	陸軍少將	第廿三師團參謀長	一九四〇・五・十三	齊齊哈爾	被殺
吉川貞佐	陸軍少將	華北五省特務機關長	一九四〇・五・十七	開封	遇刺
前田治	陸軍中將	第三十五師團長	一九四〇・五・廿三	北平	重傷死
藤堂高英	陸軍中將（追）	獨立第十四旅團長	一九四〇・六・三	瑞昌	戰死
大冢雄彪	陸軍中將（追）	第一軍經理部長	一九四〇・八・五	北平	重傷死
井上官一	陸軍少將（追）	參謀本部部附	一九四〇・十一・廿八	宜昌	戰死
飯田泰次郎	陸軍中將（追）	第三十五師團步兵團長	一九四〇・十一・廿八	山東	重傷死
大角岑生	海軍上將	南太平洋艦隊司令	一九四一・二・五	中山	事故

須賀彥次郎	海軍中將（追）	南太平洋艦隊高參	一九四一・二・五	中山	事故
上田胜	陸軍少將（追）	第三十七師團二二七聯隊長	一九四一・五・十三	山西	戰死
大津和郎	陸軍中將（追）	鎮海灣要塞司令	一九四一・八・十	鎮海	戰死
楠山秀吉	陸軍少將	獨立十七旅團長	一九四一・十二・三	徐州	事故
山縣業一	陸軍中將（追）	第一一六師團一一九旅團長	一九四一・十二・廿五	安徽	戰死
森本秀應	陸軍少將（追）	興亞院聯絡部調查官	一九四二・三・廿四	江蘇	事故
副島太郎	陸軍少將（追）	第廿四師團九〇聯隊長	一九四二・五・廿一	錦州	斃命
酒井直次	陸軍中將	第十五師團長	一九四二・五・廿八	蘭溪	戰死
小川一郎	陸航少將（追）	第六十一戰隊長	一九四二・六・廿八	牡丹江	事故
河源利明	陸航中將（追）	第四飛行團長	一九四二・十・十四	南海	事故
冢田攻	陸軍上將（追）	第十一軍司令官	一九四二・十二・十八	太湖	事故
藤原武	陸軍少將（追）	第十一軍高級參謀	一九四二・十二・十八	太湖	事故
下田宣力	陸軍中將（追）	華北方面軍第二鐵道部監	一九四三・一・廿六	華北	斃命
淺野克己	陸軍少將（追）	第廿三軍高級參謀	一九四三・五・十四	廣東	戰死
仁科馨	陸軍少將（追）	第四十師團第二三五聯隊長	一九四三・六・一	湖南	戰死
黑川邦輔	陸軍少將（追）	第五十六師團參謀長	一九四三・六・廿八	雲南	戰死
中園盛孝	陸航中將	第三飛行師團長	一九四三・九・九	黃浦	戰死
小倉尙	陸軍中將	築城本部長	一九四三・九・十	台灣	事故

清野亨作	陸軍少將（追）	築城本部陸地測量部課長	一九四三・九・十	台灣	事故
布上照一	陸軍少將（追）	第一一六師團第一〇九聯隊長	一九四三・十一・廿三	常德	戰死
中護一	陸軍少將（追）	第三師團第六聯隊長	一九四三・十一・廿五	常德	戰死
細谷直三郎	陸軍少將（追）	第一師團工兵第一聯隊長	一九四三・十二・十九	東北	戰死
和田純久	海軍少將（追）	海南警備府政務局長	一九四四・二・六	海南	戰死
門間健太郎	陸軍少將（追）	第三師團十八聯隊長	一九四四・二・廿九	長江	戰死
大橋熊雄	陸軍中將（追）	華北方面軍特務部部長	一九四四・四・十四	北平	斃命
下川義忠	陸軍中將（追）	第十一軍第十野戰補充隊長	一九四四・四・十九	應城	戰死
橫山武彥	陸軍中將（追）	第六十二旅團長	一九四四・六・十一	龍游	戰死
木村千代太	陸軍中將（追）	第五十九旅團長	一九四四・六・十一	河南	戰死
小金澤福次郎	陸軍少將（追）	工兵第七聯隊長	一九四四・六・十九	黑龍江	戰死
半田伊之柱	陸軍少將（追）	鐵道兵第二聯隊補充隊長	一九四四・六・廿九	東北	斃命
和爾基隆	陸軍少將（追）	第一一六師團第一二〇聯隊長	一九四四・七・十三	衡陽	戰死
森玉德光	陸航中將（追）	白城子教導飛行團長	一九四四・七・廿五	東北	戰死
大橋彥四郎	陸軍少將（追）	第三師團第十八聯隊聯隊長	一九四四・七・廿五	湖南	戰死
佐治直影	陸軍少將（追）	第三十九師團參謀長	一九四四・七・廿七	湖北	戰死
志摩源吉	陸軍中將（追）	第六十八師團第五十七旅團長	一九四四・八・六	湖南	戰死
服部曉太郎	陸軍中將	教育總監部部附	一九四四・八・十二	黑龍江	斃命

藏重康美	陸軍少將（追）	第五十六師團第一四八聯隊長	一九四四・八・十六	雲南	戰死
大西洋	陸航少將（追）	第八飛行團團長	一九四四・八・二十	湖北	戰死
楠野手重	陸軍少將（追）	第五十八師團第一四八聯隊長	一九四四・九・八	雲南	戰死
有馬正文	海航中將（追）	第廿六航空戰隊司令	一九四四・十・十五	台灣	戰死
野田六郎	海軍少將（追）	第一機動艦隊機關長	一九四四・十・十五	台灣	戰死
鈴木義尾	海軍中將	第三戰隊司令	一九四四・十・廿一	台灣	戰死
鈴木真雄	陸軍少將（追）	關東軍高級參謀	一九四四・十二・廿四	東北	戰死
島村矩康	陸軍少將（追）	大本營參謀	一九四五・一・十五	廣東	戰死
秋永守一	海軍少將（追）	造船監督官	一九四五・一・廿七	南海	戰死
與野山壽	陸軍少將（追）	第三十四軍兵器部部長	一九四五・二・九	湖北	戰死
山縣正鄉	海軍上將（追）	第四艦隊司令長官	一九四五・三・七	浙江	戰死
吉川資	陸軍少將	第五十九師團第三十五旅團長	一九四五・五・七	山東	戰死
佐野忠義	陸軍中將	中國派遣軍軍附	一九四五・七・三	湖北	病死

計九十人

在陣亡、重傷死、自殺的軍官中，與國軍作戰亡或被國軍擊落座機亡者四十人，與共產黨軍隊作戰亡者四人，與抗日武裝作戰亡者九人，與蘇聯軍隊作戰亡者八人，與美軍作戰或被美軍擊落座機者五人，被中美聯合空軍擊斃者三人，踏地雷死者兩人。

以下是被認爲陣亡，但並沒有死亡的日軍將領：

常岡寬治　少將　獨立第二旅團長　一九三八・十・廿八　山西　重傷

赤鹿里　中將　第十三師團長　一九四三・十一・廿三　常德　後任一一二師團師團長

滋田賴四郎　中將　一九四三・十一・廿八　常德

佐久間爲人　中將　第六十八師團長　一九四四・七・廿一　衡陽　中炮受傷，後任八十四師團長

雖陣亡但缺少明確資料表明追晉的：

小原一明　大佐　騎兵第十三聯隊長　一九三九・十二・二十　綏遠　戰死

長谷川幸造　大佐　第一〇一師團第一〇三聯隊長　一九三八・九・廿九　江西　戰死

清水正一　大佐　第四混成旅團聯隊長　一九三八・九・三十　山西五台　戰死

缺少詳細資料者：

水川伊夫　中將　綏西警備司令　一九四〇・三・廿二　綏遠　戰死

在日軍方面的資料中，沒有關於水川伊夫的情況。

另外，標明「斃命」者死因不明，還請各位指教。

八年抗戰中的國共真相

作者：劉臺平
發行人：陳曉林
出版所：風雲時代出版股份有限公司
地址：10576台北市民生東路五段178號7樓之3
電話：(02) 2756-0949
傳真：(02) 2765-3799
執行主編：朱墨菲
美術設計：許惠芳
行銷企劃：邱琮傑、張慧卿、林安莉
業務總監：張瑋鳳

初版四刷：2017年10月
版權授權：劉臺平
ISBN ：978-986-352-196-9
風雲書網：http://www.eastbooks.com.tw
官方部落格：http://eastbooks.pixnet.net/blog
Facebook：http://www.facebook.com/h7560949
E-mail：h7560949@ms15.hinet.net
劃撥帳號：12043291
戶名：風雲時代出版股份有限公司

風雲發行所：33373桃園市龜山區公西村2鄰復興街304巷96號
電話：(03) 318-1378
傳真：(03) 318-1378
法律顧問：永然法律事務所 李永然律師
北辰著作權事務所 蕭雄淋律師

行政院新聞局局版台業字第3595號 營利事業統一編號22759935

定價：380元

國家圖書館出版品預行編目資料

八年抗戰中的國共真相／劉臺平 著. --初版
臺北市：風雲時代，2015.05 面；公分
ISBN 978-986-352-196-9（平裝）
1.中日戰爭
628.5　　104007509